普华文化

PUHUA BOOKS

我
们
一
起
解
决
问
题

数字化黄金圈

企业数字化蓝图与行动指南

陈其伟 左少燕 李圆 ◎ 著

人民邮电出版社

北京

图书在版编目（CIP）数据

数字化黄金圈 : 企业数字化蓝图与行动指南 / 陈其伟, 左少燕, 李圆著. -- 北京 : 人民邮电出版社, 2022.5
ISBN 978-7-115-59127-2

Ⅰ. ①数… Ⅱ. ①陈… ②左… ③李… Ⅲ. ①企业管理－数字化－研究 Ⅳ. ①F272.7

中国版本图书馆CIP数据核字(2022)第057821号

内 容 提 要

数字化变革已经成为诸多企业发展的必由之路，道阻且长，须因企制宜、久久为功。传统企业推进数字化须看大势、造窄门，敏捷共创，以知行合一的方式重构数字化转型与创新的知识体系和行动体系。

本书创新性地提出了数字化黄金圈框架，通过系统性的思考和体系化的设计，为传统企业将数字化的梦想蓝图转化为落地举措提供了实操框架和行动指南。全书共分为三个部分，第一部分是数字化黄金圈之为什么，介绍了数字化驱动的业务战略及数字化战略的方向和路径；第二部分是数字化黄金圈之怎么做，介绍了企业数字化变革的方法、组织机制和保障措施；第三部分是数字化黄金圈之做什么，介绍了企业数字化变革需要完成的具体工作及其结果。此外，本书提供了丰富的、涉及各个行业的实践案例和行动锦囊，这些案例有助于启发企业打开数字化转型的思路。

本书适合正在或计划进行数字化变革的各类企业尤其是传统企业的中高层管理者阅读，也可以作为相关行业组织及咨询、分析、培训机构从业者的参考读物。

- ◆ 著　　　陈其伟　左少燕　李　圆
  责任编辑　陈　宏
  责任印制　彭志环
- ◆ 人民邮电出版社出版发行　　　北京市丰台区成寿寺路 11 号
  邮编 100164　电子邮件 315@ptpress.com.cn
  网址 https://www.ptpress.com.cn
  北京宝隆世纪印刷有限公司印刷
- ◆ 开本：720×960　1/16
  印张：17.5　　　　　　　　　2022 年 5 月第 1 版
  字数：240 千字　　　　　　　2022 年 5 月北京第 1 次印刷

定　价：89.80 元
读者服务热线：（010）81055656　印装质量热线：（010）81055316
反盗版热线：（010）81055315
广告经营许可证：京东市监广登字 20170147 号

本书赞誉
PRAISE

董小英 北京大学光华管理学院荣休教授、数字产业创新研究中心主席

根据我们对近 300 家企业的首席信息官的调查，数字化人才与数字化转型方法在企业最迫切需要的资源中排在第一位和第二位。本书基于各行业企业的具体实践，提供了值得借鉴的案例，对有相关需求的企业来说具有较高的参考价值。

姚乐 CIO 时代创办者兼研究院院长

锦囊专家的创办者李圆和陈其伟老师都是我多年的老朋友，也是数字化领域的资深专家。这本《数字化黄金圈：企业数字化蓝图与行动指南》是他们站在高处的所见和所思，从为什么、怎么做、做什么三个层次展示了企业数字化的蓝图与行动指南，这是宝贵的智慧结晶，值得好好研读。

邹欣 Forrester 中国区总经理

本书作者在多年研究和实践的基础上，通过理论、数据与实战案例相结合的方式，系统地提炼了数字化转型的底层逻辑、转型蓝图和发展路径，并通过深入剖析为什么、怎么做和做什么，为各类企业在数字化时代的成功转型指明了方向和路径，值得读者深入思考和细细品味。

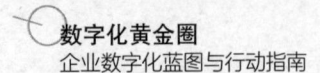
胡臣杰　阿里巴巴集团副总裁

数字化是企业发展的途径而不是目标。企业数字化是一把手工程，不能单纯地依赖首席信息官或首席数字官。希望本书提供的大量实践案例和行动锦囊能够启发更多企业一把手对数字化产生新认知：不要为了数字化而数字化，而要通过数字化为企业带来更多的创新和价值。

董宁　深圳竹云科技股份有限公司首席执行官

在万物互联的数字化时代，连接、数据、共享、安全成了数字化转型的核心要素，如何在建立敏捷、可扩展的数字生态系统的同时保障数据安全共享与访问是数字化转型要解决的关键问题之一。作为聚焦数字化变革的新作，本书内容丰富、深入浅出、案例典型，值得业界研读。

徐霞　深圳市蓝凌软件股份有限公司总裁

数字化已走进百行千业，但还有大量的传统企业在转型路上面临重重困难，认知重构、对标管理等将成为其新课题。《数字化黄金圈：企业数字化蓝图与行动指南》可以帮助企业认清数字化底层逻辑，找准方略，以典范为鉴，激活组织数字化动能，值得深读。

龚燕玲　数字力量 RPA（RaaS）创办者

这是一本汇集了数字化蓝图、方法论及落地指引的好书。为企业的数字化业务设计场景、制定发展路线图是如今企业高层管理者的核心工作之一。本书非常适合关注数字化转型中的系统化思维及数字化领导力的企业高层管理者阅读。

徐斌　旭辉集团副总裁兼首席数字官

数字化转型是在建设数字能力的过程中完成的一系列对企业文化、组织、机制、模式的综合变革，其目标是打造新的竞争力。本书不仅提供了大量的案例，还提炼了企业数字化转型的能力框架和实践指引，可以有效地指导企业数字化转型。

刘红胜　京博控股集团董事、华东融创大区总裁

工欲善其事，必先利其器。符合企业自身发展需要的思想、工具和方法是成为数字企业的必要条件。锦囊专家汇集了国内外顶尖的数字化资源，是当代企业开展数字化转型时可以挖掘的一个宝库。《数字化黄金圈：企业数字化蓝图与行动指南》是打造数字企业的一枚指南针，是企业数字化转型道路上的随身锦囊，强烈推荐！

王波　首旅如家酒店集团 IT 总经理、资深副总裁

《数字化黄金圈：企业数字化蓝图与行动指南》从为什么、怎么做、做什么三个层面构建了数字化黄金圈，直切数字化痛点，读后让人醍醐灌顶。每章最后一节列出的命题和锦囊提供了丰富的场景与方法，非常值得借鉴。

熊媛媛　海尔卡奥斯首席信息官

现在，数字化转型已经成为摆在所有企业面前的课题。作者团队多年来坚持不懈地梳理、盘点实践经验和理论成果，才有了《数字化黄金圈：企业数字化蓝图与行动指南》这本书，让我们能从理论框架、知识体系和企业实践等多个维度学习和思考数字化转型应该怎么做。

序 言
PREFACE

发展数字经济已经成为各个国家的共识,加快数字化转型已经成为许多企业的战略重点。但是,对于如何认识数字经济,如何有效推进数字化转型,却是仁者见仁、智者见智,尚未形成共识。学术界、企业界、咨询机构都在分析、研究这场历史性的变革,都在寻找走向未来的正确方向和路径。

数字经济在发展之中,数字化转型的实践在成熟之中,其中的本质、规律、诀窍正在逐步显现。《数字化黄金圈:企业数字化蓝图与行动指南》一书,正是咨询专家、业界和学界精英协同努力的成果。

通读全书,我为作者的匠心所感动。首先,全书的构思贯穿着系统观念,以全面回答为什么、怎么做、做什么这三个根本问题为主线展开讨论;其次,全书的内容贯穿着专业咨询、学术精髓和成功实践的总结;再次,全书的布局以理论结论为中心,展开分析与实证,对于每个重要的结论均附有恰当的案例;最后,对于企业数字化实践中需要落地的核心举措,本书提出了"锦囊"妙计,企业可以根据数字化黄金圈指数自我评测并改进,这些点睛建议是作者们精心思辨的结晶。

全书有很多"金句",揭示了企业数字化发展的一般规律或方法论,值得读者认真思考。

书中提出,企业的每一项数字化实践都须"因时因地、因人因事、因势因财"制宜,只有不断探索、迭代和演进,才能找出一条符合自身特色的变革之路。"因时因地、因人因事、因势因财"六个"因",总结得何其之好,不同行业、不同企业、不同的数字化转型项目，都具有特殊性，要将这几个"因"贯穿全程。由于数字化转型的具体性及普遍规律尚未得到验证，科学探索、快速迭代正是恰当的实践逻辑。

作者指出，"一个清晰的企业数字化战略，需完全整合到整体的企业战略中去，并根据环境的变化适时演进"。企业数字化战略与企业整体战略的"完全整合"可能是迄今为止对于数字化转型可以总结出来的最重要的基本规律；"适时演进"则是基本的方法论。

本书提出了企业数字化体系化方法的三部曲——诊断、方法、绩效。首先，对企业的数字化成熟度进行评估分析与诊断，既回答"为什么"这个问题，又为六个"因"创造具体的"果"；其次，在诊断的基础上构造推进数字化转型的方法论，回答"怎么做"这个问题；最后，提出并实现数字化的绩效，以绩效来引领成功，这是企业数字化转型能否成功的又一个关键——以期待的绩效确定"做什么"，以项目对企业的绩效论成败。

作者开创性地提出了在数字化发展中如何选择合作伙伴，如何构建共生、共赢、共研和共创的合作模式。除了少数例外，企业开展数字化转型需要寻找恰当的合作伙伴，为了获得预期的绩效，需要构建共赢的伙伴关系。共赢的基础是共生的认知，为了取得成功需要共研、共创。每一家企业具体的数字化项目都是独特的，只有共研和共创的方法，才能为成功打下基础。

本书借用了现代管理学之父彼得·德鲁克的一句名言，指出企业数字化变革也是一种实践，这种实践的本质"不在于知而在于行；其验证不在于逻辑，而在于结果"。期待更多的企业在发起数字化转型的历史性进军时，能谨记大师的告诫。

相信本书能够为我国数字经济的发展及数字化转型实践和理论的完善发挥重要作用，希望作者能在今后的研究中创作更多的学术精品。

是以为序。

工业和信息化部原副部长

杨学山

于 2022 年 4 月 17 日

前　言
FOREWORD

在互联网的推动作用下，数字经济以令人惊叹的速度发展，影响着全球各地人们的生产活动和生活方式，各个国家、各类组织的领导者也开始着手变革治理方式。数字经济将世界各地的资源整合到一起，以有序的方式重构经济发展格局，已经成为推动世界竞争格局重构的重要力量。

2021 年 12 月，国务院印发了《"十四五"数字经济发展规划》。该规划明确指出，数字经济是继农业经济、工业经济之后的主要经济形态，是以数据资源为关键要素，以现代信息网络为主要载体，以信息通信技术融合应用、全要素数字化转型为重要推动力，促进公平与效率更加统一的新经济形态。《"十四五"数字经济发展规划》的发布标志着未来一段时间，我国数字经济将迈入深化应用、规范发展、普惠共享的高质量发展新阶段。

国内数字经济智库平台——锦囊专家从 2018 年开始持续深入探索我国企业数字化转型的成功经验与路径，连续 4 年与北京大学光华管理学院董小英教授领导的数字化研究团队联合进行"中国企业数字化转型调查"，了解不同行业的数字化发展经验及现状。在 2018—2021 年历时 4 年的数字化转型调研中，研究团队累计收集了 987 份调查问卷。

调研数据显示，越来越多的企业认为，数字化战略支撑企业核心业务的重要性排名第一。2021 年有 42% 的企业将数字化战略作为核心业务的支撑，相比于 2020 年、2019 年和 2018 年分别提升了 2%、13.4% 和 11.1%，这体现了多数企业将数字化进程与核心业务紧密结合。企业数字化转型目标由重视企业内部降本增效、增强市场竞争力，向提高客户忠诚度、增强环境适应能力、抓住未来发展机会等更多方面拓展。

同时，在过去几年中，锦囊专家联合国内20多个行业协会和首席信息官（Chief Information Officer，CIO）联盟组织，共同发起"中国数字化转型与创新评选"活动，累计参评企业超过3 000家，共收集了2 217个企业数字化转型案例，这些企业来自全国17个省（自治区、直辖市），主要分布在15个行业。作为该评选活动的核心访谈团队，锦囊专家历时4年对数百位数字化专家及企业中高层管理者尤其是CIO等进行一对一访谈，发现很多企业高层开始转变观念，接受了"数字化转型"这一新概念，逐步认识到了数字化转型的重要性并付诸实践，加大了在数字化转型方面的人力、技术、资金等投入，推动数字化项目的建设与落地。

在多年的数据调查、案例研究和实战探索的基础上，锦囊专家历时数月撰写了本书。我们认为，面对汹汹而来的数字挑战者，要想成功应战，传统企业的数字化须借鉴黄金圈法则，聚焦并回答三个简单的问题：为什么？怎么做？做什么？所谓数字化黄金圈，是指企业数字化变革要有体系化的方法，其思考、行为及沟通方式要由内而外，从问为什么开始，而后是怎么做，最后才是做什么。这是一个从模糊梦想到清晰举措的过程，只有不断演进、长期坚持，方能成就非凡数字企业。

本书的第一部分是数字化黄金圈之为什么：企业须制定数字化驱动的业务战略，明确数字化战略方向和路径。其核心内容包括制定数字化使命目标、明确价值主张、共创业务场景设计和绘制数字化发展路线图这四大主题及相应的落地方法举措。一个清晰的企业数字化战略要完全整合到企业的整体战略中去，并根据环境的变化适时演进。

本书的第二部分是数字化黄金圈之怎么做：企业要全方位地思考企业数字化的变革方法、组织机制和保障措施。其核心内容分为方法与绩效、领导与文化、组织与人才、数据与技术、实践与工具这五大维度，并进一步扩展为15项具体的落地方法举措。这些内容可以指导企业构建自身应该怎么做的方法、机制和措施，夯实变革基础。

本书的第三部分是数字化黄金圈之做什么：企业数字化变革需要完成的具体工作及其结果。其核心内容涵盖面向服务的数字化赋能、面向运营的数字化优化、面向客户的数字化转型、面向未来的数字化颠覆这四大战略方向，并进一步扩展为 20 项具体的落地方法举措。企业可根据自身情况从中遴选优先举措并加以组合，构建企业数字化蓝图，组织落地实施，以达成企业数字化战略目标、成果和价值。

每一章的最后一节都包含企业数字化相关落地方法举措需要回答的核心命题，以及企业数字化实践者和非凡者的特征和行动锦囊。企业可以对照数字化黄金圈指数评测结果，获得进一步提升其数字化成熟度的具体举措或实操建议。

数字化黄金圈通过系统性的思考和体系化的设计，利用方法论推动业务变革和组织变革，是企业数字化从梦想蓝图到落地举措的实操框架和行动指南。各类企业均可借鉴本书提供的数字化黄金圈理论框架、战略举措、顶层蓝图、发展路径、实践方法及行动锦囊，构建符合自身特色的数字化转型与创新的知识体系和行动体系。

企业数字化变革是一个不断演进、不断变化的命题，数字化黄金圈也必将不断地迭代。在此借用彼得·德鲁克的一句名言，企业数字化变革也是一种实践，"其本质不在于知而在于行；其验证不在于逻辑，而在于结果"。

企业数字化变革究竟应该怎么办？想都是问题，做才有答案，让我们一起撸起袖子加油干！

最后，本书能够顺利完成，要特别感谢北京大学光华管理学院董小英教授及其研究团队成员叶丽莎、戴亦舒和卢伊豪。感谢一起进行图书资料和案例整理的编委会成员，他们是付媛媛、赵博智、张齐齐、秦丽、苏巧玲。

特别感谢以下专家及 CIO 对本书核心理论及案例的贡献：孙惠民、杨通鹏、史凯、黎江、毛健、汪广盛、王吉斌、韦青、张健、熊媛媛、高大群、孙杰、于强、刘红胜、刘光正、杨小勇、周国英、吕涛、陈磊、陈建新、张磊、张兴国、王波、陶满、任荣、吕英胜、张敬林、宋洪方、方婷婷、李荣东、朱卫东、贺学川、曲华平、刘豪、吕本富、毛江华。

感谢以下组织在数据和案例调研方面提供的大力支持：安徽省首席信息官协会、CIO 运动商学院、大连市 CIO 协会、福建信息主管（CIO）网、工业 4.0 联盟、广州市首席信息官协会、黑龙江省 CIO 联盟、海南 CIO 协会、河北 CIO 联盟、河南 CIO 联盟、江苏省企业信息化协会、榕锦（大华南）IT 高管共赢圈、山东 CIO 联盟、陕西 CIO 小圈子、上海 CIO 联盟、深圳市 CIO 协会、四川 CIO 俱乐部、台湾 CIO 协进会、武汉企业信息化推进中心、广东省 CIO 联盟、西南 CIO 联盟、浙江省企业信息化促进会、成都市电子商务协会、转型家、CXO UNION、中关村天使投资联盟、中山连线 IT 经理沙龙、中国空间技术研究院航天生产力促进中心、法国里昂商学院。

作者

于 2022 年 3 月

目 录
CONTENTS

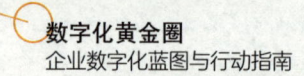
第二部分　怎么做：方法和赋能，夯实变革基础

第三部分　做什么：内容和结果，执行数字化蓝图举措

第 10 章 面向客户，成就数字化转型，提高客户保留和市场占有率

第 11 章 面向未来，探索数字化颠覆，实现在特定细分市场的领导地位

第 12 章 玩转数字化黄金圈：招商局集团数字化变革实践

第一部分
为什么：从为什么开始，由内而外思考

在全球数字经济发展及企业内生动力的双重影响下，数字化变革已经成为企业发展的必由之路。企业不能为了数字化而数字化，应该保持理性和耐心，借鉴黄金圈法则，不断地询问自己：为什么要做数字化？怎么做数字化？数字化需要做什么？企业的每一项数字化实践都须"因时因地、因人因事、因势因财"制宜，只有不断探索、迭代和演进，才能找出一条符合自身特色的变革之路。

在第 1 章和第 2 章中，我们先回归企业数字化的原点进行讨论，从为什么要做数字化开始，由内而外地思考，进而明确企业数字化的使命、方向、目标和发展路径。

数字化黄金圈：打造非凡数字企业

在全球数字经济浪潮中，新兴技术的蓬勃发展带来了行业颠覆与机遇，数字化变革已经成为企业的必然选择。基于此，我国政府、企业在推动产业数字化和数字产业化的同时，也在推动数字技术与社会经济发展过程相融合。

作为我国数字经济智库平台，锦囊专家自 2018 年开始，进行一年一度的"中国企业数字化转型调查"和"中国数字化转型与创新评选"及持续深入的一手数据收集和企业案例研究，专访数字化领导者、实践者和专家，实时关注各行业数字化转型动态，在数字化领域积累了丰富的经验，为开发适合我国的数字企业模型及数字化变革方法论，出版各类数字化转型报告及图书奠定了数据基础和案例基础。

1.1 什么是数字化、数字化转型、数字化变革、数字企业

提到数字化，就不能不先提到下面的两件事情。

第一件事是数字化生存（Being Digital）。

互联网的发展、信息时代和数字化时代的到来让人们的生存方式发生了翻天覆地的变化，人们有了新的生存方式——数字化生存。

20 世纪 90 年代，美国学者尼古拉斯·尼葛洛庞帝（Nicholas Negroponte）

在其著作《数字化生存》（*Being Digital*）中第一次提到了"数字化生存"一词。这本书的内容是尼葛洛庞帝 1991—1994 年在《连线》（*Wired*）杂志做专栏作者时写的一系列文章的综合编辑版本。该书介绍的数字技术主要包括人工智能（Artificial Intelligence，AI）[①]、传感器、智能硬件、可穿戴设备、虚拟现实（Virtual Reality，VR）、图形用户界面（Graphical User Interface，GUI）；该书介绍的应用场景主要包括电子邮件、AI 个性化推荐、视频社区、AI 个人虚拟助手、虚拟游戏式在线学习、AI 辅助艺术创作、嵌入 AI 的智能家电和智能汽车等。显然，尼葛洛庞帝在 1991—1994 年畅想的这些技术和应用场景现在基本已经变为现实。根据尼葛洛庞帝的理论，人类数字化生存的空间不是真实的、可感知的，而是虚拟的、数字化的。在这个虚拟空间中的人们通过学习并利用数字技术传递信息、交流探讨、学习互助，这便是数字化生存。

第二件事是 72 小时的网络生存测试。

1999 年是我国接入国际互联网的第 5 年，《人民日报》和梦想家中文网等多家媒体响应信息产业部的号召举办了"72 小时网络生存测试"活动，活动场地是一个房间，活动道具只有一张床、一沓 1 500 元的现金、若干电子货币、一卷卫生纸和拨号网络，测试对象可以随意使用这些道具，但要在这个房间待够 72 小时。

现在看来，这个测试似乎很简单，可大家是否注意到了网络搜索、支付和配送等网络生存的要素都是哪一年才出现并流行起来的？可以说，这场网络生存测试既是在考验当时国内网络的成熟度及网民的网络运用能力，更是对网络化、数字化理念的一次全国大启蒙！

这场"72 小时网络生存测试"活动结束后，网络生存或者说数字化生存就不再是听得见摸不着的东西了，普通人也可以体验什么是数字化生存。想一想，新冠疫情期间，有多少人已经可以在家中过着网上生活或完成远程办公和学习？数字化正在深刻地影响着社会、生活和工作。在短短的 20 多年里，普通人已经从无法依靠网络生存蜕变为无法脱离网络生存。

---

① 包括计算机视觉、语音识别、自然语言处理等。

这就是数字化的力量！

虽然数字化已经取得了长足的发展，但是，无论是数字化、数字化转型还是数字企业等，都还是正在不断演变的概念。新技术、新业态、新模式层出不穷，不同国家、不同行业、不同机构、不同厂商、不同专家或多或少地从特定的视角（或为了自身的目的）塞进了一些"私货"，导致这些词的内涵和外延有了各式各样的定义和说法。各家有各家的观点，站在各自的立场上都能自圆其说，讨论起来也难分高下，这里不再逐一赘述。

本书对相关概念的讨论主要基于高德纳（Gartner）的定义，以及我们的解读及研究发现。

对数字化的最早的明确定义来自高德纳于 2011 年发布的《信息技术术语表——信息技术基本术语和定义》(*Information Technology Glossary - Essential Information Technology Terms & Definitions*)。

高德纳对数字化的最早的明确定义

高德纳在其官网上提供了几个数字化相关的定义。

Digitization 是从模拟到数字的转换过程，又称数字实现。换言之，数字化采用模拟过程，并将其转换为数字形式，而无须对过程本身进行任何实质的改变。(Digitization is the process of changing from analog to digital form, also known as digital enablement. Said another way, digitization takes an analog process and changes it to a digital form without any different-in-kind changes to the process itself.)

Digitalization 是利用数字技术来改变商业模式，并提供新的收入和价值创造的机会；这是转向数字业务的过程。(Digitalization is the use of digital technologies to change a business model and provide new revenue and value-producing opportunities; it is the process of moving to a digital business.)

Digital 是用二进制代码表示的物理项目或活动。作为形容词时，它描述了新兴数字技术的作用，即改善组织流程，改善人员、组织与事物之间的互动或使新的商业模式成为可能。(Digital is the representation of physical items or activities through binary code. When used as an adjective, it describes the dominant use of the latest digital technologies to improve organizational processes, improve interactions between people, organizations and things, or make new business models possible.)

Digital Business Transformation 是开发数字技术和支持功能以创建强大的新型数字商业模式的过程。(Digital business transformation is the process of exploiting digital technologies and supporting capabilities to create a robust new digital business model.)

我们对高德纳相关定义的理解与解读

Digitization 或 Digital（用作名词时）是数字化狭义的定义。狭义上的数字化，是将现实世界中有价值的人、事、物，以及它们在企业运行和管理场景中涉及的重要信息，如参数、文字、图像、语音、信号和属性等转换为由 0 和 1 组成的二进制数据序列。换句话说，狭义上的企业数字化就是业务对象数字化，也就是在数字世界中为物理世界中的业务对象创建数字孪生对象。这项工作是最基本的数字化工作，通常是企业数字化变革的第一步，今天仍然需要坚持不懈地做下去。

Digitalization 或 Digital（用作形容词时）是数字化广义的定义。广义上的数字化，是传统业务模式不断被数字技术解构和重构的过程，并强调数据和数字技术对商业的重塑。企业要尽可能地把各项业务数字化，并将其放到数字化平台乃至云平台上来做，逐渐向软件定义、数据驱动、智能决策的数字化业务模式转变，不断提升企业的数字化能力。基于数据和数字技术的新型能力，不再只是单纯的解决企业降本增效问题的工具，而应该成为赋能企业商业模式创新和突破的核心力量。

企业数字化变革由数字化赋能、数字化优化、数字化转型和数字化颠覆组成

信息技术（Information Technology，IT）早已不再仅仅是企业内部IT部门的事情，企业的各业务和职能部门都早已开始探索或参与推进IT应用，以改变企业内外服务、业务流程，提升个性化产品体验，甚至利用IT帮助企业寻找突破口、进入新市场、构建全新的商业模式，并以更快、更敏捷、利润更高的方式运行企业和交付产品或服务等。

大数据、AI、云计算、区块链、增强现实（Augmented Reality，AR）、3D打印等新兴技术看起来都很不错，但现实情况是，不能因为企业采用了某项新兴技术就说这是数字化转型了。如果企业仅仅为了降低成本、增加收入或加快流程而使用这些技术去赋能，或者把线下的流程简单地搬到线上，那么企业并没有真正地改变业务，而只是赋能或优化业务；虽然这帮助企业增加了价值，但业务并没有发生真正的进化。企业数字化的本质是要转型为以客户为中心的组织并构建新的商业模式，以实现对核心业务的颠覆。

设定激动人心的数字化愿景使命是成功的关键。为了进行数字化变革，企业可借鉴本书提出的数字化黄金圈框架，搞清楚为什么、怎么做和做什么。

我们认为，企业进行数字化变革时须根据其雄心壮志、风险偏好及行业变革速度等选择并聚焦适宜的战略方向。

企业数字化变革的战略方向：面向服务高效管理的数字化赋能、面向运营降本增效的数字化优化、面向客户推动变革的数字化转型、面向未来开拓创新的数字化颠覆。

企业的数字化变革，要由点到线到面到体，由局部到全局，由支持当前业务到引领未来发展，由企业内部到外部生态。企业根据自身数字化成熟度和战略意图的不同，既可以同步推进，也可以聚焦一两个战略方向循序渐进，打造适合所在行业且具备企业自身特色的数字化变革的方案与路径。

企业数字化的核心：以客户为中心的业务转型和组织转型。

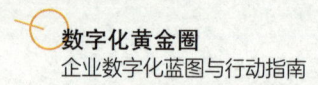

企业数字化的基石：数据和数字技术。

什么是数字企业

在本研究团队前期研究成果之一的《变数：中国数字企业模型及实践》一书中，我们对数字企业模型及实践进行了详细的解读。

所谓建设数字企业，是指企业通过制定数字化战略，充分利用云计算、大数据、物联网（Internet of Things，IoT）、移动互联网、AI 等新一代技术带来的商业创新机会，持续赋能和优化业务流程，连接消费者、员工、合作伙伴、产品设备和服务，积累和开发大数据资产，打造动态、透明、高效、敏捷、精准、供需匹配的运营体系，创新商业模式和推动组织变革，获得在互联网和数字化时代竞争优势的过程。

对传统行业来说，数字企业基于工业软件和自动化的一体化、通信网络的扩大和安全体系建设，逐步实现业务流程和供应链的数字化集成和价值链运营体系数据的可视化，通过动态收集和评估数据，对生产和服务进行监督和改善，不断吸纳消费者意见，对体系进行调整，对异常情况进行及时预判，甚至在不停机和不间断工作的情况下对设备进行维护。

从过程来讲，数字企业的建设内容包括设备数字化、产品或服务数字化、过程数字化、资产数字化和交互数字化。企业要利用数字资产的量化、整合、分享、应用中的高速度、大范围、低成本、可视化、可挖掘、精准性等特性，构建跨行业、跨边界、跨文化的数字神经网络，通过 AI 赋能人的分析、判断与决策能力。

数字企业是一个动态的概念。随着 IT 的持续创新迭代，数字化技术不断与企业业务体系深度融合，通过技术的独特价值支持或引领业务的发展和增长，以新的方式和手段提升消费者体验和满意度，通过数字化资产的积累和开发增加企业的价值。

数字企业是智力资本密集型的轻资产企业，智力资本（包括人力资本、市场资本、数字资本、研发资本和智能资本）是其核心资产。智力资本的开发、再生与创造是数字企业可持续发展的基础，这类企业高度关注运营模式的精简、敏捷和灵活，重视研发在推动增长中的关键作用。

1.2　三大生存法则：强化韧性、打造弹性、重塑未来

近年来，锦囊专家时刻关注不同行业数字化变革的现状和发展趋势。2018—2021年连续4年的一手调研数据及大量的研究均显示，我国大多数行业的数字化水平还较低，同时，随着我国劳动力成本的不断上升，许多行业迫切需要进行产业升级以获得新的核心竞争力，而新冠疫情的爆发更让企业意识到数字化变革的步伐急需加快。

回顾2020年和2021年，我们看到的是适者生存、"剩者"为王，占比为16%的企业数字化非凡者都具有数字化动态优化能力强或数字化成熟度高的特征，这些企业率先从疫情带来的危机中重启，并迈向未来的成功。数字化给企业带来的韧性提升比我们想象的更加重要。面对疫情和常态化的管控，企业不得不经过求生存和促发展两个阶段。只有采取"强化韧性、打造弹性、重塑未来"三大核心策略，增强企业的抗压力和恢复力，才能成为企业数字化非凡者。

我们的调研发现，不同类型的企业都在积极地开展数字化变革工作，出现了认知思维转变、数字化资源投入加大、组织架构调整等一系列的转变。早期，数字化意识欠缺是企业数字化变革中的痛点，而现在大多数企业已经意识到数字化变革的重要性，并着手制定数字化战略。随着企业对数字化变革的重视程度不断提高，企业数字化变革的年平均投入额也有所增加，尤其是5 000万元以上的高额投入大幅增加。在企业数字化变革的过程中，组织架构调整是一大重要举措，这使企业的管理变得更加直接、高效。

企业不能为了数字化而数字化，应该保持理性和耐心。展望未来，我们盼来的有可能不再是"新常态"，更有可能是"无常态"。面对已经到来的

VUCA① 时代，企业数字化转型与创新也将"Best Practice"（最佳实践）不再，有的只能是"Next Practice"（下一次实践）。企业的每一项数字化实践要"因时因地、因人因事、因势因财"制宜，不断探索、迭代和演进，只有这样才能找出一条适合自身的变革之路。企业的数字化，要看大势、造窄门，敏捷共创，并以知行合一的方式重构数字化转型与创新的知识体系和行动体系。

数字化黄金圈正是为此而诞生的。

我们基于过去 4 年多来对企业数字化变革的调研数据的分析、对"中国数字化转型与创新评选"中大量优秀案例的研究、数百个深度的专家访谈和市场研究，以及大量的企业内训和咨询项目实践，借鉴黄金圈法则，从企业为什么要进行数字化变革、数字化变革怎么做、数字化变革应该做什么这三个最基本、最核心的问题出发，构建了数字化黄金圈理论框架、实践方法和行动锦囊。

1.3　数字化黄金圈：从为什么开始，系统化思考，解锁数字化底层运行逻辑

有一个老故事，可能有不少读者都读过，故事内容大概是这样的。

有一天，一个人路过工地，看见三个石匠在做同样的工作。他走过去问他们："你们在做什么？"第一个石匠对他说："你没看见吗？我在敲石头！没法子，为了养家糊口，混口饭吃。我一直在这里敲石头，为的是养活我的父母妻儿。"第二个石匠对他说："我正在用手中的锤子和凿子精心地雕刻这些伟大的艺术品，这是整个国家最出色的石匠活儿。"最后一位石匠对他说："我现在干的是石匠的活儿，但我正在建造一座宏伟的宫殿。"

这个故事有多个版本。本书从另外一个角度来解读这个故事：这三位石匠都是围绕建造宫殿来回答问题的，但侧重点不同，第一个石匠侧重于回

---

① Volatility（易变性）、Uncertainty（不确定性）、Complexity（复杂性）、Ambiguity（模糊性）的缩写词。

答做什么，第二个石匠侧重于回答如何做，第三个石匠侧重于回答为什么要做。

其实，每一家公司、每一个人的职业生涯，乃至企业数字化，都可以分为三个层面：做什么（What）、怎么做（How）和为什么（Why）。这是我们必须首先回答的三个看似简单的核心问题，也是英国作家西蒙·斯涅克（Simon Sinek）提出的著名的黄金圈法则（一种关于思考和认识问题的思维模式），如图1-1所示。

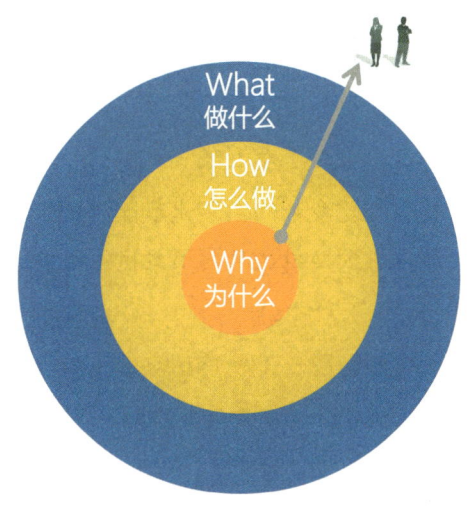

来源：西蒙·斯涅克

图 1-1　黄金圈法则

这个广为人知的黄金圈法则是斯涅克在其著作《从"为什么"开始》（*Start With Why*）中首次提出的。大多数人在思考一个问题的时候，都会从这个黄金圈的外侧开始，也就是先向大家介绍自己是做什么的，然后再说自己是怎么做的，最后才说自己为什么这样做。但是实际上，把这个顺序倒过来才是正确的思路。也就是说，一定要由内向外，从深层价值和利益出发，首先探索为什么，然后思考如何做，最后才确定做什么。

斯涅克曾在 TED 演讲中说："地球上的每个人、每个组织都百分之百明白自己在做什么，比如上级交给我们的具体任务或公司的主营业务等。其中，有一些人知道该怎么做，你可以称之为你的差异价值，或者你的独特工艺，或者你的独特卖点等，怎么说都行。但是，只有极少数人和组织明白为什么做。这里的'为什么'和'为利润或金钱'没有关系，利润只是一个结果，或者只是一种副产品。我说的'为什么'指的是，你的目的是什么？你这样做的原因是什么？你怀着什么样的信念？你的公司为什么而存在？你每天早上为什么起床去工作？"

我们借鉴黄金圈法则，并将其应用于企业数字化变革，形成了独特的数字化黄金圈框架。运用数字化黄金圈进行系统性思考，可以洞察企业数字化变革的本质，解锁现象背后的底层运行逻辑，为传统企业数字化变革提供从梦想蓝图到落地举措的实操框架和行动指南。

数字化黄金圈最外面的圈层是做什么（What），对应于企业数字化中的场景和方案等，即通过数字化变革的数字化赋能、数字化优化、数字化转型和数字化颠覆这四大战略方向及具体的落地举措，构建企业数字化蓝图及行动指南。

数字化黄金圈中间的圈层是怎么做（How），对应于企业数字化中的变革方法、组织机制和保障措施等。企业要全方位地思考，夯实变革基础。

数字化黄金圈最里面的圈层是为什么（Why），对应于企业数字化中的数字化使命、理念，用于明确方向、目标和路径。企业要制定清晰、可达成的数字化使命，并明确企业的数字化战略方向、目标及路线图。

面对汹汹而来的数字挑战者，传统企业要想成功应战，就要借鉴黄金圈法则，聚焦并回答三个简单的核心问题：为什么？怎么做？做什么？在此过程中，传统企业要践行以下三个步骤（见图1-2）。

第一步，思考"为什么"。制定数字化驱动的业务战略，即明确战略方向、目标、业务场景及路线图。企业数字化获得成功的关键是围绕如何实现业务的数字化变革设定愿景，并制定实现这一愿景的清晰战略，同时根据业务场景提出发展路线图，以说明转型过程中的具体目标，并详细说明达成目标所必需的实际举措组合。传统企业还要保证全体成员对数字化目标及其优先级达成共识，并一致地向公司内外部着重沟通这些措施。内部激励措施也

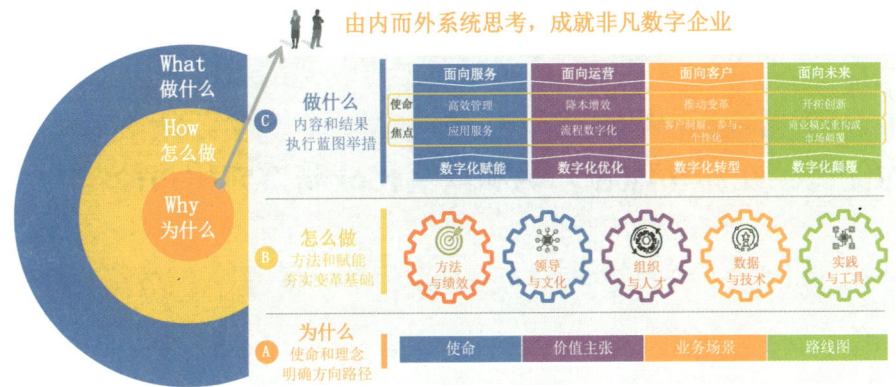

图 1-2　数字化黄金圈框架

要与各项目标保持一致。

第二步，构建"怎么做"。全方位思考企业数字化的变革方法、组织机制和保障措施，包括方法与绩效、领导与文化、组织与人才、数据与技术、实践与工具等，以夯实变革基础。

第三步，执行"做什么"。根据企业数字化变革的数字化赋能、数字化优化、数字化转型和数字化颠覆等四个战略方向组合而成的企业数字化蓝图，从 20 项数字化落地举措中遴选优先组合，将其落地实施，达成企业数字化战略目标、成果和价值。

通过以上数字化黄金圈框架，企业可以有效地开展数字化变革。企业数字化变革需要体系化的方法，其思考、行为及沟通方式应该由内而外，从问为什么开始，而后明确怎么做，最后确定做什么，这是一个从模糊梦想到清晰举措的过程。数字化黄金圈包括体系化的理论框架、实践方法、战略举措、顶层蓝图、发展路径及行动锦囊。传统企业可在自身的数字化变革中加以学习借鉴并不断演进，只要长期坚持，必能成就非凡数字企业。

第 2 章

为什么：使命和理念，明确数字化战略方向和路径

根据《2021 中国数字企业白皮书——四年（2018—2021）对标篇》中的数据，我们发现，企业数字化变革的困难之首是数字化战略。在数字化战略领域，企业面临的主要困难来自外部和内部：外部困难主要包括对行业标杆不了解、对技术和市场变化无法预判和确定等；内部困难主要包括领导者的认知、战略制定、资源配置及如何确定资金投入等。

企业首先要明确愿景和使命，并制定数字化驱动的业务战略，这是制定适宜的数字化发展路线图的前提，也是推动企业前进的关键。登山者必须先把一切无关紧要的东西抛在身后再去攀登高峰。同样，具有挑战性的商业环境迫使我们回到首要原则：企业为什么存在？它的目的是什么？它最擅长什么？为什么人们在那里而不是在别的地方工作？如何让客户的生活变得更好？

以这种明确的使命感推动数字化变革的企业之所以成功，是因为其真正目标始终处于优先和核心地位。这些企业可以在不失去专注力的情况下进行持续的实验和学习，还可以适时地衡量实现既定目标的进展情况，并向可带来成果的技术进行投资。

企业数字化变革已经从"附加项"变成了"必选项"，这已经成为共识。企业数字化需要系统的方法，首先需要理解为什么，明确战略意图，制定数字化驱动的业务战略，也就是明确企业数字化的使命和愿景，并据此确定战略方向、目标和路径。

企业战略规划就是以使命、愿景和价值观为出发点，解决"选地盘""定策略"和"找路径"这三个核心问题，这也是企业开展数字化变革所必须回答的问题。

本章主要围绕下面四个主题展开讨论：

● 制定数字化驱动的使命目标；
● 明确客户企业生态价值主张；
● 共创数字化场景与业务设计；
● 绘制基于场景的发展路线图。

2.1　制定数字化驱动的使命目标

根据《2021 中国数字企业白皮书——四年（2018—2021）对标篇》，数字化战略在不同企业中的重要性排序基本一致，数字化战略在支撑企业核心业务方面的重要性排名第一。

2021 年，数字化战略对支撑核心业务的重要性更加凸显，有 42% 的企业将数字化战略作为企业核心业务的支撑，相较 2018 年和 2019 年分别提升了 11.4% 和 9.1%，这体现了越来越多的企业将数字化进程与核心业务紧密结合。但是，仍有不少企业对数字化战略没有明确的定位，有的将其作为企业全局战略核心，有的将其与核心业务战略置于同等重要的位置，有的视其为职能工作的辅助。数字化战略的范围很广，其中最重要的是将客户服务过程和业务流程数字化。近年来，企业对最终产品的数字化、商业模式的数字化的了解程度整体呈上升趋势。

制定清晰的愿景使命是企业数字化的首要挑战之一。企业要考虑内外环境、市场竞争、用户需求和技术演进的各方面影响，结合自身数字化成熟度及战略抱负，重新思考自身的数字化使命，从众多的数字化选项和方向中找到未来企业数字化的使命和战略方向。

业界对数字化、数字化转型等概念的内涵和外延的定义和解读尚未达成一致。对企业自身而言，数字化究竟意味着什么？最应该抓住什么机遇、解决什么危机？这些问题是企业管理层避不开且不得不达成共识的问题。在此基础上，企业必须选择一条清晰且连贯的、有别于其他企业的道路，制定一个最合适自己的数字化驱动的业务战略，并使之与企业的整体战略融为一体。但是，对很多企业来说，制定正确的数字化战略是难于登天的一步。

传统企业必须仔细考虑可供它们选择的战略、使命、目标，以实现可持续的增长和价值提升。根据多年来的研究，我们认为，企业数字化变革由面向服务的数字化赋能、面向运营的数字化优化、面向客户的数字化转型和面向未来的数字化颠覆这四大战略方向组成。

要制定最适合的数字化驱动的业务战略，企业必须回答三大类关键问题。

第一类关键问题：企业的数字化雄心壮志如何？最值得关注的数字化机遇与威胁有什么？企业应该追求何种程度的数字化？例如，企业需要思考到底应该是优化现有的业务模式，还是引入新的商业模式和收入来源。企业要确定采用新范式进行数字化的速度，并在其数字化愿景中加入预期的最后期限和里程碑，为战略决策支持提供条件。

第二类关键问题：企业所在行业转型或可能被颠覆的时刻在何时、速度有多快、规模有多大？数字技术将驱动新型业务能力的产生，使新产品或新商业模式成为可能，并不断发展，直到颠覆整个行业。企业一旦明确自身所处行业是否及何时会达到转折临界点，就可以选择并确定自己的数字化愿景了。

第三类关键问题：企业的风险偏好如何？怎样才能将机遇牢牢抓在手中，并优化资源配置，形成新的格局，从而规避关键风险？企业要明确定义在数字化进程中愿意承担的财务、监管和声誉等方面的风险的级别。当今世界，数字技术不断演进，不确定性日益增加，企业必须适时评估、考量市场或行业中颠覆性力量的影响及随之而来的风险，尽早做出决策，以应对潜在的颠覆性力量。

以书面形式记录这些内容有助于定义正确的战略，如果这些声明是清晰的，并从高层开始推广，技术团队也可以清楚地理解新技术的可行性和用途等，并组织验证。

例如，当前银行业的数字化使命可以定义为"构建互联的开放银行"，即更加符合消费者日益数字化的生活方式，为中小型企业和其他组织提供更方便和全面的服务、更加透明和安全的管理，把客户和自身的风险降至最低，在应对和创造银行业务模式的变化方面更加高效和灵活，而且能够代表客户与第三方价值提供者建立联系。

其核心驱动力包括：提高客户在销售和交付存贷款产品、支付及服务方面的参与度；通过一个更加透明和安全的环境，提高自身的品牌信任度；最重要的是，在客户的生活方式中找到一席之地，通过与邻近市场的连接颠覆自己原先的商业模式。

再如，贝壳在链家时代的使命是"让房屋交易不再难"，从链家独立出来之后，其使命被重塑为"有尊严的服务者，更美好的居住"。其使命严格定义了其形态，扩展了居住产品的服务边界，提升了居住服务参与者的地位与获得感，实现了客户居住全周期的美好体验。由此，其数字化使命是构建居住服务领域的数字化产业赋能平台，其核心的数字化战略方向包括升级核心能力、重塑产业规则和赋能外部伙伴。

案例研究 ┃ 浦发银行：开发银行的先行者

自 2016 年开始，开放银行在全球范围内快速发展。开放银行是指在不违反国家监管政策的前提下，利用软件开发工具包（Software Development Kit，SDK）、应用程序编程接口（Application Programming Interface，API）等对外开展金融活动，提供金融服务，满足第三方合作伙伴在其业务场景中访问金融数据、为客户提供金融服务的需求。

国外的案例有西班牙对外银行的 API Market、美国花旗银行的 API Developer Hub 等。2018 年，国内第一家"API Bank 无界开放银行"发布，这是浦发银行开创的先例，是开放银行在国内从构想变成现实的标志。2020 年，浦发银行又在开放银行的基础上提出了全景银行框架（见图 2-1）及其方案。

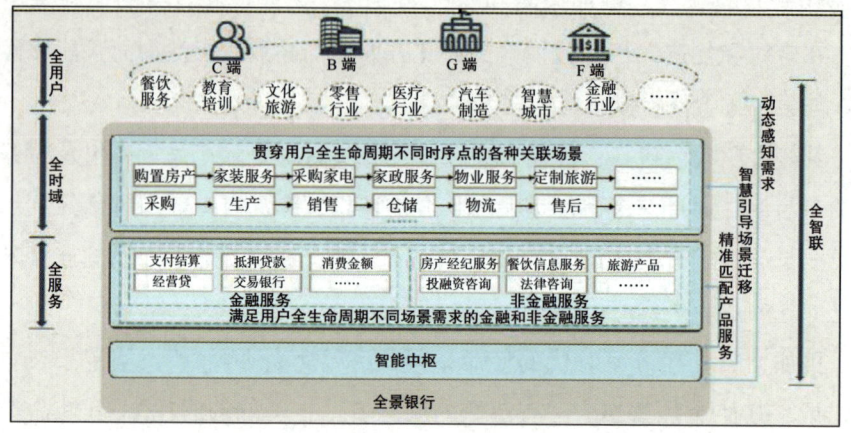

来源：《开放金融之全景银行系列蓝皮书》，浦发银行，2020 年

图 2-1　全景银行框架

基于用户全生命周期的需求，浦发银行发布的全景银行以与商业生态系统共享流量、品牌等资源的方式构建了全新的生态场景。全景银行提供了包括非金融和聚合金融在内的产品和服务，并利用数据智能实时监测用户需求，达成智慧联动的效果。全景银行重视用户体验，旨在为用户创造新的价值，其愿景是面向"全用户"、贯穿"全时域"、提供"全服务"、实现"全智联"。

企业要制定与自身相适应的、数字化驱动的业务战略使命目标，其达成不可能一蹴而就，急躁冒进不可取。为了降低风险、提高成功率，企业应该采取不断迭代和演进的方法，以不断向前滚动的方式交付、学习和设计自己的战略及业务实践。图 2-2 是业务战略三阶段及迭代循环模型。

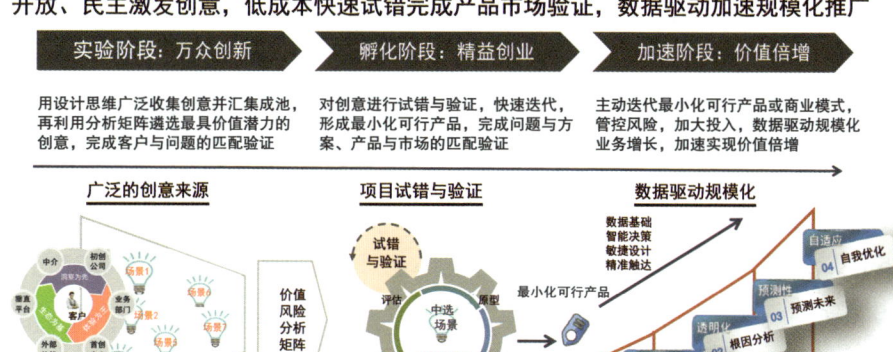

图 2-2　业务战略三阶段及迭代循环模型

（1）**实验阶段**：寻找机遇并开展实验，设计初始战略意图。在此阶段发现新的增长机会，随后针对如何抓住这一机遇提出众多初始想法并组织实验进行验证。

（2）**孵化阶段**：在成功验证初始想法后，新业务进入孵化阶段，构建原型并主动调整、迭代，形成最小化可行产品（Minimum Viable Product，MVP）或新业务模式的战略。在新业务孵化期间，对产品、业务模式和盈利模式等进行学习并重新设计、验证、优化和调整。

（3）**加速阶段**：一旦新战略充分发挥作用，业务将进入加速阶段，这时重点转向加速扩展业务，实现目标。在此期间，活动重点从设计和制定战略转向扩大新业务。

在 VUCA 时代，企业战略制定及落地的方法正在发生变化，战略规划正升级为战略共创与共鸣，战略解码正升级为业务创新与迭代，战略落地正升级为生态协同与共赢。企业要步步为营，采取行动，启动迭代反馈闭环，也就是说，企业要利用通过行动获得的知识来进一步设计、优化和调整企业的战略及落地举措。企业要重复这个过程，不断地发展自身的战略，直到它达到一个成熟的水平。当这个战略充分奏效时，企业才能从演进阶段发展到拓展阶段。

实验已经成为检验业务战略和落地举措，了解什么可行、什么不行的一种主流方法。例如，亚马逊在新产品推介战略上做了一个实验，即允许客户通过其在线平台出售二手书。对亚马逊来说，售卖二手书是有较大增长潜力的新业务。一开始，它尝试设立了一个卖二手书的专属页面，但没有奏效。接着，它又尝试为每一个用户提供一个专属页面，效果还是不佳。于是，它开始尝试将二手书放在新书旁边对比展示，终于取得了成功。在这个过程中，卖旧书的战略方向并没有改变，随着实验不断迭代改变的是战略落地举措。

案例研究 | **微软第二曲线：刷新使命驱动战略**

回到 2014 年，这时的微软就像一头陷入困局的大象：

- 智能手机业务被苹果和谷歌绞杀；
- 云计算行业的主导权被亚马逊夺走；
- 必应（Bing）搜索业务持续"烧钱"，但全球市场份额不到 6%；
- Windows 8 是微软历史上被诟病最多的操作系统产品；
- Office 被系统绑定，限制使用台数；
- 微软市值处于低谷期，不到 3 000 亿美元。

但近两年，微软市值快速上升，一度逼近 1 万亿美元。这头大象究竟是如何又翩翩起舞的呢？

下面我们来看看微软的决策者是如何通过刷新使命来驱动战略，让到达临界点而失速的微软破界创新，进而实现第二曲线增长和转型的。

如图 2-3 所示，早在大型计算机盛行的 1976 年，比尔·盖茨（Bill Gates）便提出了微软的使命：让每一个家庭、每一张办公桌上都有一台计算机。微软据此制定了其产品战略——"Windows + Office"，有力地帮助客户降低成本，对外则与英特尔公司合作，建立所谓的"Wintel 联盟"，这让微软如虎添翼。

微软不断地重新定义使命宣言，以反映如何在一个不断发展和更加数字化的市场中创造价值

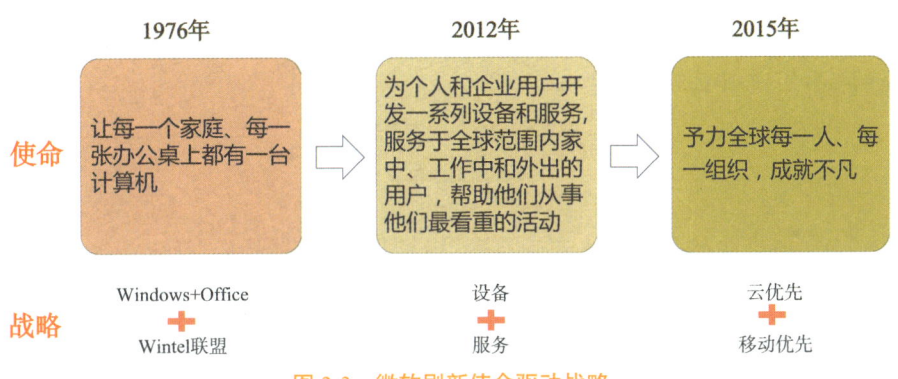

图 2-3 微软刷新使命驱动战略

到了史蒂夫·鲍尔默（Steve Ballmer）时代，微软的使命更新为：为个人和企业用户开发一系列设备和服务，服务于全球范围内家中、工作中和外出的用户，帮助他们从事他们最看重的活动。相应的产品策略也更新为"设备＋服务"。鲍尔默之所以失败，就是因为他身处移动时代却仍然背负着PC时代的使命，当全球PC市场遭遇极限点时，微软的Windows也遇到天花板。

进入萨提亚·纳德拉（Satya Nadella）时代之后，微软不得不进行非连续性转型。企业的使命、愿景和价值观，也就是整个心智模式，必须与所处的生存环境达成逻辑自洽，企业才有可能重生。萨提亚做到了，微软重新定义了自己的使命：予力全球每一人、每一组织，成就不凡。

刷新使命后，微软做了下面三件事。

（1）重塑生产力和业务流程。为所有人在提高生产力方面提供帮助，无论这些人在哪里，无论这些人使用的是什么设备。

（2）构建智能云平台。在提升智能运算方面，为各种规模的企业提供帮助。

（3）创造更加个性化的计算，实现跨设备的无缝衔接。

在此基础上，微软的战略也很简单，只有两条：云为先，移动为先。该战略以客户为先且更加开放，只要客户需要，微软就会开放地组合友商的产品去服务客户。在萨提亚在任的前四年，他推动云计算落地，带领微软开展数字化变革，在这个过程中诞生了很多新技术，造就了一个开放、敏捷、创新的微软，昔日巨人全面复兴。

2.2　明确客户企业生态价值主张

虽然传统的注重更低成本或差异化产品的战略管理方法仍然可以奏效，但仅凭这些方法已经不能确保企业取得成功。未来的企业增长将更多地依靠创造新价值来发现并抓住机遇。也就是说，企业不仅需要寻求成本和定价优势或产品的差异性，而且要更加注重创造价值以获得竞争优势，其首要任务是明确客户、企业和生态系统三个方面的价值主张。

客户价值： 消除消费和满意度的制约因素，提升客户体验和满意度，优先解决客户和潜在客户遇到的问题，满足其需求。

只有能为客户创造价值的战略才会成功。定义客户价值最常使用的工具是价值主张画布（见图 2-4），它是商业模式画布的扩展。企业可以将商业模式画布作为媒介，讲述企业创造、交付、获取价值的过程。商业模式画布与价值主张画布相契合并融为一体，价值主张画布辅助商业模式画布运行，可以将创造客户价值的细枝末节描述出来。价值主张画布可以让你更详细地描述你的价值主张和目标客户群，并评估你打算创造的价值与客户期望之间的契合度。

企业可以在深入了解客户之前、期间和之后使用此画布。如果企业在产品设计阶段使用它，就应突出显示需要了解的客户和待验证的价值主张等内容。如果在事后使用它，那么它可以帮助企业分析和评估企业打算创造的价值与客户期望之间的契合度。

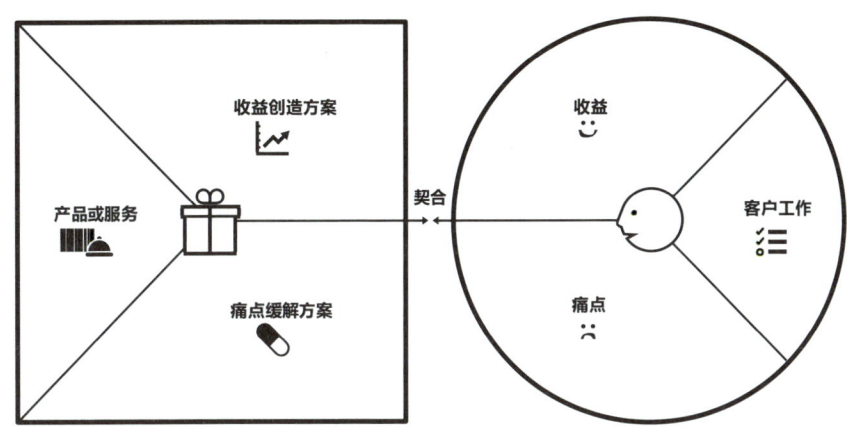

来源：《价值主张设计》，亚历山大·奥斯特瓦德（Alexander Osterwalder）

图 2-4　价值主张画布

价值主张画布可以应用于新的和现有的价值主张及客户细分市场。在这两种情况下，它都可以帮助企业重塑思维，让企业的想法变得更加切合实际。

价值主张画布由三大部分组成。

第一部分是客户洞察：基于市场假定、观察和验证的客户特征，包括客户概况、客户工作、痛点和收益等。

客户概况：以更加结构化、细致的方式描述企业商业模式中特定的客户群。

客户工作：用客户的语言讲述他们将努力完成的事情。

收益：描述客户期望的成果或正在努力达成的具体成果、价值收益等。

痛点：客户在生活、工作中遇到的困难、恐惧、风险与挑战。

第二部分是创造价值：描述价值主张如何能使企业的设计更加吸引客户，包含产品、价值图、创造收益的方案和缓解客户痛点的方案。

产品：围绕价值主张的所有产品或服务的（功能）清单。

价值图：以更加结构化、细致的方式描述企业商业模式中特定的价值主张的特点，它将企业的价值主张拆分为产品对应的收益创造方案和痛点缓解方案。

收益创造方案：描述产品如何为客户创造收益。

痛点缓解方案：描述产品怎样缓解客户的痛点。

第三部分是契合：当企业的价值主张画布与客户概况相符，当企业的产品产生了与客户工作、生活、痛点、收益相匹配的收益创造方案、痛点缓解方案时，客户的问题与企业的解决方案就得到了契合，客户价值得以实现。

企业价值：制定能够为企业产生价值的战略，并进一步扩大机遇，创造财务、运营和战略收益，例如：

- 利润增加、收入增长、成本降低、资金投入减少，固定成本向可变成本转化，以及较低的贷款需求或更低的贷款成本等财务收益；
- 对市场反应更灵活、资产利用率更高、周转更快，更高效地利用现有系统和人员，以及降低复杂性等运营收益；
- 差异化带来的竞争优势，为客户带来更多价值的独特市场地位，更大的市场份额，更高的品牌美誉度，对商业机会的把握，以及给企业带来的更多可能性等战略收益。

生态价值：为整个行业、合作伙伴、供应商和各利益相关方及企业所处并依赖的一个或多个更大的生态系统创造战略收益、运营收益和财务收益。只有这样，各方才有可能在平台上进行生态协同，共生共赢。

良好的价值主张通常满足下面三个条件：关注客户的价值诉求点，企业有相对竞争优势，值得客户及生态伙伴信赖。

案例研究 | 小米智能家居实现用户生活中的点滴价值主张

小米公司的使命是始终坚持做"感动人心、价格厚道"的好产品，让全球每一个人都能享受科技带来的美好生活。小米公司的愿景是和用户交朋友，做用户心中最酷的公司。

要达成上述使命，就必须明确和实现客户价值主张。例如，小米将智能手机与智能插座、传统家居场景联系在一起，推出了电量统计、定时开关、遥控开关等一系列的智慧解决方案，满足了一系列用户的价值主张，虽然这些价值主张看起来可能没有那么"高大上"，但都是用户现实生活中真实痛点的体现。

- **遥控关灯**：进被窝后想起来书桌上的台灯没关，大冬天下床关灯就是一种折磨——一个字"冷"或"睡意全无"。
- **监控报警**：厨房里的汤在"咕嘟咕嘟"地响，客厅里的电视正在播放精彩的电视剧，怎么办？守着锅还是追剧？如何防止厨房或卫生间中粗心大意的行为所带来的潜在风险？
- **田螺姑娘**：很多用户都有白天开窗通风的习惯，下班回家后不得不扫地擦土。
- **防偷防盗**：白天上班后家里没人，总感觉不放心，担心夜晚睡着后小偷入室。

2.3 共创数字化场景与业务设计

企业在全面审视并制定适合自身的数字化使命（总体业务战略目标）和价值主张后，根据自身所在行业的特性及不同部门的职能，与客户、外部专家等一起，结合对未来趋势的把握，将数字化变革的战略目标拆解成为具体的、可落地的业务需求场景，并完成企业数字化应用场景及业务设计，这是企业战略制定的关键落脚点。只有根据数字化使命和核心价值主张形成可设计、可执行的方案，确保愿景及价值得以有效的创造、传递和获取，才能确保围绕场景的一系列举措与战略目标保持一致。

企业数字化业务场景设计通常可以分为以下四步。

第一步，确定**数字化使命**。例如，流程为导向的制造业（如化学品制造、造纸、纺织等行业）的数字化使命是协同创新，即以生态系统为动力，与产业上下游企业联合，使企业的生产流程达到最优，研发、生产、交付新的数字产品，创新商业模式等。

第二步，将数字化使命分解为多个**战略重点**，描述企业应关注的领域或计划在较长时间内完成的核心任务，如数字化供应链、智能制造、全方位体验与客户参与、数字化创新等。

第三步，将每一个战略重点拆解为多个较大的数字化**项目计划**。例如，数字化供应链战略重点可以分解为基于能力的采购、扩展计划、物流自动化等。

第四步，每一个项目计划可以分解为一组数字化业务**应用场景**，以支撑项目计划目标的达成。例如，物流自动化可以分解为智能仓储、运输线路优化、预测性车辆追踪、全球贸易自动化等。

对于计划在当前或近期实施的业务应用场景，企业可开发相应的场景分析与描述卡（见图 2-5）。

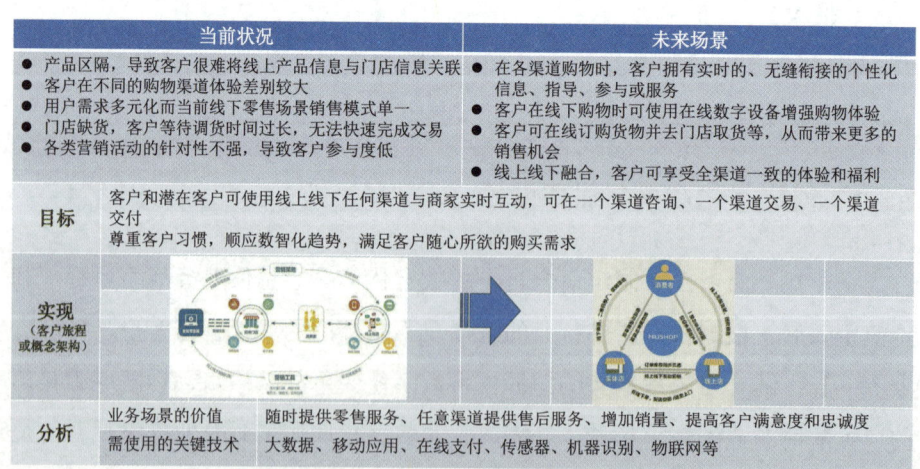

当前状况	未来场景
● 产品区隔，导致客户很难将线上产品信息与门店信息关联 ● 客户在不同的购物渠道体验差别较大 ● 用户需求多元化而当前线下零售场景销售模式单一 ● 门店缺货，客户等待调货时间过长，无法快速完成交易 ● 各类营销活动的针对性不强，导致客户参与度低	● 在各渠道购物时，客户拥有实时的、无缝衔接的个性化信息、指导、参与或服务 ● 客户在线下购物时可使用在线数字设备增强购物体验 ● 客户可在线订购货物并去门店取货等，从而带来更多的销售机会 ● 线上线下融合，客户可享受全渠道一致的体验和福利

目标	客户和潜在客户可使用线上线下任何渠道与商家实时互动，可在一个渠道咨询、一个渠道交易、一个渠道交付 尊重客户习惯，顺应数智化趋势，满足客户随心所欲的购买需求
实现 （客户旅程或概念架构）	
分析	业务场景的价值　　随时提供零售服务、任意渠道提供售后服务、增加销量、提高客户满意度和忠诚度 需使用的关键技术　　大数据、移动应用、在线支付、传感器、机器识别、物联网等

图 2-5　场景分析与描述卡

由于企业所处行业、环境、地域及所做业务等不尽相同，其数字化使命、战略重点、项目计划和应用场景也各不相同。

对于计划在当前或近期实施的核心应用场景，企业可进一步完成业务设计，示例如图 2-6 所示。

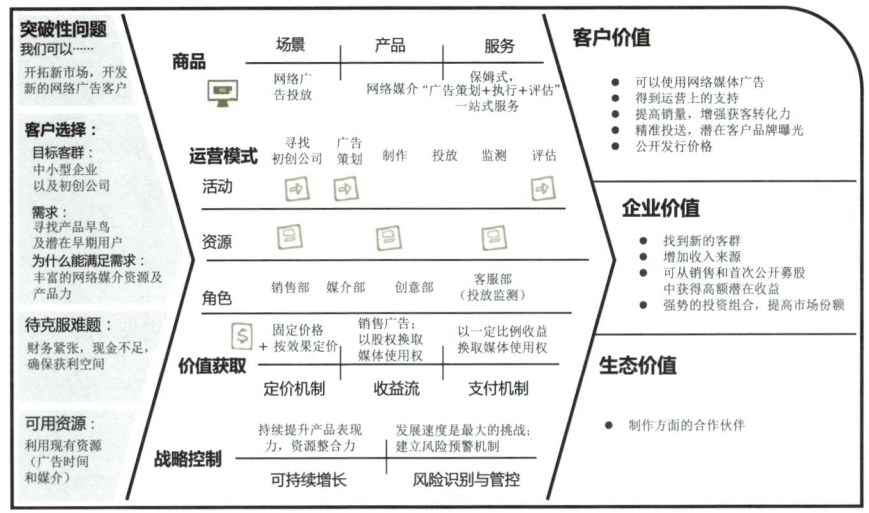

图 2-6　核心应用场景及业务设计示例

至此，通过数字化应用场景规划、场景分析与描述卡、核心应用场景及业务设计，企业已经将数字化使命和核心价值主张转化形成了可设计、可执行的方案，确保了企业愿景及价值主张得以有效地创造、传递和获取。

案例研究 | **IDC 通过 5 大战略重点和 15 个长期项目计划定义未来的区域性数字化银行**

对我国 50 多家区域性银行进行调查研究之后，IDC 发现大多数区域性银行为了赶超竞争对手，已经开始重视数字化变革。这些区域性银行在数字化变革过程中更加重视战略制定和因企制宜的数字化技术的运用。基于增强竞争力、打造数字化变革能力的需求，区域性银行应当利用好自己的优势，根据战略定位的不同制定适合自身的数字化变革战略，认识到数据技术能力在数字化变革过程中发挥的重要作用，勇于尝试新的商用落地场景，向业务驱动、数字驱动方向迈进。

未来数字化银行的打造将基于新兴科技基础，围绕数字营销、数字运营、数字风控等领域展开，在重构人与企业、企业与人的关系过程中形成利用数据推动数字化变革的力量。数字化变革由内到外，先改变内部的管理、运营方式，再改变对外服务方式，即服务客户的方式，寻找新的营销渠道，让客户获得极致的体验，最后获得产值与回报。未来的数字化银行有 5 大战略重点和 15 个长期项目计划，如图 2-7 所示。

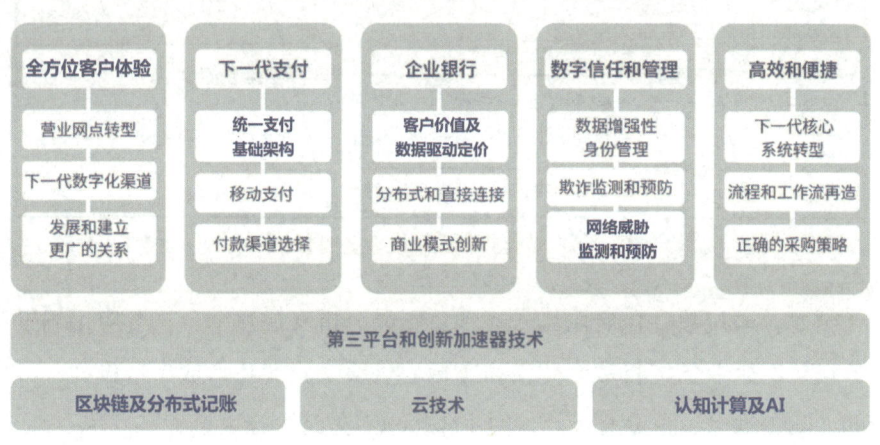

来源：《中国区域性银行数字化转型白皮书》，IDC，2019 年

图 2-7　未来的数字化银行

2.4　绘制基于场景的发展路线图

不确定性是任何复杂适应系统的固有特征，这是约翰·霍兰（John Holland）的著作《隐秩序：适应性造就复杂性》（*Hidden Order: How Adaptation Builds Complexity*）所论述的核心观点。不确定性意味着企业转型的机遇以浮现而非计划的方式出现，而且任何解决方案都有可能失败。企业必须构建一种更加动态、灵活的项目（投资）组合管理方法来应对不确定性。企业可利用麦肯锡的"三层面"（HORIZON）框架，绘制基于场景的企

业数字化发展路线图，并实施动态项目（投资）组合的策略，以便更好地支持企业的数字化变革。

在宝洁，这种"三层面"框架下的项目（投资）组合管理方法被称为"战略充分性"，并被成功地应用于推进数字化变革。其大致方法是：首先，定义一个最终目标，如在给定日期之前业务实现数字化的比例；其次，将高风险和低风险的项目以最佳方式组合在一起，利用组合效应降低风险；最后，生成足够数量的项目来构建这个组合，提升企业数字化变革实现的比例。只有强大的项目组合和合适的项目数量，才能带来战略充分性。

企业数字化变革是一个长期的过程，不可能一蹴而就。企业需要依据业务应用场景绘制高阶发展路线图，以一致的、演进的和连贯的方式推动企业变革，并达成企业整体的数字化战略目标。企业要全面认识自己所处行业的特征和发展前景，设定清晰可达成的数字化变革使命目标，确定符合战略规划的价值主张，依据当前市场机遇和未来创新增长潜力统筹考量，并以数字平台不同阶段目标为基础，聚焦战略重点和长期项目计划的分类、按时间分阶段的应用场景，优先考虑那些有助于发展重点业务和实现数字化目标的数字化场景，建立当前、近期和中长期的发展目标基线，绘制模块化、可伸缩和易扩展的企业数字化发展路线图（见图2-8）。

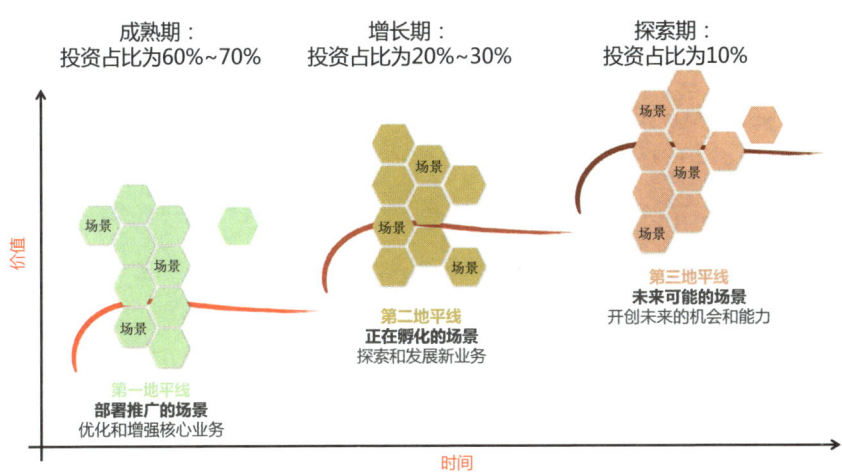

图2-8　基于麦肯锡"三层面"框架的企业数字化发展路线图

第一地平线：当前可以采纳和部署推广的业务应用场景。这些业务场景及其实现技术是已经被项目和业界证实的、可采纳的。它们多为企业成熟期的短期动态优先项目集，其目的是优化和增强企业核心业务，建议的投资占比为60%~70%。

第二地平线：近期可以试验和正在孵化的高增长业务应用场景。这些业务场景及其实现技术还没有被完全证实，因此需要在精心挑选的计划中使用，可采用精益创业等方法加以迭代和管理。它们多为企业增长期的中期动态优先项目集，其目的是探索和发展企业的新业务，建议的投资占比为20%~30%。

第三地平线：中长期值得评估和探索的、前景良好的或颠覆性的业务应用场景。这些业务场景及其实现技术还处于前期探索和研发阶段，但具有颠覆性的潜力，应密切关注并进行验证试验。它们多为企业探索期的长期动态优先项目集，其目的是开创未来的机遇和能力，建议的投资占比为10%。

对于每个地平线包含的一系列项目，需要建立一种有效的机制来动态地管理和调整其优先级，并按照优先级进行探索、验证和实施。

实时的动态管理决策机制包括：企业高层管理团队明确业务愿景，制定战略和目标，设定和监控投资方向及投资分配模型；常设的价值实现办公室定期组织价值评审会；项目（投资）组合的可视化看板管理等。

项目（投资）优先级排序方法可采用最常见的关键二象限矩阵法，也就是以两个最重要的优先级考量因素作为大家讨论优先级的共同语言，在两个不同的维度上，比较各项投资举措的优先级，暂时忽略其他次要因素。选择哪两个维度绘制矩阵取决于具体的业务。例如，"价值"与"竞争优势"维度适用于企业所提供的产品在市场中面临激烈竞争的场景；"成本"与"成功可能性"维度适用于在不确定性较高的领域的探索创新投资。其他的组合，如"效率"与"质量"、"价值"与"风险"等，都可供企业选择。另外，企业也可以采用延迟成本法或关键价值要素权重公式法等方法来设定或调整项目（投资）组合。

投入一定的精力对项目（投资）进展、成效等进行适时审慎的评审和动态调整，可以让企业把有限的资源尽可能集中最有价值的工作上，实现总体价值的最大化。

显然，企业数字化发展路线图不是 IT 系统或信息化建设路线图，也不是执行计划，而是聚焦战略重点，把相关业务场景结构化，并设置了跨业务投资优先级的业务发展路线图，其作用是支持转型目标的实现。数字化发展路线图可以明确先做什么、后做什么，合理安排和动态调整项目（投资）组合的时间规划和资源的投入节奏，确保变革目标的实现。只有把企业愿景使命分解为目标一致的关键任务（结果），并传达给企业里的每一个团队、每一个人，才能激发每一个利益相关者的潜力，实现上下同欲、力出一孔。

市场不是一成不变的，企业应该随着自身和市场的变化更新迭代应用场景，适时更新或调整企业的数字化发展路线图。

案例研究 ┃ 谷歌的 70∶20∶10 投资分配公式

谷歌是全球公认的具备规模化创新能力的企业之一。为了持续推动创新，谷歌将探索未来的投资与针对现有业务的投资区分开来，保证其投入不受影响。谷歌提出了变革公式，要求企业和员工能力及投资的分配比例是 70∶20∶10，推动当前业务持续增长，不断创造新的业务，具体操作方法如下。

- 70% 的能力及投资投入核心业务。70% 的投资用于现有成熟产品和业务的运营和改善，如搜索引擎、安卓操作系统、谷歌地图和 YouTube 等。埃里克·施密特（Eric Schmidt）在谷歌担任首席执行官（Chief Executive Officer，CEO）时，这 70% 的业务包括核心的搜索和广告业务。

- 20% 的能力及投资投入核心项目。20% 的投资用于发展有较确定潜力的新产品和新业务，如智能家庭设备 Nest、宽带业务 Fiber 等。对施密特来说，这20%的业务包括谷歌新闻、谷歌地球和谷歌街景等。

● 10%的能力及投资投入不相关的新业务。10%的投资用于探索未来"黑科技"，如Google X实验室、DeepMind及生命科学领域的Calico等。对施密特来说，这10%的业务包括Wi-Fi倡议，其目的是在21世纪初让更多的人可以免费上网。

如何通过麦肯锡的"三层面"框架建立经济模型来指导投资分配？谷歌的实践给出了答案。谷歌的做法保证了不同生命周期的业务、创新型业务都可以获得合理的投资，避免不同的业务为了争抢资源而产生不必要的内耗。

采用这种策略的企业还有很多。除了用于企业整体变革，该策略也可用于企业内部某些特定的业务单元或事业部，以聚焦战略重点，确定合适的投资比例，自顶向下分配投资并动态调整。当然，在实践中这一投资比例并不是固定的，也可能是60：30：10或别的比例，并随着战略的改变而调整。不过，这种调整不应该频繁发生，否则就不太正常了。

案例研究 | **招商银行在"北极星"指引下的数字化项目组合实践**

招商银行以月活跃用户数（Monthly Active User，MAU）为"北极星"指标，2020年旗下两大App的MAU达1.07亿。招商银行以MAU为"北极星"，强化和完善其零售"全产品、全渠道、全客群"服务体系，以最佳客户体验为目标。招商银行以"北极星"为指引，深入践行"开放与融合"方法论，加快零售金融业务数字化变革，为客户提供高品质的金融和泛金融服务。

招商银行开创了企业金融科技新模式，所有员工都可以把关于银行业务的创新点子上报给领导层。招商银行不强求颠覆式创新，任何符合银行实际的点子都有付诸实践的机会，这提高了员工开拓创新的积极性，创新点子持续迸发，取得了很好的成效。在创意阶段，招商银行认识到创新不一定能成功，因此建立了一个能容纳大量创新点子的池子，通过它探索并抓住适合银行业务的机遇。招商银行打开了创新的大门，让大家都可以试试看；同时快速、不断地总结经验，改善、优化创新模式，形成制度机制，确保可持续的发展和成功。

在招商银行的组织创新模式中，"小团队创新＋孵化器"是最关键的模式之一。员工可以跳出企业原有的体制和机制，脱产组建一个独立小团队。小团队聚焦近期有市场潜力的业务场景，也可以在核心业务之外进行颠覆式创新，这种新的组织形式给了员工大胆创新的机会。此外，招商银行也符合全行战略规划的颠覆式创新。

招商银行高瞻远瞩，从中长期的业务场景和价值出发，将创新与投资动态结合，形成有机规划。在具有多样性、递进式的布局下，招商银行在创新方面取得了很好的成绩。2019 年 6 月，招商银行员工共申报 1 601 个项目，立项的有 1 169 个。更可喜的是，已有 500 个项目投入生产并上线。第一届小团队创新大赛共有 1 522 人参赛，申报项目多达 737 个，最终立项的项目有 5 个。经过一年的孵化落地，这些项目在礼物导购、境外出游和企业差旅等领域，累计服务超过 70 万的招商银行内外零售客户，带来代发金额近 4 亿元。

2.5 核心命题与行动锦囊

数字化黄金圈之为什么，包括数字化使命目标、价值主张、业务场景设计和发展路线图共四个方面的核心命题。企业可根据数字化黄金圈指数，回答相应举措的核心命题，并对标企业数字化的实践者或非凡者的特征和行动锦囊，以获得进一步提升其数字化成熟度的举措或建议。

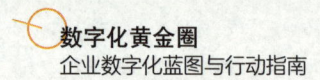

制定数字化驱动的使命目标

本落地举措的核心命题：企业内部对数字化的理解程度及数字化在企业内部的优先级如何？企业数字化使命目标的定义和管理情况如何？

企业数字化实践者通常具有的特征包括：认为数字化不仅是技术升级，更是一次业务转型；已经制定了数字化目标，并在全企业范围内清晰地阐述了数字化愿景使命；有专人或小组负责跟踪、研究、分析竞争者和外部环境的变化趋势，知道什么才是行业中最好的。

企业数字化非凡者通常具有的特征包括：运用数据、新型数字能力和数字技术，推动企业的商业模式创新，促进生态系统的数字化变革；对 CEO 来说，数字化是议事日程中的优先事项；竞争对手分析和外部环境分析机制有效运行；定义了一个更新愿景的清晰流程，并制定了跨业务部门和职能部门的数字化战略；认为数字化需要持续投入大量的资源，可能需要 3~5 年才能产生初步的成果。

明确客户企业生态价值主张

本落地举措的核心命题：通过数字技术，企业将实现或颠覆哪些价值主张？如何有效地评估和管理这些价值主张？

企业数字化实践者通常具有的特征包括：实现企业和客户价值主张的愿景已经形成；企业价值主张已得到核心部门（业务和数字化部门）的理解，并获得领导团队的批准；定义了价值主张的定量和定性指标，以实现企业的雄心壮志。

企业数字化非凡者通常具有的特征包括：包括客户价值、企业价值和生态价值在内的数字化愿景在整个企业得到深入理解和广泛推广；对这些价值主张做了自顶向下的分解，并基于目标与关键成果法（Objectives and Key Results，OKR）和关键绩效指标（Key Performance Indicator，KPI）设定了级联目标；目标跟踪、评估和纠偏机制有效运行，驱动和引领着企业达成目标；数字化变革所需资源已经准备到位。

共创数字化场景与业务设计

本落地举措的核心命题：企业是否知道潜在的数字化机遇？如何进行数字化业务场景的探索、设计和管理？

企业数字化实践者通常具有的特征包括：了解行业挑战及自身潜在的数字化机遇；在选定的业务或职能部门内，系统地分析应用场景，并完成了初步的业务设计，以进一步支持运营模式的调整或创新；通过业务设计，就如何根据专门的衡量标准定期评估数字化业务场景及项目制定了企业准则（流程、责任和决策）。

企业数字化非凡者通常具有的特征包括：基于对行业及企业自身所面临挑战的洞察，透彻地理解现在和未来的业务和客户场景及数字化机遇；依据面向服务、面向运营、面向客户和面向未来等不同的数字化变革战略方向，识别并明确定义了相关的业务应用场景，并完成了核心业务场景设计；有一个正式的流程，该流程得到有效执行，持续关注战略重点，保证跨部门的数字化策略与企业战略一致；数字化举措绩效得到有效监控；支撑战略重点落地的长期项目计划及业务应用场景按既定机制进行定期的回顾和迭代。

绘制基于场景的发展路线图

本落地举措的核心命题：企业是否制定了明确的数字化发展路线图？如何利用它有效地指导和管理企业的数字化变革旅程？

企业数字化实践者通常具有的特征包括：综合考虑数字化变革对业务的影响程度、实施的复杂程度和投资成本等维度，正在或已经制定模块化的、基于业务应用场景的数字化发展路线图；不定期对数字化路线图进行审查，跨业务、职能和地区，全面实现企业的数字化愿景；所有利益相关者都积极参与路线图的定义与更新。

　　企业数字化非凡者通常具有的特征包括：绘制了体系化、结构化和全场景的模块化、可伸缩、易扩展的数字化发展路线图；该路线图可确保在全球范围或生态系统内数字化战略的协调一致；以可持续的方式执行有效的项目（投资）组合策略、遴选并实施速赢项目，以形成灯塔和扩展机制；持续跟踪数字化进度、评估风险（激励）机制并衡量具体的成功指标，如数字化预算增长、新型数字化业务增长及价值主张的达成情况等，并及时调整优化路线图及跨业务计划的投资力度和节奏。

第二部分
怎么做：方法和赋能，夯实变革基础

打铁还需自身硬，在选定了恰当的数字化模式及战略方向后，企业必须回答"怎么做"这个问题，全方位地思考，建好底盘，提供坚实的组织保障、业务保障和资源保障，夯实变革基础。企业可以从方法与绩效、领导与文化、组织与人才、数据与技术、实践与工具等五大维度（见图1）做出体系化的重点调整或变革，逐一突破瓶颈。

怎么做
夯实
变革基础

方法
与绩效　　领导
与文化　　组织
与人才　　数据
与技术　　实践
与工具

怎么做
夯实
变革基础

方法与绩效	领导与文化	组织与人才	数据与技术	实践与工具
开展成熟度评估分析与诊断	发展数字化领导力赋能目标	构建敏捷组织与数字化治理	强化数据战略与治理筑底座	选择合适的合作伙伴及模式
构造数字化变革实践方法论	塑造数字化思维与创新文化	设计人才模型促规模化发展	促进数字平台及新技术应用	借鉴演进的管理实践和典范
衡量数字化绩效并引领成功	协同演化制度变革技术创新	创建全新高效数字工作场所	做好信息网络安全风控合规	选用实用的变革技术与工具

图1　回答"怎么做"的五大维度

第 3 章

体系方法：诊断先行、共创方法与绩效指引

企业数字化需要体系化的方法，主要涉及三大核心要素——数字化成熟度诊断、数字化实践方法和数字化绩效指引。

无论是为了合理规划、寻找突破口、追踪进程还是为了监测绩效，都离不开数字化成熟度定量评估分析与诊断。企业需要结合遴选出来的国内外成熟的、普适的战略落地框架、关键步骤、要素及战术实践工具集等，与外部专家共创，在原来通用方法的基础上加以必要的归集、裁剪、调整和优化，形成自身的数字化变革实践方法论。企业数字化的战略方向和目标如何？进展如何？成效如何？这些都是企业必须要回答的问题。企业需要建立一套新的数字化绩效指标体系来定义、衡量这些指标，并引领自身走向成功。

本章主要围绕下面三个主题展开讨论：

- 开展成熟度评估分析与诊断；
- 构造数字化变革实践方法论；
- 衡量数字化绩效并引领成功。

3.1　开展成熟度评估分析与诊断

数字化是企业发展的必由之路，道阻且长，但又风光无限，必须因企制

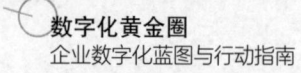
宜、久久为功。

企业需要在"北极星"战略目标的指引下，通过"北斗"实时定位，更有针对性地制定自己的数字化战略和计划，并适时修正路径。数字化成熟度定量评估就是以"北斗"为定位，为企业数字化变革之旅保驾护航而生的。

成熟度评估立足当下，定量评估企业的数字业务能力的成熟度，以及企业在行业竞争格局中所处的位置，对企业的能力与业界先行者的实践进行比较，在发现自身优势的同时弥补劣势，全面地评估企业数字化变革的现状，以寻找突破点。

定量成熟度评估分析与诊断可以指导企业进一步构建或完善适当的能力，合理配置资源，通过数据监测数字化变革的进度，以实现自我诊断和纠偏；可以帮助企业在数字业务领域取得成功，并评估企业针对相关能力所做的投资和转型的效果。

企业将提高当前数字化水平的行动与获得未来发展的行动相结合，就可以制定出完整的企业数字化变革蓝图。

数字化黄金圈指数的评估从三个层次展开（为什么、怎么做和做什么），并向下分解为 39 个不同的关键领域的举措（见图 3-1）。每个大类的分值为 1~4 分，将原始分值进行加权处理后总分为 100 分。数字化黄金圈分值在 75~100 分、50~74 分、25~49 分、0~24 分的企业分别被评为非凡者、实践者、追随者和尝试者。完成每一个领域的问题评估后，就可以看到每一个领域的当前状态及其与目标状态的差距。

利用数字化黄金圈指数对企业数字化成熟度进行评估分析与诊断，结合重要程度明确现有业务和流程等的数字化热点，从而找准切入点，并制定相应的解决方案，就能帮助企业对现有业务进行价值优化，并使其将更多的注意力投向核心业务领域变革。

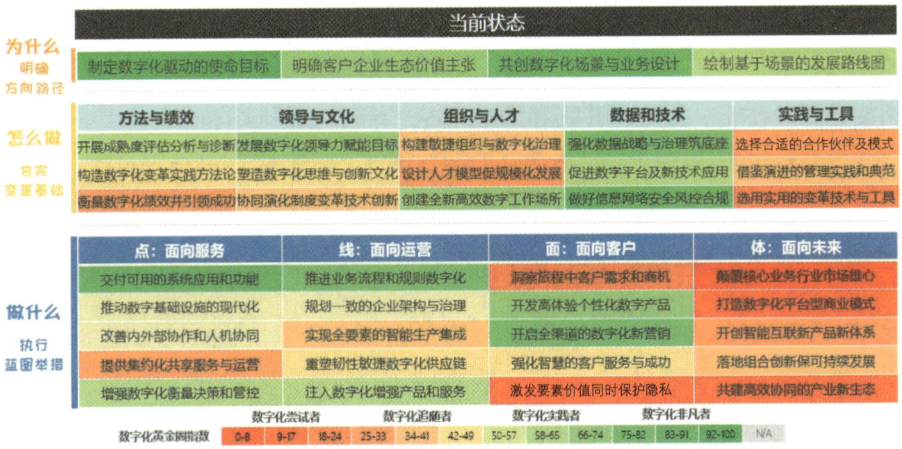
当前状态
为什么
明确
方向路径
制定数字化驱动的使命目标
明确客户企业生态价值主张
共创数字化场景与业务设计
绘制基于场景的发展路线图
怎么做
夯实
变革基础
方法与绩效
领导与文化
组织与人才
数据和技术
实践与工具
开展成熟度评估分析与诊断
发展数字化领导力赋能目标
构建敏捷组织与数字化治理
强化数据战略与治理筑底座
选择合适的合作伙伴及模式
构造数字化变革实践方法论
塑造数字化思维与创新文化
设计人才模型促规模化发展
促进数字平台及新技术应用
借鉴演进的管理实践和典范
衡量数字化绩效并引领成功
协同演化制度变革技术创新
创建全新高效数字工作场所
做好信息网络安全风控合规
选用实用的变革技术与工具
做什么
执行
蓝图举措
点：面向服务
线：面向运营
面：面向客户
体：面向未来
交付可用的系统应用和功能
推进业务流程和规则数字化
洞察旅程中客户需求和商机
颠覆核心业务行业市场雄心
推动数字基础设施的现代化
规划一致的企业架构与治理
开发高体验个性化数字产品
打造数字化平台型商业模式
改善内外部协作和人机协同
实现全要素的智能生产集成
开启全渠道的数字化新营销
开创智能互联新产品新体系
提供集约化共享服务与运营
重塑韧性敏捷数字化供应链
强化智慧的客户服务与成功
落地组合创新保可持续发展
增强数字化衡量决策和管控
注入数字化增强产品和服务
激发要素价值同时保护隐私
共建高效协同的产业新生态
数字化尝试者
数字化追随者
数字化实践者
数字化非凡者
数字化黄金圈指数
0-8
9-17
18-24
25-33
34-41
42-49
50-57
58-65
66-74
75-82
83-91
92-100
N/A

图 3-1　数字化黄金圈框架及指数热图示例

根据《2021 中国数字企业白皮书——四年（2018—2021）对标篇》中 2018—2021 年的调研测评数据，2018 年尝试者的比例为 40%，2020 年这一比例下降到 4.69%，2021 年这一比例上升至 8.1%；而实践者的比例快速增加，从 2018 年的 17% 上升到 2021 年的 47.5%（见图 3-2）。这组数据说明，在短短的 4 年内，国内企业快速响应数字化变革，企业的态度发生了重大转变，对数字化变革的价值有了更清楚的认知。需要指出的是，新冠疫情对诸多行业的冲击再次凸显了数字化技术和线上能力的重要性。

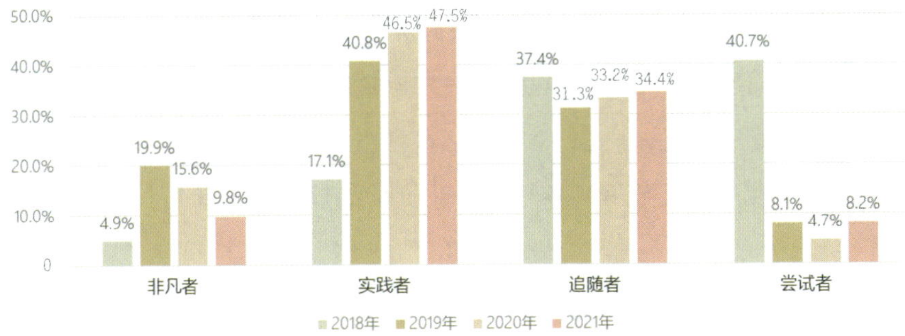
50.0%
40.0%
30.0%
20.0%
10.0%
0
4.9%
19.9%
15.6%
9.8%
17.1%
40.8%
46.5%
47.5%
37.4%
31.3%
33.2%
34.4%
40.7%
8.1%
4.7%
8.2%
非凡者
实践者
追随者
尝试者
2018年
2019年
2020年
2021年

来源：《2021 中国数字企业白皮书——四年（2018—2021）对标篇》）

图 3-2　2018—2021 年国内企业数字化成熟度分布情况

对于企业数字化成熟度的评估，国内外有很多不同的框架、模型和方式。企业应该根据行业特征、企业现状和发展方向，遴选适合的框架、模型和方式，评估分析与诊断提升每项关键能力的成熟度，以对未来的数字业务相关投资、技能、能力、并购和治理改进进行优先级排序和指导。

案例研究 | **东南亚某国海运业数字化成熟度测评分析及对策**

全球海事行业正处于数字革命的风口浪尖。数字技术的进步给企业带来了前所未有的采集、存储和处理大量数据的能力。如今，海上贸易和运营许多方面的业务都通过数字平台高效地进行。但是，由于技能短缺、系统互操作性和网络安全等紧迫挑战，并不是所有人都相信早期数字化的回报。

新冠疫情提醒我们全球供应链无法免受冲击，也提醒我们供应链韧性和弹性的重要性。尽管出现了这些不可预见的中断，但海运业仍在推动着世界贸易和货物的交付，数字化程度更高的国家或企业在此方面处于更有利的位置，因为它们对自己的供应链有更大的可见度和控制权。

2020年1~3月，东南亚某国组织超过200家海事企业参加为期3年的数字化成熟度测评，以评估其数字化现状、目标并得出总体的数字化成熟度水平。

测评结果显示，该国的（跨国）海运公司目前的总体水平是数字化实践者，与全球同行相比，在整合生态系统、数字化绩效、数字化核心战略目标的达成方面还有一些差距。在39项落地举措中，现状与目标差距最大、重要性最高的前5大举措是数据战略与治理、组合创新、共享服务、领导与文化、数字平台。

海运业的中小企业多为数字化尝试者，与全球同行相比，在生态系统整合、战略、数字化核心、数字化绩效等方面差距最大。在39项落地举措中，现状与目标差距最大、重要性最高的前5大举措是网络安全、使命、路线图、客户旅程和数据战略。

3.2　构造数字化变革实践方法论

根据《2021 中国数字企业白皮书——四年（2018—2021 年）对标篇》中的数据，企业数字化变革的三大核心困难之一是缺乏数字化变革方法。调查数据显示，企业提到的困难有：不知道如何制定数字化变革转型的整体规划、架构和路线图；不知道如何推进组织变革和协作；在实施推进层面，不知道如何做好业务匹配、场景切入和流程管理等。

企业数字化变革与信息化建设有很大的不同。虽然 30 多年的信息化建设积累了一批 IT 战略规划、架构设计和建设实施的理论、方法、实践与模型工具等，但其中的很多已经不能适应数字化时代的挑战。进入 VUCA 时代之后，虽然每家企业的数字化变革之路不尽相同，但企业数字化路径还是有规可循的。国内外相关机构已经提炼了多套新的、通用且普适的战略落地框架、关键步骤、要素及战术实践工具集，企业可以遴选适宜的方法，与外部专家共创，在通用方法的基础上加以必要的裁剪、调整和优化，形成自身的数字化变革实践方法论。

我们提出的数字化黄金圈实践方法论包括五个阶段，分别是探索洞见、战略意图、共创速赢、卓越转型和持续进化（见图 3-3）。每个阶段都是共创和互动的过程，五个阶段相互关联、相互促进、螺旋上升。

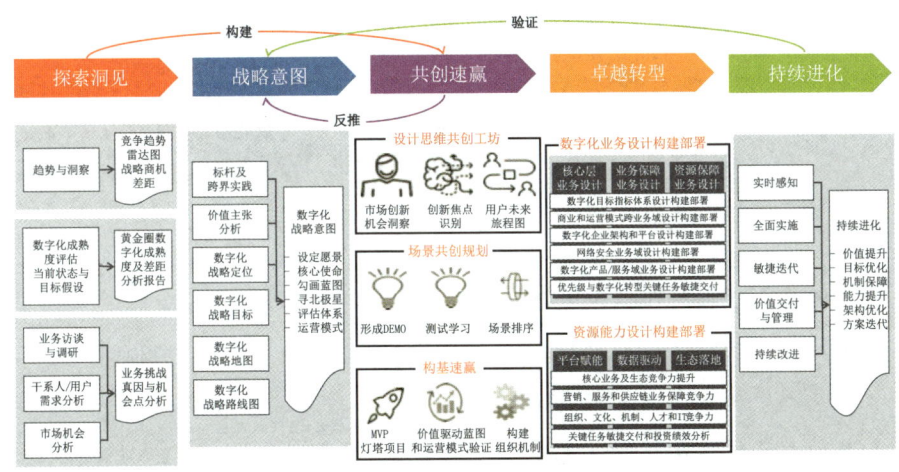

图 3-3　数字化黄金圈实践方法论

企业在实践中运用该方法论时，需要结合行业特征、战略目标、能力差距、用户需求、亟待解决的问题和资源投入配置，对其做必要的裁剪、调整和管理，以适应数字化时代的变化和自身的特征和需求。

一千个人心中有一千个哈姆雷特，每一家企业的数字化之路都不尽相同。他山之石可以攻玉，完全照搬别的企业的转型之路恐怕是死路一条，但学习和借鉴可以让我们少走很多弯路。

案例研究 | **微软数字化变革方法论及实践**

微软数字化变革实践框架包括三个阶段——梦想、规划和实践（见图 3-4）。这三个阶段呈螺旋上升态势，三者相辅相成。

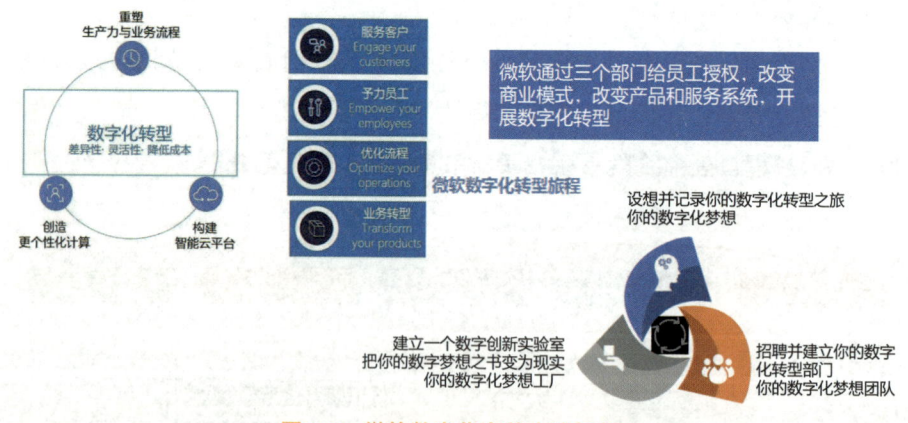

图 3-4 微软数字化变革实践框架

- 梦想：构建数字化变革愿景，设想未来业务场景。
- 规划：考虑场景的业务价值，运用设计思维进行快速的场景化及原型试点，结合企业自身的数字化成熟度制定转型规划蓝图。
- 实践：通过敏捷的方式落地变革场景，关注交付价值，推行数字化文化，持续优化蓝图，推进数字化变革。

具体实践数字化变革时，微软重点做了下面三件事。

- 进行头脑风暴。严格来说，数字化变革没有明确的需求，很多时候只是领导或客户的一些想法，是一些跨行业的比较。
- 建立创新实验室。最好是联合实验室，尤其是传统企业与互联网公司或创业公司联合建立的实验室。以后很多技术的前沿都在初创公司，怎么合作、怎么联合研发是关键所在。
- 建立专门的团队。这个团队不仅要有很多技术人员，还要有业务领导，例如，CIO 要自己拉生意、跟投资者见面等。

微软数字化变革的核心思想是：以每个人为根本，通过全球化的技术平台让每个人和每家企业都能掌握数字化技术和数字化能力，让他们以自己的方式自下而上地把技术"嵌入"产品和服务及自己的工作和生活，不断增强生产力的数字化并创造数字化的生产力，最终提高全世界的技术密集度，而当全世界的技术密集度达到一定程度时，就会产生颠覆性的变革。

微软是一家软件公司，相关的产品转型相对来说还是比较容易的。微软的数字化变革方法论包括联系紧密、相互促进的四大方向或核心要素：

- 通过数字技术密切与客户的沟通，提升客户体验；
- 赋能员工，凭借数字化手段重塑现代化工作模式的生产力；
- 优化跨境和数字工厂内的业务运营；
- 运用出色的新功能实现产品转型，转变商业模式。

3.3 衡量数字化绩效并引领成功

根据 IDC 于 2018 年发布的报告，陈旧的考核体系是企业数字化变革面临的五大挑战之一，数字企业需要新的衡量标准来了解进度和引导投资，我国有 60% 的企业面临此挑战。

企业进行数字化变革的目的是通过大量的投资使企业逐步进化为数字企业。企业数字化变革的方向如何？进展如何？成效如何？这些是企业必须回答的问题。企业需要一套新的绩效指标来定义、衡量这些指标并引领自身走向成功。数字化绩效指标就是以业务为导向、具有可行性的数字化业务衡量标准。领导者借助数字化绩效指标可以更有效地与各部门管理者沟通和管理数字化业务的发展进程，同时结合企业的其他非数字化业务的评估和引领指标，制定和优化业务综合发展战略。

从2018—2021年连续4年的国内数字企业调研数据看，企业数字化变革目标由重视企业内部降本增效、提升市场竞争力向提高客户忠诚度、增强环境适应能力、抓住未来发展机会等更多方面拓展。数字化变革最初为企业带来的价值往往体现为降本增效，但随着数字技术的不断发展，企业数字化变革的价值体现也逐渐多元化。例如，大中型集团企业较多地考虑借助数字化进一步加强集团综合管控能力、风险防范及应对疫情等突发事件的韧性等，"放管服"成为集团企业管控数字化的核心目标；小微企业则更多地思考和探索如何通过数字化让自身更好地活下去，其中的数字化非凡者已经在探索通过数字化变革打造新的商业模式。

关于企业数字化的目标和想法不少，但从我们的调研数据来看，数字化变革的成效尚不显著，企业对数字化变革的绩效期望进入冷静期。根据2021年的调研数据，企业数字化变革绩效排名前三的分别是客户满意度的提升（3.21分）、竞争优势的明显提升（3.28分）和行业影响力的提升（3.18分）。根据近4年的调研数据，2019—2021年各年份企业数字化变革绩效平均分的变化并不明显，相比于2018年均有一定程度的下降。企业开始更为理性和冷静地看待数字化变革取得的成效。

数字化绩效是指"多打粮食"（获得财务绩效的改善）和"提升土壤肥力"（非财务的、竞争能力提升目标类的引领指标的改善）两个方面的指标达成情况。只有定义目标和适时衡量关键结果，才能引领团队朝着正确的方向前进，迈向成功。企业进行数字化变革的目的是获得期望的总体绩效结果——"多打粮食"，通常包括销售额、利润及数字化业务带来的销售额及其增长率等财务绩效；也包括客户层面、内部运营及学习、创新与成长等非财务的、改善目标类的引领指标，用于监控和引领企业数字化变革的进程、运营和创新的过程及投资，确保"土壤肥力"得到有效、持续的提升。其中，达到对外财务绩效目标、提升客户口碑、提高核心业务流程效率、打造企业长期发展与人才成长的环境这四大目标是确保达成企业数字化绩效的关键成功要素（见图 3-5）。

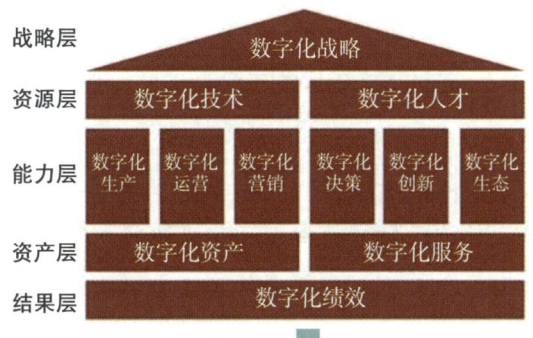

数字化绩效："多打粮食"和"提升土壤肥力"两个方面的指标达成情况，通过定义目标和适时衡量关键结果，引领团队朝着明确的方向前进迈向成功；包括通过数字化转型获得财务绩效的改善，以及非财务的、改善目标类的引领指标的改善，以达成对外财务绩效目标、提升客户口碑、提高核心业务流程效率，并打造企业长期发展与人才成长的环境

来源：《变数：中国数字企业模型及实践》

图 3-5　基于平衡积分卡的数字化绩效指标体系

企业不能为了数字化而数字化，而要去发现问题和解决问题，以达成绩效。《金融电子化》杂志曾采访招商银行 CIO 江朝阳，江朝阳用下面这句话来描述招商银行在数字化变革过程中的心路历程："数字化变革，就是一个面向实际问题、解决问题的过程，要洞察今天最主要的问题，客户的问题、业务的问题、管理的问题是哪些？如何用最新的科技手段去解决问题，当我们这么做的时候，数字化的东西慢慢就出来了。"

案例研究 | 通威农牧构建以效率提升、精准管理、全业务在线为 KPI 的数字运营中心

长期以来，通威的数字化一直走在行业前沿。通威以卓越运营为目标，依托 IT 实现了全国及海外 200 余家分、子公司的全业务覆盖；以数据为驱动，构建业务从感知、决策、执行到优化的管理闭环，由此形成持续高效运营的管理模式。从 2018 年开始，为了不断适应快速变化的经营管理要求，通威开启了数字化变革新征程。通过生产自动化、业务数字化、过程标准化，通威农牧智能制造数字运营中心项目制定了效率提升、精准管理、全业务在线的 KPI。

该项目汇聚内外部业务数据和物联数据，以智能仓储系统为重点，配套制造过程中涉及的无人过磅系统、油脂自动出入库系统、生产数据采集系统、设备信息化管理系统、产能统筹管理系统、在线水分检测系统等系统，并对部分业务进行集成。通威农牧智能制造数字运营中心建设分为五层——设备层、控制层、执行层、运营层和决策层。设备层通过射频识别（Radio Frequency Identification，RFID）等技术自动识别数据；控制层通过中控系统对各类设备进行集中管理和控制；执行层通过应用互联，将设备管理、仓储管理等数据采集到运营层进行数据集成，结合企业资源计划（Enterprise Resource Planning，ERP）、供应商关系管理（Supplier Relationship Management，SRM）、客户关系管理（Customer Relationship Management，CRM）等系统的数据，实现供应链业务的互联网化管控与协同，并进一步为决策层提供数据支撑。智能运营中心的建设为决策层提供控制改进分析、工艺改进分析、质量改进分析、能耗预测、成本预测的数据及流程支撑，同时可建立商业智能（Business Intelligence，BI）报表，实现生产制造全过程的数据可视化，最终实现企业对供应链业务的精细化管理，建立完善的上下游服务机制，实现供应链业务高效开展、便捷协同。

该项目的收益体现在以下三个方面：

- 实现生产自动化、业务数字化、过程标准化，进一步推动运营标准化。

- 实现价值传递，将市场、生产制造、客户的数据通过运营的手段传递给决策者，以及时应对市场变化，制定相应的策略，保持核心竞争力；

- 真正实现人员效率提升、精准管理、全业务在线的模式。

通威围绕"卓越运营、极致体验、融通生态"这一数字化变革目标，配合用户效益最大化的战略方针，着力建设通威农牧智能制造数字运营中心。截至 2021 年 8 月，通威股份旗下四川通威公司累计人均产量较 2020 年同期提升 40%，累计变动生产费用率较同期降低 9.5%，仅通过智能仓储项目与无人过磅设备的改造就使效率提升了 80%，成本大幅下降，用户满意度提升 50%。

目前，通威农牧智能制造数字运营中心项目仍在持续进行，并以生产升级、业务领先、工艺优化和绿色健康的饲料制造企业为目标，助力企业提升竞争力和提升财务绩效。

3.4 核心命题与行动锦囊

数字化黄金圈之体系方法包括诊断先行、共创方法和绩效指引三个维度的核心命题。企业可根据数字化黄金圈指数，回答相应举措的核心命题，并对标企业数字化实践者或非凡者的特征和行动锦囊，以获得进一步提升其数字化成熟度的举措或建议。

开展成熟度评估分析与诊断

本落地举措的核心命题：企业进行数字化成熟度评估、分析及相关措施实施的情况如何？

企业数字化实践者通常具有的特征包括：在制定数字化变革战略之前，遴选外部通用的数字化成熟度模型进行自我测评，得出了自身数字化成熟度的整体得分和分项得分；在评估报告的基础上做了初步分析与诊断，以发现优势与劣势，支持数字化战略和计划的制定。

企业数字化非凡者通常具有的特征包括：在遴选外部适合的模型的基础上，完成了成熟度自我测评；结合行业特征、企业现状和发展战略，确定了适合的目标成熟度水平；与外部专家一起完成线下符合性测评，以进行更准确的诊断，发现问题根因；与外部伙伴一起寻找解决方案，形成纠偏闭环；定期进行数字化成熟度评估，以洞察企业取得的数字化进展，适时调整计划、策略和举措，助力企业长期可持续发展。

构造数字化变革实践方法论

本落地举措的核心命题：企业如何认识方法论的作用，如何构建和利用数字化变革方法论？

企业数字化实践者通常具有的特征包括：已经理解相关数字化变革方法论及其重要性；遴选相关方法论展开学习、演练和实践；实施数字化变革方法论所需的人员、技术及资源均已到位，并完成了对相关方法、体系的学习或通过了相关认证；有专门小组支持变革方法论，有数字化顾问和数字化架构规划师之类的职位，也有专门支持方法论落地的管理层职位；有主管人员负责评估和跟踪数字化变革方法论在企业实践中的成效。

企业数字化非凡者通常具有的特征包括：数字化变革方法论已深入企业各层级，尤其是涉及产品开发、用户体验提升和商业模式创新等领域；根据内外部环境、技术及员工和消费者期望的变化等要素，遴选、学习数字化变革方法论并和外部专家一起对其进行定制、调整、优化、更新，形成自身的数字化变革方法论；从"探索洞见"到"持续进化"，都尽量通过试用版本和 MVP 进行快速的客户验证，并适时跟踪、评估其成效；有专人和机制推动数字化变革方法论的不断演进，以增强企业变革能力。

衡量数字化绩效并引领成功

本落地举措的核心命题：企业如何设计新的数字化绩效指标体系，如何有效地管理和使用该体系？

企业数字化实践者通常具有的特征包括：建立了一套数字化 KPI 体系，用于评估企业数字化绩效水平；制定了业务的 KPI 来反映企业数字化目标的达成情况，如销售、市场营销、运营、供应链、产品体验和客户服务等方面的量化指标；定期评估建立新的数字化业务模式的进程及其带来的新的净收益机会，用于区分与非数字化来源明显不同的业务增长、营收、市场份额和利润率等指标。

企业数字化非凡者通常具有的特征包括：已经构建了以"多打粮食"为目标的新型财务 KPI 体系，包括评估当前业务模式和新的数字化业务模式这两个方面的进度和结果的指标，以引导投资和监控运营；建立了一套用于"提升土壤肥力"的非财务的数字化竞争能力的引领指标体系；基于 KPI 和 OKR 构建了新的绩效管理流程和方法；通过新型数字化绩效弱化事后的基于滞后财务指标绩效评价的考核，强化事前的领先性指标的设置，以引领企业数字化变革方向；强化事中的持续监测、及时反馈、适时纠偏、定制培训和指导，以推进数字化变革快速迭代和不断进化。

第4章

关键抓手：数字化领导力与创新文化

企业数字化的关键抓手是数字化领导力和创新文化。

数字化领导力包括数字思维认知、数字战略愿景、敏捷规划治理，财务投资组合、业态模式创新和组织文化变革共六个方面，六者相辅相成、缺一不可。企业应塑造全新的数字化思维认知，形成客户至上、数字优先、敢于尝试、灵活敏捷、携手并进和不懈创新的文化理念，并植入数字化创新的文化基因。持续创新的技术和与时俱进的制度是相互选择、相辅相成、相互促进或制约的，唯有两者协同，才能极大地促进企业数字化的演进与可持续发展。

本章主要围绕下面三个主题展开讨论：

● 发展数字化领导力赋能目标；

● 塑造数字化思维与创新文化；

● 协同演化制度变革技术创新。

4.1 发展数字化领导力赋能目标

随着数字经济浪潮席卷全球，企业商业目标的达成越来越离不开有卓越领导力和独到眼光的数字化领导者和管理者。企业的管理层应当有明确的战略规划、大量的资源投入和坚定不移的数字化变革信念，要运用先进的数字化管理模式，提升数字化领导能力，推动数字化战略目标的达成。

数字化领导力分为数字思维认知、数字战略愿景、敏捷规划治理，财务投资组合、业态模式创新和组织文化变革共六大维度（见图 4-1），六大维度相辅相成、缺一不可。企业领导层需要从这六大维度进行全方位思考与变革，开放心态，根据数据来思考事物，重新思考行业布局；在数字化黄金圈实践方法论的指引下，梳理和建立清晰的数字战略愿景；敏捷快速地实施业务和项目规划，把治理嵌入规划，实现快速的迭代；确保投资到位和财务绩效达成；创造新模式、集成新业态，实现价值创造和价值实现方式的创新；随着市场环境的变化及时转变企业管理观念和管理方式，适时调整业务运营模式和组织架构，合理配置资源，更新企业文化，使企业内部焕然一新；结合业务实际情况，利用数字技术对产品、服务及商业模式进行创新，强化新兴技术与业务的融合，不断吸收新技能、新技术和新文化，激励团队实现愿景的完美交付，实现企业数字化战略目标。

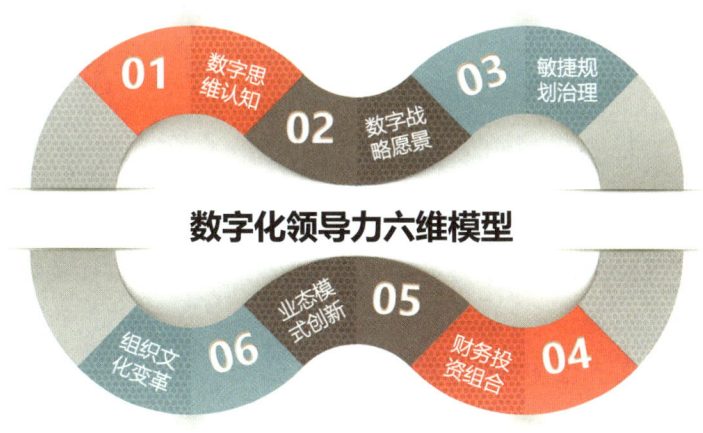

图 4-1　数字化领导力六维模型

随着数字化变革进入深水区，全球范围内越来越多的企业设置了首席数字官（Chief Digital Officer，CDO）这一职位，CDO 逐渐成为企业数字化变革的关键领导者、核心规划者和推动者。根据对近百家企业的调研，锦囊专家联合北京大学董小英教授的数字化研究团队共同发布了《2021 中国首席数字官白皮书》，对国内企业 CDO 职位的设置、职责、发展现状及模式创新、在数字化变革上的贡献与实践等方面进行了深入研究。从调研数据来看，虽然绝大多数被调研企业目前还没有设置 CDO，但是 81.8% 的受访者认为企业需要设置 CDO。调研数据显示，2021 年由董事长负责数字化变革的比例为 28.4%，由 CEO 负责的比例为 35.2%。也就是说，由最高领导层负责数字化变革的比例高达 50% 以上。在设置了 CDO 的企业中，36% 的企业要求 CDO 向董事长汇报工作，40% 的企业要求 CDO 向 CEO 或执行总裁汇报工作。

数字化变革最缺领导型人才，作为企业数字化变革落地的重要推动者、数字化战略领导者和执行者的 CDO，其核心视角也正在从技术转向组织和业务战略。《2021 中国 CDO 白皮书》中的调研结果显示，国内企业家认为 CDO 的职责聚焦于战略层面，排名前五的职责分别是：为企业制定清晰的数字化发展愿景，敏锐洞察数字环境的变化，充分理解数字化技术的价值，为数字化变革制定长期而非短期规划，明确企业在数字生态中的定位。

案例研究 | 京博控股集团 CDO 的职责与使命

山东京博控股集团有限公司（以下简称"京博"）是一家集研发、设计、生产、市场、服务于一体的现代化产业集团。作为中国企业 500 强，京博在全球拥有 10 000 多名员工。京博立足于我国优秀传统文化，向全球客户提供富有价值的"中国智造"和中国智慧。

京博任命 CDO

刘红胜时任京博集团董事、高级副总裁、CDO，负责集团信息、智能制造、数字创新等相关战略的制定与统筹工作。刘红胜从事信息化和数字化创新管理工作 20 年，曾就职于 IBM、德国米诺 - 真兰、惠生集团等多家国内外大型多元化企业，多次荣获全国优秀 CIO 称号。在当下的数字时代，刘红胜致力于探索传统企业如何有效利用数字化变革实现价值创新，推动构建企业经营质量提升的数字引擎，激发企业和产业价值裂变。

凭借 20 年信息化和数字化创新管理工作经验，刘红胜不断对 CDO 形成新的认知："CDO 需要超越企业传统经营范畴，从更高、更广的维度去思考并发掘价值，最终形成以价值产出为导向的数字化方案，协调资源进行落地实现。因此，CDO 的高度超越了首席数据官和 CIO。CIO 转为 CDO 的首要条件是跳出技术的角度进行自我转型，达到 CDO 的视野和思维有一定难度，其核心还是思维的转型。"

CDO 的主要职责

刘红胜认为，CDO 要从企业经营管理的角度思考问题，并参与企业战略决策的制定，既要关注企业本身，也要关注上下游伙伴与自身的关系。CIO 的主要职责是利用信息化手段服务企业各经营单元，并为决策层提供必要的数据支撑。如果说 CIO 主要关注"术"的层面，那么 CDO 就要结合"道"与"术"。CDO 的使命与企业使命紧密相连，企业文化不同，CDO 的使命与责任也有所不同。企业开展数字化建设时照搬他人以前的经验，大概率会失败。CDO 要在理解企业自身的愿景、使命、价值观的前提下引领价值创新，寻找并探索符合企业自身发展方向的数字化道路。

CDO 的四大核心能力

刘红胜从价值的维度将 CDO 的能力概括为四个方面。第一，识别价值。要想创造和引领新价值，先要寻找并识别价值，没有价值的目标是无效的目标。第二，说出价值。不能只有自己理解价值，还要让企业里面的大多数人都能理解价值所在，从而实现共创。第三，实现价值。利用不断发展的数字化手段和资源让价值真正落地，让大家看得见结果。第四，总结价值。梳理、总结实现价值的过程中获得的经验并不断完善，从而激发新价值。

CDO 面临的三大挑战

刘红胜说："CDO 要关注的因素很多，但核心的还是战略、团队、资源协调等，同时还应关注时代变迁带来的机遇与挑战，要去发现机遇和识别挑战。其次，CDO要能够引领创新，核心是价值的创新，让未知变为已知，让不确定变为确定，要'信心'，也要'心信'。第三，要持续改善，进行改革。这三个维度都有难度。如果一定要说最难的是什么，应该是思维的转型。"

制定数字京博战略，推动企业数字化变革

京博数字化（以下简称"数字京博"）战略回归企业经营管理的初衷，高质量的数字化顶层设计是战略落地的保障。数字京博战略以数字技术为引领、以平台赋能为支撑、以开拓业务价值创新为动力，明确集团数字化战略的三大方向——业务数字化、数据资产化和数字化业务，真正引导业务与商业模式创新，为目标客户、员工及利益相关方创造新的价值与体验。

数字京博战略的核心是让集团管理层明白什么叫数字化变革，京博的数字化变革的核心思想是什么，在没有增量信息化预算的情况下如何先在信息化部门实现有效的增效降本，向集团管理层展示数字化方式给企业传统信息化带来的变革效益，让集团最高管理层树立信心。只有产出价值的数字化变革才能赢得一把手的支持，没有价值产出的数字化变革是不能持久的，最终必然失败。

数字化部门的架构应根据企业文化和经营目标、围绕价值创新的核心来设计。京博将数字化变革部门升级为数字化与智控中心，使之成为设立在集团最高执行层面的组织，下设五大部门：数智管理部负责战略制定、价值识别和价值运营，这是核心部门；数字技术部关注技术发展、新的数字技术怎么和产业相结合等，偏重于技术及平台建设；数字化项目推进部主要负责推动数字化项目落地，保证数字化项目的价值产出；智控安全部围绕企业的运营安全、生产安全、数据安全和网络安全等全方位安全展开工作；数字化变革服务部服务于以上四个部门之间的协作，具体工作包括资源协调、人才引进、内部项目与公司业务之间矛盾的协调等。

数字化变革的本质是工具和决策的革命。在数字化时代，企业需要探索如何利用好数字工具。同时，企业应该改变过去依靠经验决策、依靠上下级

汇报获取信息进行决策的传统手段，转而利用商业模型、决策模型等驱动决策，提高企业决策效率，增强企业决策的及时性与准确性。

京博针对数字化变革成果制定量化考核指标

信息化投入方面的考核指标包括成本节约了多少、减少了多少不必要的投资等；赋能业务方面的考核指标包括数字化能力为业务提供了哪些支持，例如，业务创新、支持决策、战略成果落地、营销增长等业务方面实现的转型和突破；企业规模发展和业绩增长方面的考核指标包括数字化能力对业务增值的贡献有多大，每年的数字化贡献用具体的贡献率和占比率等指标衡量。此外，还要形成清晰的企业数字化报告呈交集团高层，帮助高层时时清晰掌握企业数字化能力构建进度并强化对赋能成果的管控，使企业利用数据分析结果进行决策，推动企业发展得更持续、更健康。

面向未来，数字京博的短期（5年）目标是：以集团战略为牵引，以目标价值为导向，以数字技术为引领，以"数字化思维、数字化团队、数字化平台"为依托，全面推进信息化向数字化升级，全面支撑集团产业数字化变革；遵循"战略与执行统筹、技术与业务双轮驱动、自主与合作并重"的推进原则，加强团队建设与顶层设计，持续推进生态落地。

数字京博的长期（10年）目标是：在成功的数字化升级的基础上，深化集团战略目标，推进产业数字化；5年内孵化成立2家数字科技公司，并在15年内发展为千亿元市值规模上市数字科技公司；增强战略伙伴的黏性，拓展行业数字化应用，建立数字化标杆场景，赋能自身的同时也服务行业，引领行业价值创新。

CDO也将随着京博的持续发展，不断迎来新的挑战。

4.2 塑造数字化思维与创新文化

要想塑造全新的数字化思维及创新文化，就要植入数字化变革的文化基因。

所谓**数字化思维**，就是在 VUCA 时代，在数字技术不断发展的背景下，企业推动生态协同和不断创新创业的态度和思考方式，包括由员工、客户、合作伙伴、供应商及其他利益相关者驱动的、共享的、以目标为导向的核心信念和行为准则。数字化思维具体包括数据驱动决策思维、开放破界融合思维、非连续性生态思维、颠覆创新变道思维和分布式多中心思维（见图 4-2）。

图 4-2　数字化思维

数据驱动决策思维：从原先的经验决策思维转向数据驱动决策思维，管理者要身体力行，相信数据的力量和价值，全员把数据利用视为一种基本的工作能力和管理文化，用数据驱动业务价值的实现。

开放破界融合思维：从原先的封闭式边界思维转向开放破界融合思维，使生产者与消费者、供需、内外部、产业间、软硬技术、线上线下的边界趋于模糊甚至实现破界，与客户和员工共创价值。

非连续性生态思维：从原先的渐进式线性思维转向非连续性生态思维，应对商业范式及企业发展的断点、突变与不连续，基于长远的战略格局洞见未来、布局生态。

颠覆创新变道思维：从原先的用经常发生的大概率事件预知后事转向关注偶尔发生的、小概率的"黑天鹅"事件，进行拥抱风险、突破资源能力、大胆探索、快速迭代的连续精益创新，开启企业增长的"第二曲线"。

分布式多中心思维：从原先的垂直式单一中心思维转向分布式多中心思维，从非对称性单一聚焦压强思维转向对称性多项动态选择思维，关注并强调组织赋能，关注个体和自组织团队的力量，推动边缘创新。

数字化思维是一种变革思维，即以数据和数字技术为驱动力的组织变革和个人变革的思维。变革思维需要一套良好的变革管理框架体系、要素组合及方法流程，如图 4-3 所示。

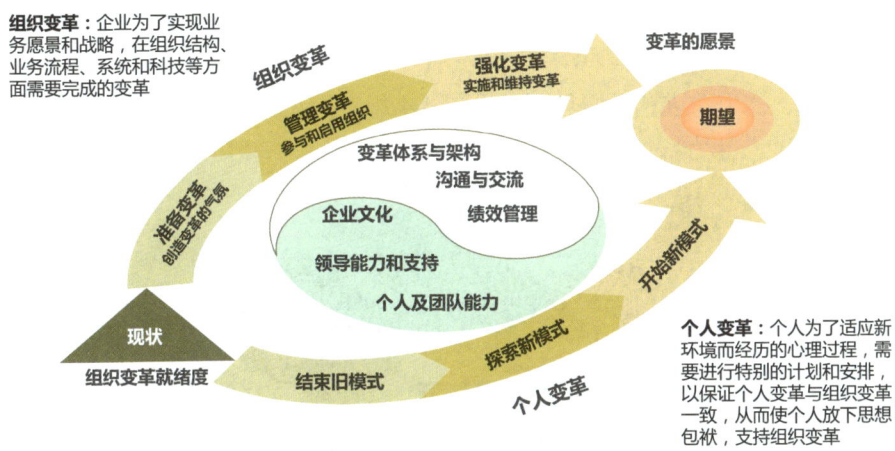

图 4-3　变革管理的框架体系、要素组合及方法流程

企业数字化是一场持久的、艰巨的变革，其获得成功的关键在于主动的变革管理。企业变革通常包括两个层面：第一个层面是企业为了实现业务愿景和战略目标，在组织结构、商业模式、流程制度、客户体验、产品服务和信息系统等方面需要实现的组织变革；第二个层面是个人为了适应新环境而经历的心理过程的个人变革。个人变革需要进行特别的计划和安排，以保证其与组织变革一致，从而使个人放下思想包袱，积极参与组织变革。**变革管理**是一种结构化的、有目的性的方法，用来支持和推动个人、团队和组织的深刻变化；也是帮助改变利益相关方，使其接受并拥抱变化，推动成功的组织流程，以及促进变革并建立提高组织效能的战略能力的手段。根据 Prosci 2020 基准研究数据，变革管理优异的计划实现目标的可能性比变革管理不善的计划实现目标的可能性高出 6 倍。

企业要实现成功的技术变革、业务变革和组织变革，就要将文化变革视为根本。

"文化能把战略当早餐吃掉"（Culture eats strategy for breakfast）是硅谷流传甚广的一句箴言。该箴言旨在说明一家公司的成败与否并不取决于强大的技术实力等战略层面的东西，而是取决于该公司员工的价值观和行为等组织文化。

在数字经济时代，企业新的文化基因将加入数字文化、变革文化和创新文化三大要素，形成全新的文化特征——客户至上、数字优先、敢于尝试、灵活敏捷、携手并进和不懈创新（见图4-4）。

图 4-4　全新的数字文化特征

企业的数字工作文化应该包括以下五大关键要素：

● 鼓励与客户和合作伙伴互动，而不是闭门造车；

● 更多的信任和授权，而不是强化工作中的控制；

● 强调大胆，而不是谨慎；

● 专注于行动，而不是规划本身；

● 建立高效的协作机制，而不是单打独斗。

企业领导层要想创造一种成功的工作文化，就要明确一系列必须改变的东西，通过提供成长机会来激励员工，并建立系统和程序，只有这样才能实现成功的数字化变革。

案例研究 | 招商银行的文化变革

在 2021 年年初的一封公开信中，招商银行提出："文化是一个组织最底层、最核心的竞争力。招商银行'轻型银行'战略转型推进到下半场，科技是我们乘风破浪的核动力，而文化是外界看不到但对我们至关重要的一张'暗牌'。"

一个鸡蛋，被人打破就是灭亡，破壳而出才是新生。

企业培养创新文化非常重要。招商银行有个系统叫"蛋壳"，在这个平台上，大家可以自由发声、畅所欲言。平台的建设者将用户发的帖子分为三类——晒项目、扶油瓶、提创意。用户可以在这个平台上分享想法、提意见、出金点子，而且可以匿名发帖，这是招商银行的特色。设立"蛋壳"的目的是让员工大胆地批评，大胆地提意见，只要这些问题引起管理层的重视并推动问题解决，招商银行就能日日自新。"蛋壳"为招商银行员工提供了观点迸发和深度交流的阵地，助力于轻文化的成功构建。如果说，从数据上看，招商银行依然有扫除外部障碍的能力，那么从搭建"蛋壳"这一举措可以看出招商银行还有自我更新的决心和能力。

招商银行认为，不能将建立企业文化理解为只是向员工输出理念和价值观，建立企业文化还包括让员工参与企业文化的建设、与客户互动、紧跟时代的步伐、预见时代的发展趋势。招商银行构建的轻文化使银行运行流程简化，提高了工作效率，也让员工的沟通变得更便捷。招商银行的轻文化可以用八个字概括——开放、融合、平视、包容，这完全符合"蛋壳"自我突破的理念。

为了构建轻文化，招商银行还在 2019 年发布了《清风公约》（见图 4-5）。

它是招商银行践行轻文化的具体标准，它将轻文化的内涵体现得淋漓尽致，是从文化角度反对"大企业病"的创新公约。优秀的文化可以塑造人，轻文化正潜移默化地改变着招商银行人的思维方式和行为模式。

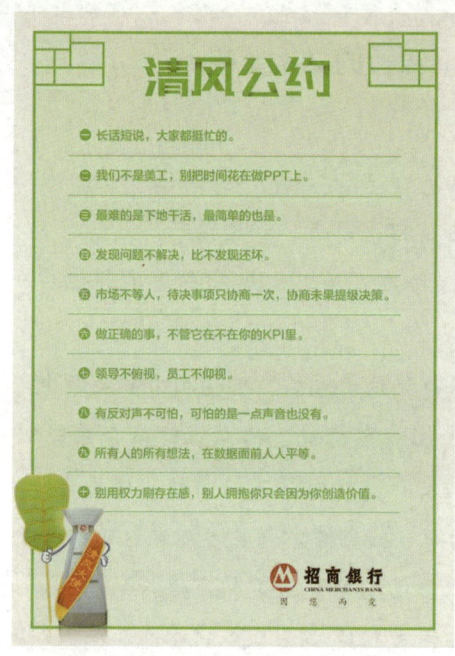

来源：招商银行

图 4-5　清风公约

案例研究　**微软构建以用户为中心的创新文化，促业务增长**

微软 CEO 纳德拉建立了一种不同的创新文化，不再以技术创新为中心，而是更加注重用户体验，以用户为中心。

这在很大程度上是通过将企业文化从竞争文化转变为以成长型思维为主导的文化而实现的。在竞争文化中，管理者被要求为每一位员工的价值打分，从1分到5分。微软首席营销官克里斯·卡波塞拉（Chris Capossela）说："我们从一种知识普及的文化转向了一种学习普及的文化。"好奇心和对客户痴迷这些文化特征是创新型组织的标志，正是这种行为帮助大型企业将之前的思维方式转向了成长型思维。

许多人认为，这对微软很有帮助，因为它的使命从以技术为中心的过时使命"让每一张办公桌上都有一台计算机"，转变为现在的以客户为中心的全新使命"让地球上的每个人和每个组织都能实现更大的成就"。

案例研究 | **小米的数字化文化：敏捷、数字驱动和开放**

小米从互联网消费电商开始，一直专注于数字技术的研究和下沉应用，通过云平台、大数据和AI等技术，不仅实现了小米新零售商业模式，也支撑起了小米数字化企业运营的服务体系。通过多年的数字化建设，小米总结出数字化战略及文化的三个方向——敏捷、数字驱动和开放（见图4-6）。

敏捷型
整合全球资源+云平台服务：
能力及资源云化，快速部署，让全球用户享受小米科技带来的美好生活

数字驱动型
整合全球资源+AI+大数据：
通过强大的数据分析，服务运营做到"可见、可荐、可预荐"

开放型
整合全球资源+工业互联：
通过工业互联网平台将能力及资源开放给供应及生态伙伴，共建新商业

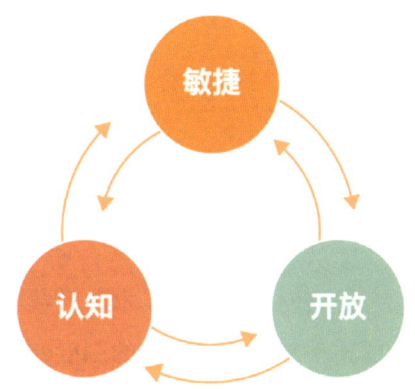

来源：小米公司

图4-6 小米数字化战略及文化的三个方向

第一，**敏捷**。小米在10年的奋斗过程中，总结出了高效生产力来自数字力的经验。小米整合全球资源，以能力和资源云化实现企业服务的敏捷化部署，让新零售体验和科技服务能最快地触达"米粉"，让"米粉"享受到数字科技带来的智慧家居服务。敏捷的能力让小米产品实现了跨领域创新，也让小米成了近年来最成功的跨界颠覆者。

敏捷的数字架构让小米提供产品和服务更迅速，还让企业管理变得更高效，如基于智慧引擎决策的业务流程管理（Business Process Management，BPM）和融合自然语言处理（Natural Language Processing，NLP）的流程自动化机器人等。目前，小米正在积极打造基于数字力的"新员工"，希望借此彻底解放员工的生产力，更专注于业务决策和洞察，创造和探索新商业。

第二，**数字驱动**。小米清楚地认识到，数字力的价值来自数据驱动下的企业资源整合和对市场活动的洞察。通过敏捷的云化数字服务，小米在传统供应链领域成功地打造了端到端可视的供应精准交付能力，在销服领域打造了数字化的智慧销服能力，让传统的B端服务更加敏捷、更有柔性。

第三，**开放**。小米的成功还源于生态伙伴的共建共赢。小米生态链是小米商业运营创新的新模式，归功于开放型的数字化模式：通过生态伙伴之间的数据共享、价值共建，打造新的商业平台，颠覆传统的松耦合的企业间合作。小米相信，随着数字时代的不断发展，新工业互联和产业融合的深入，小米生态链将发展为更加欣欣向荣的生态开放平台。

4.3 协同演化制度变革技术创新

持续创新的数字技术和日益丰富的数据要素，不断推动着社会经济与企业的转型，而与时俱进的制度变革也将贯穿数字化变革旅程的全过程。技术创新和制度变革是经济增长和组织变革的重要动力，企业既要考虑制度对技术的激励或约束作用，又要考虑制度与技术是否相适应，在企业内部及产业层面实现技术与制度的匹配、协同与演化。

制度与技术是内生变量，二者互为选择、相互制约。一方面，企业在鼓励技术创新的同时不应忽视政策与制度体系的变革；另一方面，在技术创新的过程中要注重配套制度的跟进与调整，并将其植入企业核心文化，促进技术创新成果的顺利转化与应用。

协同演化的制度变革和技术创新能使企业在数字化变革过程中的竞争力大大增强，极大地促进经济增长和数字化变革。

案例研究 ｜ 电动汽车产业技术与制度协同演化

新兴产业虽然有着巨大的潜在优势和广阔的市场前景，但要实现发展壮大仍面临众多障碍，离不开制度保障与政策扶持，并且在不同的发展时期需要不同的政策。

我国电动汽车产业的发展离不开技术的应用与迭代，更离不开制度保障。电动汽车产业的发展时间很漫长，需要经历三个时期——孕育期、萌芽期和成长期。在这些时期，电动汽车产业离不开技术和制度的协同演化，其特征是政府政策的支持贯穿产业的孕育期和萌芽期，包含产业政策、科技战略等，这可以引导电机、电池及整车技术再上一个台阶（见图4-7）。经过孕育期和萌芽期的发展，技术取得新的突破，产业进入成长期。在这一阶段，电机、电池的性能较以前提高了许多，整车也进入量产阶段；原有的制度已经不再适应当时的产业发展需求，急需制度创新，即技术创新带动了制度创新。这一阶段产生了很多创新性的制度，如产业战略、财税优惠、技术联盟等，但是旧制度的影响还存在，一些新制度未能实施，阻碍了电动汽车的市场化之路，具体表现为：市场准入门槛过高，不利于产业初期自由、多样化的竞争，一些从技术中抽离出来的主导设计会定格为"劣技术"，基础设施的不完善加重了市场观望等。

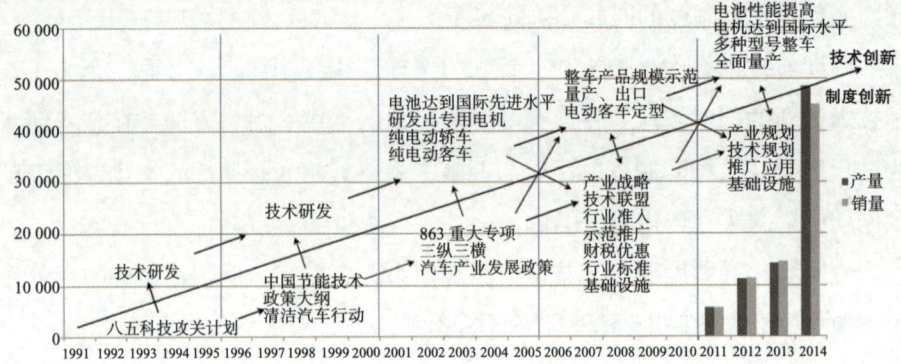

来源：《新兴产业技术与制度的协同演化：以我国电动汽车为例》，眭纪刚，陈芳，
《科学学研究》2016 年第 2 期

图 4-7　我国电动汽车产业技术—制度协同演化示意图

案例研究 | **宝舜集团构建制度机制，保障基于制造执行系统的阿米巴核算考评**

　　把公司分成多个小型组织，以独立核算的方式运行这些组织，每个组织自主经营、自收自支，这便是阿米巴经营模式。宝舜集团引入阿米巴经营模式，运用已有信息化系统及数据，实现了阿米巴经营专用报表，实现了各级别巴组每天利润分析，在公司内部培养具备数据思维和经营者意识的领导者，公司所有员工都可以参与经营。

　　制度机制是基于制造执行系统（Manufacturing Execution System，MES）的阿米巴有效运行的保障。MES 将生产计划与生产之间的数据断层打通，使企业管理向精细化的方向发展。这种管理制度贯穿生产全过程，涵盖了生产计划、生产资源消耗、生产产品、能源产耗等，还要管理收集生产过程中的自动化设备数据的过程和加工过程。其功能包括实时数据采集、生产运行监视、生产作业管理、能源管理等。有了 MES，阿米巴考核才得以实施。它以市场为导向，以利润为中心，以成本为主线，以 IT 为手段，在企业外部市场环境无法改变的情况下，倒推企业内部各工序目标利润，进而保证企业年度整体利润目标的实现。

以数据为基础，基于 MES 的阿米巴核算考评按照"压力层层传递，指标层层分解，责任层层落实，绩效层层考核，热情层层激发"的理念，在各个经济实体组织贯彻落实年度预算指标。这些制度机制调整了企业管理模式和经营模式，有利于最大限度地调动各岗位员工的积极性，强化对标挖潜和提质增效，提高产品盈利能力，提升企业核心竞争力。

案例研究 | 平安通过技术创新推动制度变革

危机感推动创新，平安秉承"敢为天下先"的精神，制定适应市场发展趋势的制度，从"金融＋科技"到"金融＋生态"，不断地向更高的数字化水平进击，实现自我创新和突破。

随着产业模式的升级和互联网的发展，消费者对效率、集约性和协同性的要求越来越高，平安基于综合金融模式，满足客户对金融服务的各种需求。其中，任意门制度很好地满足了客户对一站式服务的刚性需求。

任意门制度解决了信息孤岛的问题，打通了各部门之间的壁垒，通过统一界面实现了信息共享。这一界面将各个应用场景联系起来，运用大数据技术深挖数据、分析数据并将这些数据应用到工作中，形成了积分交易市场、房产金融市场、资产交易市场等，让客户享受到了"一个账户、多种产品"的一站式金融服务。目前，平安已经拥有 2.2 亿个人客户和 6.11 亿互联网用户，任意门制度推动和保障了后台数据的打通，用户只需要一个账户就能享受多元化产品和服务。平安用线上化、智能化的方式打造极致的消费体验，极大地提升了自身的服务能力。

为了确保综合金融战略目标的落地，平安实行"四会管理"制度，"四会"是指统管党委、联席会议、团金会和个金会。其中，团金会是指以银行为主导的团体综合金融发展委员会。团金会依托集团综合金融平台，整合各专业公司客户、产品、渠道和服务资源，以平安银行为主导，为团体客户提供差异化、多元化的综合金融整体解决方案，以实现"团体客户、多种服务、深度合作、互惠共赢"的战略目标。

通过团金会制度，平安不断挖掘综合金融价值，利用科技手段构建更有效的营销模式。为推动团金业务的协同创新，平安采用了聚类管理模式，将专业公司按照业务属性分为简单业务、复杂投融资业务、交易业务和内嵌式业务四大板块，每个板块都充分地科技赋能，建立数据库、客户库、案例库和产品库，推动远程化、线上化、数字化的管理和运营。

"一个客户、一个账户、多种产品、一站式服务"的理念贯穿平安金融经营模式的发展全过程，催生了任意门制度和团金会制度。同时，技术创新赋予了各项制度强劲的动力，使得客户的综合金融消费更加便捷和高效。

4.4 核心命题与行动锦囊

数字化黄金圈之关键抓手包括数字化领导力、数字化思维与创新文化、技术与制度的协同演化这三个维度的核心命题。企业可根据数字化黄金圈指数，回答相应举措的核心命题，并对标企业数字化实践者或非凡者的特征和行动锦囊，以获得进一步提升其数字化成熟度的举措或建议。

发展数字化领导力赋能目标

本落地举措的核心命题：企业如何激活数字化领导力？企业的战略执行方法与举措是什么？

企业数字化实践者通常具有的特征包括：领导层和组织文化反映了数字

化变革愿景的不断演变，目的是持续交付数字产品、服务和体验；形成根据数据思考事物和实事求是的思维模式；"一把手"间接参与数字化战略愿景制定与决策，任命高层数字化领导者，并带领团队不断取得突破性成果；通过计划程序不断评估已发生的变化，并根据当前的生态系统情报重新确定项目的优先次序；做价值评估时会考虑生态系统的影响，对于新的数字化变革项目，采取类似初创企业的投资心态，全力以赴；宽容失败，将众包和市场情报作为创新源泉，通过新模式、新业态来保持竞争力及产品和服务的可持续性；在 CDO 领导下整合企业数字化举措，鼓励快速决策和不断试验，将风险承担嵌入企业文化，将组织文化变革同步到不断演变的企业愿景中。

　　企业数字化非凡者通常具有的特征包括： 在利用新的数字技术和商业模式影响行业及市场方面，领导层具有颠覆性的远见卓识；形成了根据数据量化思考事物和追求真理的思维模式，重新思考行业布局；"一把手"直接参与数字化战略愿景制定与决策，任命的数字化领导者拥有充分的权力并在决策委员会中占有重要席位；在业务运营、营销和其他关键流程的技能上为企业提供种子，同时持续奖励、激励数字化变革中的前沿思想家；数字化投资关注战略收购和生态系统关系，高潜力快速发展企业呼吁高风险的风险投资，稳定的大型企业考虑建立独立的新数字业务实体，以探索变革投资机会；协调生态系统意识，用创新设计思维驱动的方法，不断创造新的商业模式和商业形态，领导层发挥颠覆性的作用；建立数字生态系统意识和实时反馈机制，推动组织文化对生态系统的自适应发展。

塑造数字化思维与创新文化

　　本落地举措的核心命题：企业对数字化思维的认知如何？企业如何培养创新文化并推动创新实践落地？

　　企业数字化实践者通常具有的特征包括： 根据数据来思考事物成为企业的一种思维模式；创新是企业范围内的责任，并由行政领导者（如首席创新官）负责推动；关注数字技术的动态和发展趋势，提升创新水平，领导数字创新工作，尝试内部创新与创业机制，保护公司免受外部挑战者的颠覆；保持数字化敏捷度并适时对潜在的重大颠覆做出反应，招募具有创新发现与颠覆能力的人员；确保企业的战略计划包含创新计划，创新计划已在部分领域取得成效，成为主营业务的补充并带来增值。

企业数字化非凡者通常具有的特征包括：利用数据来量化思考事物成为企业上下的一种思维模式，通过数据改变传统的管理思路和业务模式；企业的创新文化被视为强大的竞争优势；创新和洞察力与推动新市场和新客户的增长直接相关；通过了解客户需求并重构价值交付方式，将现有产品或服务带到新的领域；通过颠覆式创新创建全新的智能互联产品或业务，建立跨行业合作伙伴关系；技术驱动创新纳入长期战略计划，推动客户、第三方参与的众包创新已经取得卓越成效，并在企业经营中成为主旋律。

协同演化制度变革技术创新

本落地举措的核心命题：企业对技术创新与制度变革及其相互关系的认知如何？推进两者协同演化的举措有哪些？

企业数字化实践者通常具有的特征包括：理解并重视技术创新对企业发展的关键作用；关注并采取实际举措规避外部政策及制度可能给企业带来的风险和约束；定期进行技术学习，通过引进或开发新技术提高技术创新能力，实现高质量产品产出的规模效益；构建数字平台能力驱动企业动态能力演化，提升企业竞争力。

企业数字化非凡者通常具有的特征包括：理解制度变革与技术创新协同演化的巨大作用，制定并适时调整政策体系，以激励或约束技术创新；通过必要和适当的企业变革确保二者协同演进，实现企业结构由刚性向柔性的转变，以提高组织效能；通过二者的协同确保内外部相关资源得到动态整合和优化配置，使不同行业、企业之间的资源得以共享，实现优势互补，有效地驱动企业服务质量的升级。

第 5 章

成功基础：敏捷组织与数字化人才

组织与人才是企业生存和发展的根基、力量的源泉和成功的基础，它们将最终决定企业达到什么样的境界。

企业要构建治理良好的、扁平化的敏捷组织形态和架构，以快速实现大规模共情、共享与协同，实现效率驱动和创新驱动有机结合的双轮驱动下的动态平衡；设计数字化人才模型，建立人才规模化使用与培养的发展策略，打破人才短缺与开发局限；创建高效的数字工作场所，激发工作团队和个体的活力。

本章主要围绕下面三个主题展开讨论：

- 构建敏捷组织与数字化治理；
- 设计人才模型促规模化发展；
- 创建全新高效数字工作场所。

5.1 构建敏捷组织与数字化治理

企业发展离不开组织，组织是企业发展的支柱，它使员工在不同的岗位上也能协作，企业的高效运转同样离不开它。组织的构建、责任的明确、机制的设立都对资源的流动起决定作用，所以构建敏捷组织对企业的发展和数

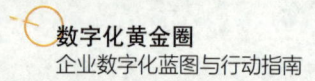
字化变革有不可替代的作用。

数字企业的组织形态和架构具有扁平化、模块化、柔性化和平台化的特征，可以快速实现大规模共情、共享与协同。敏捷组织能够高效地凝聚员工能力，从在稳定运行中扩大规模的效率驱动转变为在灵动适应中强化创新能力的创新驱动，实现效率和创新双轮驱动下的有机结合和动态平衡。同时，企业还要构建有效的数字化治理机制，以应对一系列数字化新风险。

数字化治理战略层面的精髓是构建一套科学的数字化决策机制和制度体系，以保持实现利益和优化风险等级和资源利用之间的平衡，它主要包括治理体系和治理能力两个方面的内容。通过相关治理机制和制度安排，企业构建对数字化变革过程中的整体组织形态、数据驱动决策和运营管理模式的指导、评价和监控体系，以实现战略共识、价值共创、风险优化、资源调配和绩效激励的使命。数字化治理的本质是对企业治理和 IT 治理活动的数字化及对数字化对象的治理，是对数字化变革过程中生产关系的重塑，并兼顾风险平衡和效能提升。

选择正确的数字化组织模式并构建合适的数字化变革组织架构是创建数字化团队的第一步。组织形态与企业当前数字化成熟度与数字化在核心业务中的重要性等因素密切相关。

当今企业所面临的生存环境的变化日益加快：企业规模扩大，产品更丰富，竞争加剧，社会分工越来越细致，客户需求更加多样化，这些变化使得企业被迫从追求稳定运行中的效率转向追求动态适应中的创新。按照组织形态的变化和演进阶段，组织可以分为高度集权的古典型组织、集权和分权相结合的现代型组织、自适应环境变化的未来型组织（见图 5-1）。

数字化时代的组织有以下四大特征。

（1）扁平化。企业内外部环境及客户需求的变化越来越快，"让听得见炮声的人呼唤炮火"已逐步成为共识。为此，去除了冗余管理层级的扁平化组织，不再像传统组织那样自上而下地层层下达指令或自下而上地逐级汇报，而是利用数字技术直接实现端到端的实时连接和互动、信息自动感知和实时传输或反馈，信息屏障正在被逐步打破，信息可以在组织不同层级之间、在

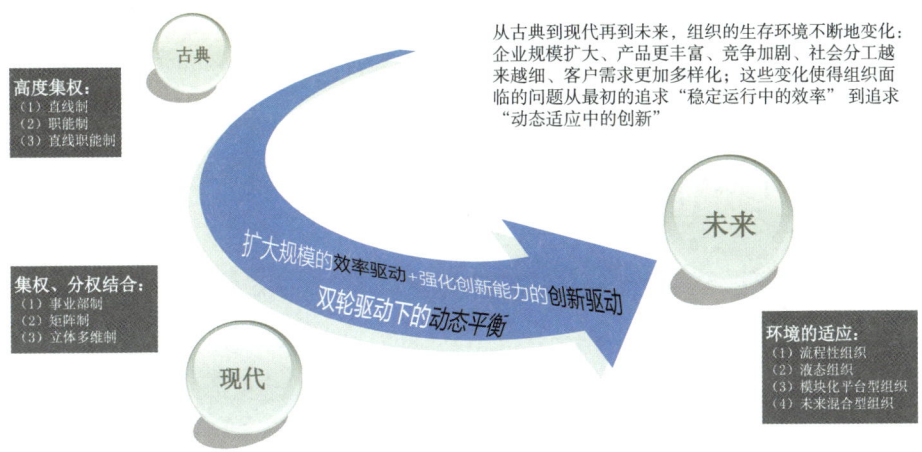

图 5-1　传统组织形态的变化、演进过程及趋势

企业和外部合作伙伴之间快速流畅地传递、响应和共享，同时也避免了信息在层层传递过程中的失真。

（2）模块化。模块化组织打破了企业各业务环节的强耦合关系，并使之成为一个个可拆分、可配置、可组装的组件，实现了标准化和灵活性的统一。组织模块通常表现为功能化的、可对外输出的标准化服务。企业共享服务中心就是组织模块化的典型方式之一。

（3）柔性化。外部环境不断变化，企业要更加灵动地加以应对。为此，企业需要打破固有的边界，让内外部资源可按需实时地流动、组合和响应，从而降低经营成本，提升企业对外部环境的快速响应能力和核心竞争力。例如，字节跳动的液态型组织集中体现了柔性化组织的特征。

（4）平台化。平台化组织的核心是构建企业级能力复用平台。平台化组织通过集中资源，在"中台"构建可复用的通用能力，并向"前台"的团队或个体赋能。稻盛和夫提出的阿米巴、海尔的"小微"、华为的"铁三角"、永辉超市的"合伙人机制"等模式都是企业平台化的实践。2015 年，依托"大中台、小前台"的战略，阿里巴巴在组织和业务方面进行了变革，推动了企业业绩的快速提升。

对数字化时代的组织而言，以上四个特征不是孤立存在的，而是相互关联、相辅相成的。企业只有构建面向未来的、与内外部环境及需求相匹配的、灵动的、可伸缩的有机组织，才能支撑新的运营模式、盈利模式和商业模式。

案例研究 | **字节跳动的液态型组织**

字节跳动成立于 2012 年，依托液态型组织灵活多变、快速创新的优势，从小微企业迅速成长为国内外知名的互联网公司。截至 2020 年，字节跳动全球的正式员工约有 11 万人。

顾名思义，液态型组织就是没有边界、流动性很强的组织。相较于传统的刚性组织，液态型组织能容纳更多的技术、知识等资源。液态型组织具有流动性强的特点，这决定了它可以为企业输送人才、技术等资源，并依靠自身的流动性完成协调合作和自我突破，开拓创新，提高对外界变化的应对能力。传统的刚性组织结构、运行比较稳定，具有清晰的部门界限和严格的等级制度；液态型组织具有灵活性，打破了边界，依靠员工的互相信任来运行。

字节跳动重视人才，为人才提供相对自由的工作环境，员工可以跨越等级平等交流；字节跳动的管理层推崇"Context, not control"（情境管理，而非控制）的理念，对员工的自主学习、工作能力和创新能力足够信任，鼓励员工共享他们收集到的信息。字节跳动的员工可以充分利用字节跳动的所有资源，统筹、协调各方参与重要项目或自行组建项目团队。此外，字节跳动的目标管理机制基于 OKR，公司管理层和普通员工的 OKR 都会被发布到内网上供所有公司成员查看，每两个月更新一次，这有效地协调了公司管理层与业务部门的目标，公司管理不再有明确的边界。

组织中的决策脑不再是个别管理者，每个"优秀的人"成为分布式的决策单元，每个个体的智能汇聚为组织的智能，进而推动组织的发展。平等的企业文化大大降低了字节跳动员工之间的沟通成本。

案例研究 | **小米的数字化组织架构**

对企业而言，数字化组织架构应该是敏捷的、具有弹性的，与阿米巴相似，应该能通过企业运营数据体现组织绩效，成功地指引组织向着既定目标前进。

小米一直都在努力打造适合自身发展需要的高效组织，小米的产品和服务体系不断演变和调整，数字化组织所具有的敏捷柔性体现了其优越性。小米经过多年的实践，在硬件业务线形成了以数字化工作为中心的类卓越中心组织架构，该组织架构集中了业务部门的核心管理人员，可有效共享业务线的最佳实践，小米形象地称之为数字化办公室。

在传统企业信息化管理方式下，面对多产品业务线管理差异和特殊性要求，企业往往会通过自治管理满足发展需要，忽略其他业务线优秀实践和经验，导致企业投入并不能综合复用，同时也不能统一各产品线管理水平和数据标准，最后导致重复开发、烟囱系统林立。尤其是在传统业务架构下，IT部门夹在集团平台及业务线部门中间，既不能形成最佳实践，又不能向集团输出数字化能力，而且交付效率不高、资源浪费严重（见图5-2）。

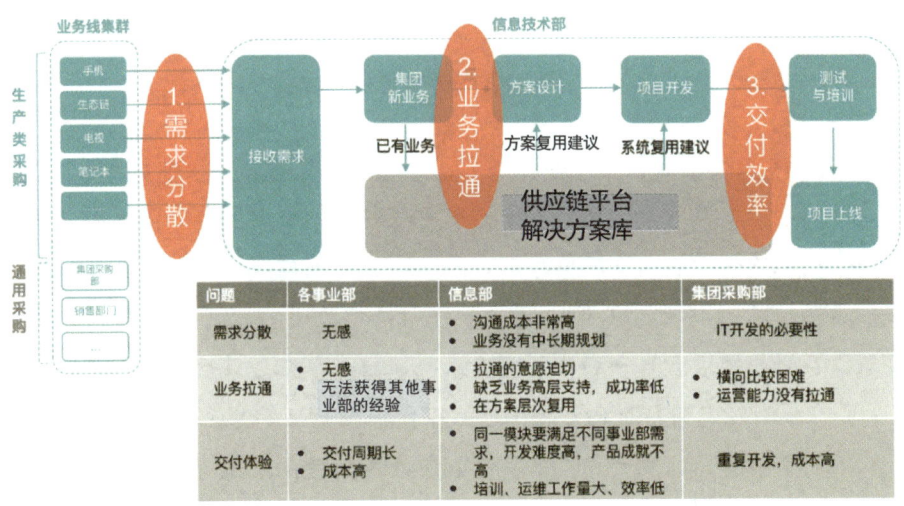

来源：小米公司

图 5-2　传统业务架构的弊端

　　小米的总结是：要想全面形成企业数字力，一定要根据数字化特征设计组织架构，要能对各业务线最佳实践和经验进行量化评估，将其沉淀为企业宝贵的平台型解决方案库。因此，小米提出应该集中各业务线核心管理层，以管理小组为对象，以企业最佳方案及案例库为标杆，统一业务管理和数据标准，最终以管理指标为结果，促进企业在各业务领域保持组织上的柔性和高效（见图5-3）。

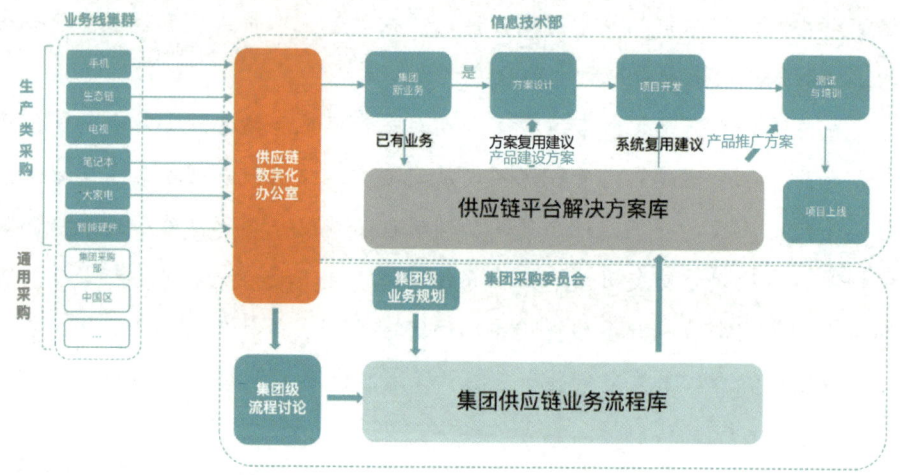

来源：小米公司

图 5-3　根据数字化特征设计组织架构

　　首先，小米通过数字化办公室解决了各业务线事业部业务流程不统一的问题，建立了统一的业务流程标准，从而形成了集团级供应链发展规划。其次，在统一的流程下，IT部门与业务部门集中力量打造了统一业务管理平台，使各业务的运营水平和决策能力保持在同一水平。最后，在统一的平台下，小米针对业务目标进行数据治理，以数据驱动业务发展。

　　小米这种新的组织架构，不仅能解决效率问题，还能为多业态发展、快速增长保驾护航，同时可以全面支撑企业在多变市场中发现机遇并持续做出正确决策，如图5-4所示。

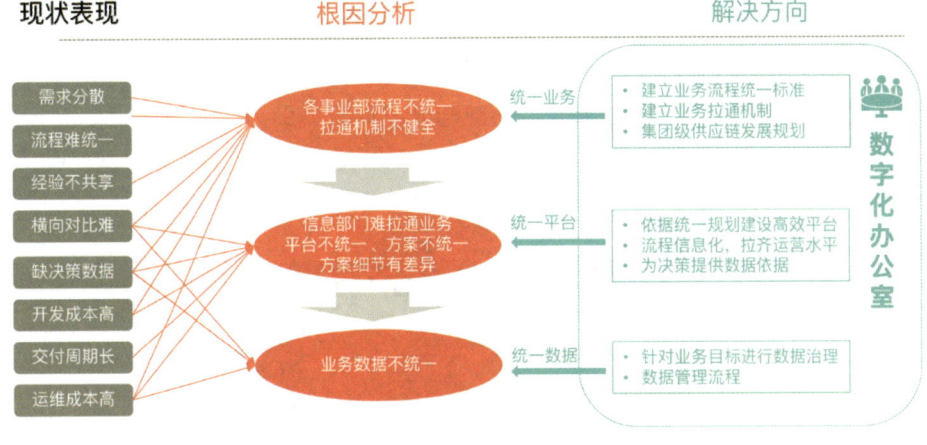

来源：小米公司

图 5-4　数字化办公室解决各类问题

5.2　设计人才模型促规模化发展

根据《2021 中国数字企业白皮书——四年（2018—2021）对标篇》中的数据，缺乏数字化人才在企业数字化变革的三大困难中排名第二。2018 年，数字化人才中缺口最大的是大数据分析专家。2019—2021 年，企业对战略领导者、项目经理和落地推动者的需求相比 2018 年都有明显的增加，这说明企业数字化逐步从执行层深入到战略层，也说明中高端数字化人才需要长期的培育、储备和积累。

构建数字化人才梯队应首先针对技能提升设立清晰的宏观目标，在此基础上对员工实施个性化、局部化的技能提升；其次，着眼于帮助人才长期成长，建立动态的、快速的效果反馈检测机制；最后，将局部化的技能提升与系统化的制度改革、文化建设进行充分整合，打造相互嵌套的学习型组织。

在我们前期的研究成果《变数：中国数字企业模型及实践》一书中，数字化人才模型是指用于开展数字化人才培训和发展的易于使用的通用参考模型（见图 5-5），它包括三个组成部分——数字化角色树、角色描述卡和数字化人才能力模型。该模型可以规划、定义、识别、诊断和提高企业数字化人才的知识和技能水平，有利于数字化人才的大规模培训和职业发展，不断提升员工的数字化能力，打破人才的短缺与开发局限，助力企业数字化变革。

来源:《变数：中国数字企业模型及实践》

图 5-5　数字化人才能力模型

企业数字化人才模型包括六大领域——战略规划、管理变革、开发实施、交付运营、赋能质量和营销客服。数字化角色树包含六大方向——数字战略管理、深度分析、产品研发、构建交付、数字化运营和数字营销。这六大方向包括 22 个常见的典型角色，并可以扩展为 100 多个衍生角色，基本涵盖了整个数字化变革业务流程，如图 5-6 所示。

德勤认为，数字化变革要求企业发展一系列新的数字化能力，如数字化领导力、数字化品牌建设、数字化营销和数据分析等。因此，在数字化变革时代，人才的重要性愈发凸显。经研究，德勤发现数字化人才应当具备的核心能力有三个——数字化领导力、数字化运营能力和数字化发展潜力（见图 5-7）。

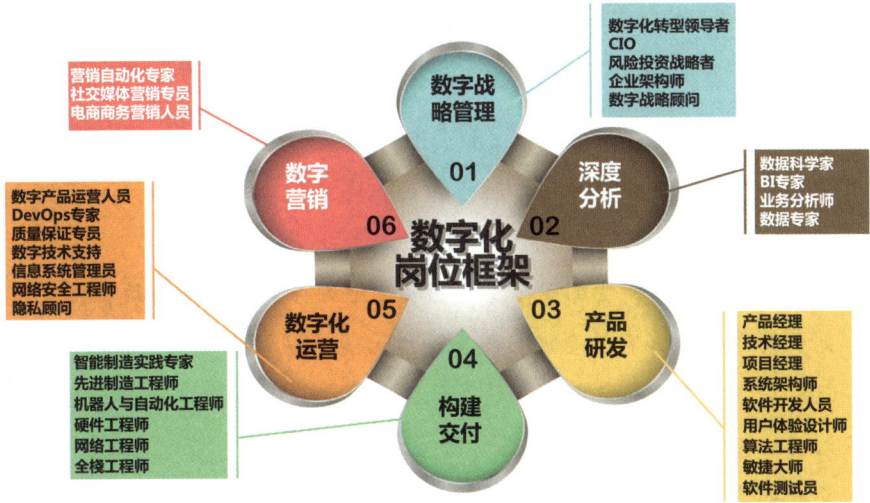

来源：《变数：中国数字企业模型及实践》

图 5-6　数字化角色树

来源：《数字化技术加速人才转型》，德勤，2017 年 12 月

图 5-7　数字化人才核心能力

案例研究 | 海尔创客发展系统构建新型人才发展手段

海尔集团组织变革趋向平台化和去中心化，"人单合一"模式赋予了创客更多的发展机遇。在信息大爆炸时代，获取培训资源的方式极大丰富，云计算和 AI 等技术创新不断影响着新形势下的人才发展手段。

就创客本身而言，他们渴望机制明确、规则公开透明的发展机制，渴望拥有更多的选择权和开放资源，渴望通过自身价值的实现获得认可和激励。这不断激发他们去反思自己擅长的是什么和自己能够做什么。在不满足发展现状时，他们希望能有渠道获得新的挑战或项目机会，以及配套的资源支持。最重要的是，在自己获得成功或有出彩点的时候，应该去什么地方展示自己的风采？这些诉求促使海尔摆脱常见的人才发展系统及理念的束缚，从创客的角度出发，做一个服务于他们的系统，而不是约束他们的系统。

海尔创客发展系统的定位为：创客自主发展、自我展示的平台，向以创客为维度的个人发展和以小微为维度的发展提供支持（见图 5-8）。创客通过勇闯四关了解自己的能力和价值观，明确发展方向，获取发展资源；小微通过客观分析创客发展意愿、能力和价值观，了解小微内的人才分布，为引爆小微提供数据支持。

在海尔创客发展系统的思·为俱乐部中，创客可以在线上发布活动预告及往期精彩回顾，其他人进行线上报名；创客还可以线下邀请样板小微主进行经验分享，实现线上线下的多层次互动。创客可以设计独立的 H5 动画，然后验证身份，系统可以根据创客身份显示各种场景动画页面（如创客收到录取通知书、入职第一天、获得成功与褒奖等场景），并将团队驱动力、团队优势等功能集成到场景中。当创客完成场景的任务后，系统可以自动生成一个创客的总结画像，该画像可以分享给其他创客，让其他创客也参与到活动中。项目上线短短一个月，进入系统的人次已经超过 5 000，各路创客进行自我测评和审视。创客普遍反映，该系统充满趣味性的同时能让创客对自己有一个全新的认知，为下一步的自我发展提供了良好的支持，同时还能为创客提供更多的自我展示的机会。

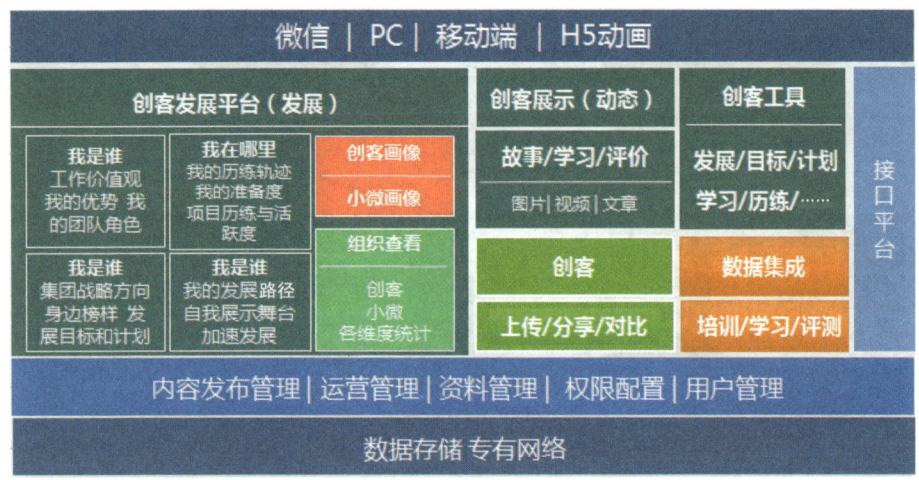

来源：海尔集团

图 5-8　海尔创客发展系统蓝图

│ **蓝月亮 IT 部门组织变革与人才发展**

"快销行业，唯快不破"，"互联网 +"使快消行业的营销体系发生快速转变，原有的 CRM 已经无法满足业务需求，系统要根据市场变化快节奏调整，这迫使蓝月亮 IT 部门转变组织架构及运行模式，以支撑业务需求。

蓝月亮 IT 部门将原有单一的组织架构改变为十大中心，包括产品中心、ERP 中心、电商中心、测试中心、客服中心、大数据中心、云平台中心和基础设施中心等。纵向上，各中心基于技术专业维度发展；横向上，各中心以项目维度开展合作。中心以 5~7 人为一个小组，不允许超过 10 人，有相对的项目类型分工。当项目任务出现时，相关人员会自主接任务，职责清晰，响应速度快。调整后，IT 部门人员职业发展方向清晰，项目中优秀人员表现明显，不足处也自明。"战斗中成长，T 字形人才"的部门文化促进了良性竞争，员工成长快、工作积极性高。

在组织调整的过程中，蓝月亮专门引入了全栈产品经理工作路线图（见

图 5-9），使用产品经理制、产品化思维改变传统的项目实施方法，保质保量地快速响应业务，快速迭代信息化产品。该路线图主要分六步——行业调研、业务梳理、产品设计、产品实现、产品发布和产品运维。

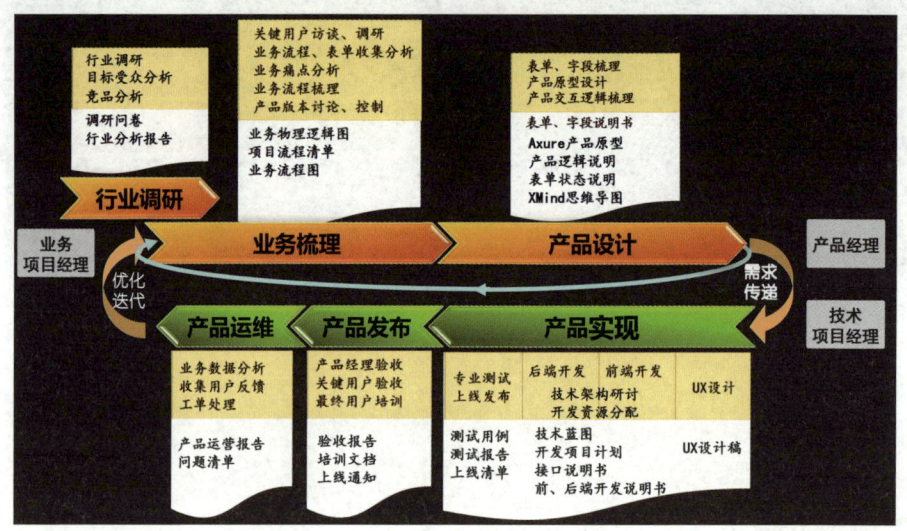

来源：蓝月亮集团

图 5-9　全栈产品经理工作路线图

　　产品经理与业务项目经理通力合作，完成前三步，输出完整的业务蓝图，主要包括行业分析报告、业务物理逻辑对象分析图、流程清单、流程图和产品原型，以保证项目的先进性和可行性。技术产品经理负责第四步，协调所有开发资源，输出技术蓝图，主要包括技术架构图、开发项目计划、接口说明书、前后端开发说明书、用户体验设计稿、测试用例和测试报告，使项目按计划如期保质交付，产品经理予以协助。产品经理负责第五步、第六步，做好产品的上线和推广工作。

　　全栈产品经理工作路线图使蓝月亮 IT 部门的定制开发项目的周期缩短了60%，项目迭代周期为 1 周，用户体验显著提升。产品经理保证了信息化产品源于业务、赋能业务，实现了快速迭代时良好的版本控制。该路线图已经过 5 年的实践，形成了高效的信息化产品生产线，各个团队分工明确、职业发展方向明确。

5.3 创建全新高效数字工作场所

作为传统物理办公空间的虚拟替代品，数字工作场所旨在利用数字技术革新工作场所和空间，重塑企业与员工、合作伙伴、客户之间及空间与数据之间的互动方式，推动劳动者创新、合作及其未来技能的发展，以提高效率并提供卓越的体验（而不仅仅是产品或服务），最终获得持续的竞争优势。

数字工作场所已经成为实现数字化业务的关键组成部分，它能快速安全地提供基于角色的个性化服务，并可在任何设备上随时随地以消费者般的体验为劳动者提供一整套应用、数据和协作工具，从根本上改变了工作的概念和完成方式。构建全新、高效且富有吸引力的移动工作环境，不仅有助于简化业务流程和组织运营，还可以提升员工的工作效率、满意度、敬业度、体验和整体幸福感，有效激发员工的工作热情。这对企业在未来留住优秀的人才是至关重要的，毕竟，员工才是任何组织中最重要的资产。

数字工作场所可优化和改善办公业务流程，如项目管理（办公协同、多样化图表展示）、文档管理（管理组织过程资产、权限、审批及全平台、跨文件类型搜索）、人才和业务运营管理（挖掘有效的员工激励方式，CEO、经理、员工、人力资源部门都能从中受益）。

企业构建数字工作场所需内外兼修，既要考虑企业内部，又需要考虑数字工作场所如何扩展到企业以外，以支持远程工作人员、合作伙伴和客户。企业必须将安全性作为重要考量因素来构建数字工作场所，同时要考虑到人为错误，以及不良行为者等角色的影响。为了实现能够适应变化和消除未知因素的影响并确保安全，企业需要关注网络、云计算、AR、VR、元宇宙和机器学习等新兴技术及其在数字工作场所领域的应用。

案例研究 | 绫致时装线上线下双融的智慧办公实践

绫致时装（天津）有限公司从 2019 年开始实践智慧办公，主要包括四个方面的应用。

一是办公室资源管理（见图 5-10），通过一个平台和一套系统实现会议室管理和会议室资源共享，员工在智能办公系统中可以看到实时的会议室资源使用情况，同时拥有在系统中预约使用会议室的权限。会议室的详细信息都会在系统中呈现，如会议室大小，座位数量，电视、投影仪和多方电话机等设备的配备情况，员工可以根据选择需要预订合适的会议室，实现会议室资源利用效率最优。

图 5-10　智能办公室预订系统

二是实现会议预订和员工个人日程的协同。智慧办公系统打通了会议室预订与办公软件 Outlook，使会议预订和个人办公日程双向同步，提升了办公协同和沟通效率。

三是实现物理办公室资源的管理，如电灯、电视、空调等设备的开关及通过电动智能窗帘调节会议室光线和温度等，实现绿色节能的办公模式和高效的管理。

四是实现办公楼宇的统一平台化管理，实现物理办公空间、访客管理和办公流程的协同，通过人脸识别等技术实现访客注册登记及管理智能化，即时将信息推送给相关员工，实现智能联动和流程闭环。

案例研究 | 越秀地产智慧办公平台

数字化办公是实现企业内部管理提速增效的重要组成部分。随着企业日益发展壮大，越秀地产的业务向更多区域和业态拓展，提升协同效率和加强移动办公的需求日益显著。再加上新冠疫情的影响，越秀地产需要引入更多信息化手段和远程办公场景，保证其在面对区域隔离等突发状况时，能通过多种渠道快速及时掌握员工健康状况和工作进度，制定正确的决策，保持生产效率。

2019 年，越秀地产、蓝凌、阿里云、钉钉四方联合启动专属钉钉共创项目——"悦工作"平台（见图 5-11），构建房地产行业大型国企数字化办公样板，实现了办公体验极致流畅、数据安全全面加强、企业内部高效协同，并赋予了平台内外互联、软硬互联的能力。截至 2020 年，平台实现全企业覆盖，激活率达 99% 以上，日活跃用户数（Daily Active User，DAU）超过 1.5 万，集成移动应用 80 多个。"悦工作"平台全年发起视频会议超过 2.7 万场，累计参会时长超过 11 万个小时，总参会人次超过 7.2 万；全年发起培训直播超过 2 300 场，累计直播时长超过 2 200 小时，总观看人次超过 13.5 万。此外，越秀地产通过"悦工作"平台开展公益运动捐步、云种树、绿色办公节能减排等活动，践行"快乐工作、健康生活"理念，充分体现了越秀地产"承担社会责任、积极回馈社会"的理念。

建立"悦工作"平台之后，越秀地产的面貌焕然一新：员工不再只用笨重的计算机办公，手机也可实现部分办公功能；不再只用分散的应用，还将各个场景串联在一起，内外协作，专用秘书变成 AI 智能秘书，从以职能为动力变成以数据为动力，从"人主动找事"变成"事推送到人"。

来源：越秀地产

图 5-11 "悦工作"核心应用场景

"未来工作"战略着眼于建设越秀地产数字化战略规划中的十大平台之
一数字化办公平台（见图 5-12）。通过该战略，越秀地产打造全连接的数字
化办公平台——连接组织、连接业务、连接数据、连接资源、连接设备、连
接生态，最终实现组织在线、沟通在线和业务在线，定义工作新模式。

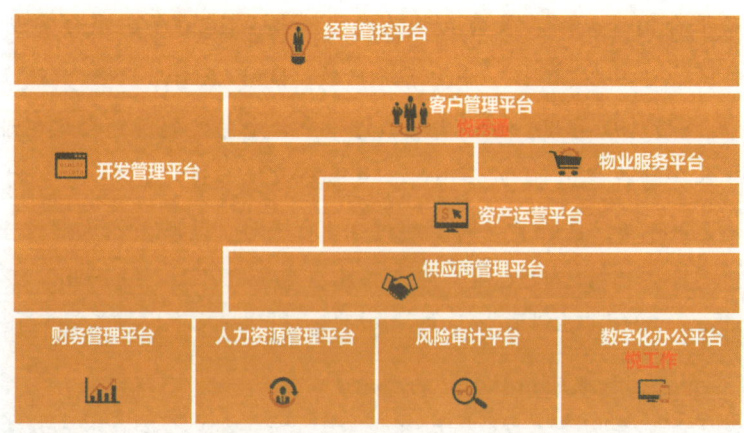

来源：越秀地产

图 5-12 越秀地产十大应用平台

通过开展"悦工作"共创项目，越秀地产打造了统一的数字化业务集中处理 App。该产品堪称企业内部现象级的办公软件，带来了全新的、极致的移动办公体验。项目成果体现为以下几个关键指标：全员激活率高达 99%，全员日活率达 77%，工作台日流量超过 2 万，集成应用 80 多个，用户满意度超过 80%。

5.4 核心命题与行动锦囊

数字化黄金圈之成功基础，主要包括敏捷组织、规模化人才和数字工作场所这三个维度的核心命题。企业可根据数字化黄金圈指数，回答相应举措的核心命题，并对标企业数字化的实践者或非凡者的特征和行动锦囊，以获得进一步提升其数字化成熟度的举措或建议。

构建敏捷组织与数字化治理

本落地举措的核心命题：企业的组织架构是否根据内外部环境的变化进行调整？如何调整？数字化治理是如何进行的？

企业数字化实践者通常具有的特征包括：根据内外部环境建立了集中式或混合式数字组织，可归属于业务部门、职能部门或卓越中心；数字化通常在独立部门中执行，但提供跨部门共享的功能和职能；在特定的业务部门或职能部门设置 CDO，激励他们快速决策、承担风险和进行试验；资金、人员配备等中央治理促进了数字化的发展，有相应的 KPI 来衡量数字化进展；非数字化的领导者也参与推动数字化变革；数字化与业务战略开始融合。

企业数字化非凡者通常具有的特征包括：组织架构、人员和资金等按需敏捷地流动或配置，组织形态向自组织、自适应发展，完全适应支持快速发展的环境；企业像数字化原生企业一样运行；数字化在整个企业的日常工作中已经根深蒂固、通过自上而下的激励措施（包括 KPI 和治理）层层推进；数字化领导者拥有充分的权力，在决策委员会中占有重要席位；"快速失败，马上改进"成为企业的新文化，并激励了团队绩效；数字化已经成为企业事实上的商业战略。

设计人才模型促规模化发展

本落地举措的核心命题：企业是否设置了关于数字化人才能力提升的清晰目标？其评估方法和规模化发展机制是什么？

企业数字化实践者通常具有的特征包括：重视数字化人才的培养，但目前主要还是通过外部招募、聘请外部顾问等方式来补充数字化人才；初步拥有一支以原有 IT 团队为基础的数字化人才队伍；正在制定或完善企业核心职能的数字化人才培养计划；企业级数字化人才培养机制和模型已纳入企业中期的专项计划。

企业数字化非凡者通常具有的特征包括：拥有符合自身发展需求的数字化人才队伍和数字化人才培养模型和机制，以及诊断和提高数字化人才知识和技能的工具与方法，并定期组织评估、调整或优化；在数字化人才培养方面持续投入，建立了相应的考核和激励机制，致力于将自身打造为数字化人才发展和自我成就的沃土。

创建全新高效数字工作场所

本落地举措的核心命题：企业对数字工作场所的重视程度、规划和实施情况如何？成效如何？

企业数字化实践者通常具有的特征包括：建立了安全高效的远程办公协同系统，工作效率得到显著的提升；构建人性化的数字化工作区，鼓励创新；正式的数字工作场所指导委员会已经到位，并制订了工作场所转型计划，正在总结试点项目实践经验；收集和分析与员工的活动和体验相关的数据，以设计新的工作旅程，为人和工作场所的数字化赋能；人才成为企业最重要的资产，企业帮助员工掌握新的数字技能。

企业数字化非凡者通常具有的特征包括：构建了随时随地互联的安全工作环境（包括实体的、虚拟的或两者融合的环境），工作效率及体验得到极大的提升，成为推动数字化变革的有力工具；行政领导者基于内部和外部业务环境的变化来推动数字化工作场所的持续发展；积极感知内外部环境的变化，在数字工作场所平衡记分卡的帮助下，指导委员会不断跟踪、审查和改进数字工作场所指标，确保工作场所能满足未来工作及未来员工不断提升的需求。

第6章

核心底座：利用好数据与技术的力量

利用好数据与技术的力量是企业数字化的核心底座。

企业要强化数据战略与治理，打造企业数字化的基座；把数字化放在核心业务运营的首位，通过数据及新兴技术在整个价值链和决策中的广泛应用，改善产品、服务、业务流程和用户体验，实现数据与技术价值的最大化；同时，还必须做好信息与网络安全及合规与风险控制。

本章主要围绕下面三个主题展开讨论：

- 强化数据战略与治理筑底座；
- 促进数字平台及新技术应用；
- 做好信息网络安全风控合规。

6.1 强化数据战略与治理筑底座

进入信息时代后，最重要的生产资料是用比特来描述的数字化信息，人类的生产活动正逐渐由物理世界转向比特世界，越来越多的生产环节需要在赛博空间中独立完成。数据对生产的贡献越来越突出，同时也显著提升了其他生产要素在生产中的利用效率，因此，数据已成为当今经济活动中不可或缺的生产资料。

数据作为生产要素参与生产，因此需要进行市场化配置，形成生产要素价格及其体系，而数据要素价格体系的建立又建立在数据所有制的基础上。因此，谁掌握数据资产，在一定程度上就可以影响整个体系的运行。

2020年4月，中共中央、国务院印发的《关于构建更加完善的要素市场化配置体制机制的意见》首次将数据列为新型生产要素，明确指出了市场化改革的内容和方向。生产要素主要包含土地、资本、技术、劳动力和数据，如图6-1所示。

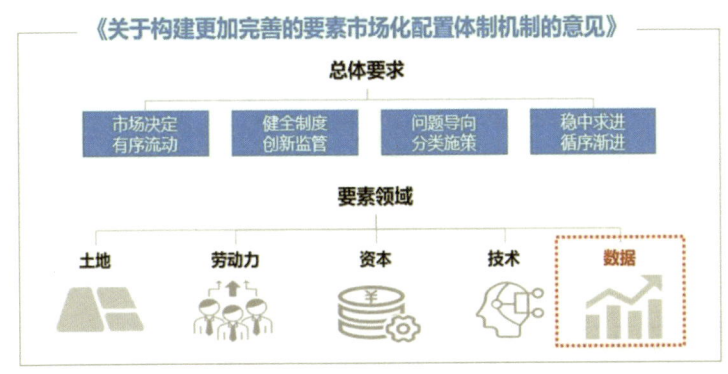

图 6-1　数据已成为市场化配置的新生产要素

数据作为新型生产要素，具有劳动工具和劳动对象的双重属性。首先，数据作为劳动对象，通过采集、加工、存储、流通和分析环节，具备了价值和使用价值；其次，当数据作为劳动工具时，将数据与其他资源进行融合应用，可以提高生产力。数据已经成为驱动经济社会和企业发展的关键新型生产要素和新引擎，并成为企业的重要资产。

数字化变革不断强化企业数据战略意识，推动构建数据驱动的管理体系、运营体系和决策模式，激发数据要素潜能和价值。实现数据价值，提升数据潜在价值向实际业务价值的转化率，制定数据战略是首要工作，而数据治理则是基础和保障。

国内外有不少数据治理和管理的方法论，如国际数据管理协会的数据治理知识体系、《银行业金融机构数据治理指引》（以下简称《指引》）等。

《指引》是银监会为了推动银行业金融机构充分利用数据资源、主动适应企业数字化变革的需求，于2018年发布的。

《指引》坚持主体性与主导性相结合、普遍性与特殊性相结合、统一性与广泛性相结合的原则，将"应通过数据治理有效实现数据价值"这一观点贯穿全文，引导银行在监督管理、数据治理架构、数字质量控制等方面迈向新的台阶。银行可搭建由数据治理到管理、应用的整体架构（见图6-2）：

- 数据治理体系框架根据治理、管理、应用分为三个层次。企业可以选择以实现数据应用为导向，梳理应用所需数据，开展专项数据治理，然后不断更新，一步步将数据治理推向体系化。新模式既满足监管对数据的要求，又实现了数据价值。

- 数据治理层由战略、组织、制度、流程、绩效构成，是数据治理体系框架的核心。

- 数据标准、数据质量、数据安全、数据共享及生命周期管理内具体执行内容构成数据管理层。

- 数据风控、数据应用、数据需求等构成数据应用层。

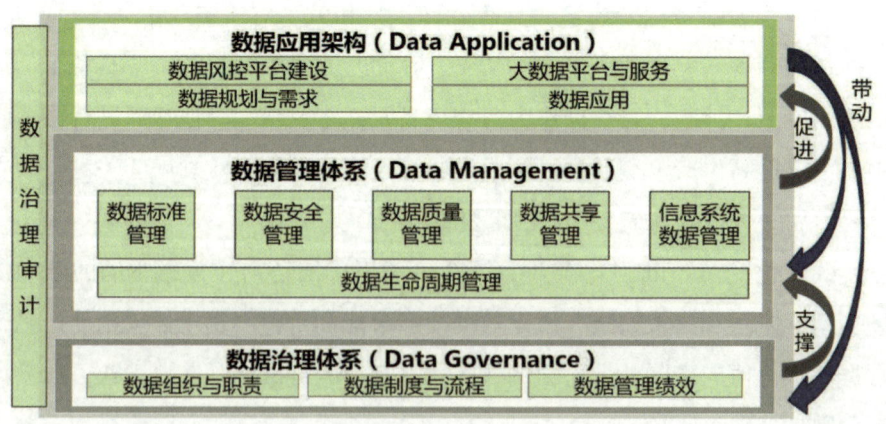

来源：德勤

图6-2　基于《指引》的数据治理体系架构

银监会要求银行业以《指引》为风向标，运用合适、高效的工具或手段推动建设数据治理体系，并使之趋于完善，持续提升数据管理能力和管理水平，最大化地挖掘并合理利用数据价值，为战略规划的制定、决策的制定、数据的研究提供保障，加强数据文化建设，让数据发挥最大价值。

案例研究 | **海尔的数据战略、治理与管理实践**

海尔集团整体规划

从"点"（应用）到"线"（系统）到"面"（生态），数据是贯穿全程的关键生产要素。

2019 年被海尔称为"IoT 引爆元年"，很多业务都在发生变化，从家电到网器，再到打造 IoT 生态，这给 IT 带来了很大的挑战。例如，打造 IoT 生态，就完全脱离了企业的边界，用户、员工、上下游的合作伙伴，甚至整个产业链条都是生态的一部分。这种变革使得越来越多的业务小微蓬勃发展，形成了"热带雨林"。海尔已经不是企业，而是平台，在平台上的每个人都是创业者，每个人都是开放的系统，这样一来就形成了生态。不管是 ERP 还是线性的流程管理模式，都很难支撑这种发展，这给业务和 IT 带来了很大的挑战和机遇。

海尔集团基于业务应用场景构建数据资产化管理模式

在集团层面，海尔是规则的制定者，只有提供土壤，才能长出更多的树木。例如，传统医用超低温冷柜在白色家电的维度下是零下几十度甚至几百度的特种冰箱，用于特殊行业；经过转型之后，疫苗网和血液网等 IoT 新物种出现，衍生出了更大的生态——海尔生物，最终成功登上科创板。海尔生物上市当天股价大涨 96%，市值达到近百亿元。在这种情况下，IT 如何支撑是很大的课题与挑战。集团要有一个非常清晰的版图，知道哪些已经生成，哪些还在孵化。数据一定是企业的核心资产，不是传统系统里面的计量单位或存储单元，而是原动力；让雨林和雨林之间产生更大效益的一定是中间数据价值的流通。一方面，出于企业经营管理的需求，需要对雨林的整体状态有一个非常清晰的衡量，通过数据来量化生态体系中每一个节点的价值，促使其更好地发展。另一方面，从企业未来发展的角度来说，数据肯定是未来的资产。因此，不管是从管理的角度还是从战略发展的角度来看，数据都是关键要素。

以数据资产化管理为基础目标，将大共享平台里的数据抽离，成立专门的数据平台部门

将数据抽离出来并建立数据平台有两个目的：一是形成合力，建立数据生态，将原来 IT 部门里面的大数据部门与集团及各领域运营分析、决策人员整合起来，从数据战略到数据决策与增值再到数据中台最后到数据治理，形成一个闭环；二是强化数据意识，融合业务分析与 IT 转型，更好地管理、运营数据资产，使其创造更大的价值。海尔把数据作为重要的资产，推动平台的剥离，部门成立到落地用时两个月，其间解决的核心问题是论证部门的战略方向、定位、战略路径及实践路径。

数据平台的战略定位和实践路径

数据平台的定位是成为 IoT 生态的驱动引擎。海尔正在打造 IoT 生态品牌，涌现出了很多平台和新物种，如智慧家庭、智能制造、衣联网、食联网等。海尔希望数据平台成为 IoT 生态的驱动引擎，其具体实践主要从以下四个方面入手。

（1）**数据服务战略**。这是人单合一、驱动落地的数字化的体现。以员工、小微为索引，形成链群体系。链群相当于小微围绕用户价值聚合成的合伙团队，是企业中的作战单元。以人为索引、以小微为索引、以链群为索引，即可看到企业的全貌，形成通过财务指标、经营指标和战略指标看到机会在哪里、问题在哪里的决策体系。例如，衣联网是一个链群，它的战略方向是从传统洗衣机变成用户情感的网器，再变成以衣物的"洗、护、穿、搭、购"为核心的生态。围绕这个战略，大到市场验证，小到链群中每个人的价值贡献都被衡量出来，大家互相驱动，消除短板，提升长板。因此，数据服务于战略，要用数字化的体系衡量员工。其实，数据服务战略最后要将人单合一的管理模式落地，形成一个可衡量的量化体系和一套信息化支撑的工具。

（2）**数据赋能业务**。为业务场景提供数据服务和产品，支撑业务快速发展。例如，云图把互联网的大数据和企业内部信息聚合、归集，再加入算法模型，最后形成面向地产、家电、物流等不同产业的行情我情分析。

（3）**创新实验室**。对 ABCDG[①] 各个领域进行研究，看集团在 ABCDG 上的战略应该是什么，形成体系。

（4）**集团的数据标准、数据规则**。海尔希望每个人都去创业创新，但处于一个有序的状态，"活而不乱"，各种资源形成合力。不管是原来的数字技术服务部还是现在的数据平台（包括大共享平台），其实都承担了这个使命。数据平台体现了海尔对 IT 的重视，对 IT 的要求非常高，不仅要懂技术，还要懂数据（数据规则、数据治理、数据呈现）、懂管理、懂业务（业务的经营状态，用什么指标来衡量）、懂战略（知道怎么把战略方向和业务结合起来，怎么衡量和度量）。链群合约是试点，通过区块链、大数据等技术衡量链群组织里每一个人的价值贡献，以此驱动大家抢一个更高的目标。为了这个目标，大家补足自己的弱项，分享最后的增值成果，相当于链群内部驱动的体现。现在，海尔实现了从集团层到领域（金控、地产等）到产业（冰箱、洗衣机、空调等）到链群（例如，冰箱有六大链群，包括星厨、统帅等）到节点（研发节点、制造节点、市场节点、营销节点等），每个节点根据市场容量抢订单，抢得越多，分享增值的比例就越高，围绕高目标形成了并联协同的倒逼体系。

要想从集团层面评价样板试点的效果，就要有很多数字化的指标，如前后的变化、目标达成情况、市场验证情况等；然后，根据每个节点的提升情况来衡量这个样板到底有没有效果，做得好不好，有没有可复制性。

---

① 即人工智能（AI）、区块链（Blockchain）、云计算（Cloud Computing）、大数据及大数据分析（Data & Data Analytics）和 5G。

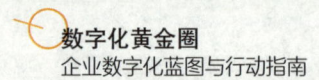

数据平台部门的考核

集团层面看重数据管理的结果和价值产出，数据平台部门制定自己的KPI。

首先，基于平台的战略目标及蓝图规划迭代路径，锁定关键任务，从小的试点切入先做起来，定期向集团汇报进展。

其次，设定衡量的标准，如数据增值的价值、迭代的速度、数据资产的覆盖度等。下属团队都有非常清晰的指标，集团层面不太关注这些KPI，不急于设置指标来衡量效果，主要关注产出，如显差卡（海尔的一种管理工具，用于显示差距）的质量，能不能通过数据模型对每个行业、小微、链群进行全面诊断并发现一些决策点。

海尔注重团队能力的提升，当前目标是构建快速反应能力。例如，当一个新的定义出现时，对它进行快速分解，解构到各个业务板块，解构到数据体系，甚至追溯到人，并迅速在战略决策上体现出来。这不单单是数据团队的事情，各个IT系统、业务部门都要参与，大家共同来定义这个规则，构建这个快速响应的数据生态体系，最后才能在报表及数据分析上体现出来。

数据平台部门的组织架构和分工

海尔集团已经建立集团数据管理委员会，其职责是针对数据资产的管理和使用达成分域治理、共建共创共享的统一认识。数据平台团队主要有两个职能，一是业务洞察案例分析，二是财务经营分析，其目标是通过分析发现业务做得好的地方和可复制的模式，以及可能存在的问题和风险，最后将分析沉淀、固化成业务模型和数据模型。该团队也做数据产品和数据中台，其目标是建生态，让所有的数据都为我所用。

6.2　促进数字平台及新技术应用

在企业数据服务中起主导作用的是数字平台，收集数据、融合技术、赋能应用都离不开它。它可形成包括感知响应、智慧运营、开放互联、洞察认知、敏捷创新和持续交付共六大平台级核心共享能力群组成的数字平台（见图6-3）。

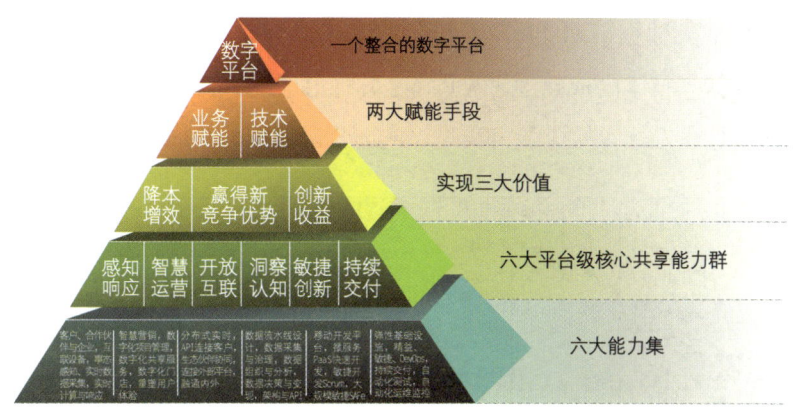

图6-3　数字平台框架

通过业务平台化和技术能力赋能两大手段，赋能企业经营模式转型升级、赋能业务经营能力及效率提升、赋能对新技术的整合利用，确保企业在数字化时代实现降本增效、创新收益、赢得新竞争优势这三大价值，把握市场先机，迈向未来。

数字平台通常包括以下六大中心。

- 感知物联中心：数字化能力的连接和感知平台，可充分利用互联设备，实时感知变化和自主行动。

- 智慧运营中心：数字化能力的生产和输出平台，可支持重塑用户体验，并赋能员工和合作伙伴。

- 生态塑造中心：数字化能力的API开放平台，可对内整合各后台系统能力，对外链接各平台。

- 数据智能中心：数字化运营的信息平台，可整合复杂的内外部数据，开展无所不在的数据分析、洞察、决策、执行和创新。

- 能力创新中心：数字化能力的敏捷创新平台，可支持面向用户的数字化创新，实现快速响应和敏捷实现。

- 持续交付中心：数字化能力的持续交付平台，可保障全接触点应用能力的持续改进，打造创新加速器。

云计算、大数据、AI、IoT等新兴技术正成为企业数字化的核心引擎。企业可根据新兴技术的成熟度（见图6-4）、企业数字化发展路线图中的应用场景规划及行业先行者的探索实践等，遴选合适的技术并加以开发和应用。

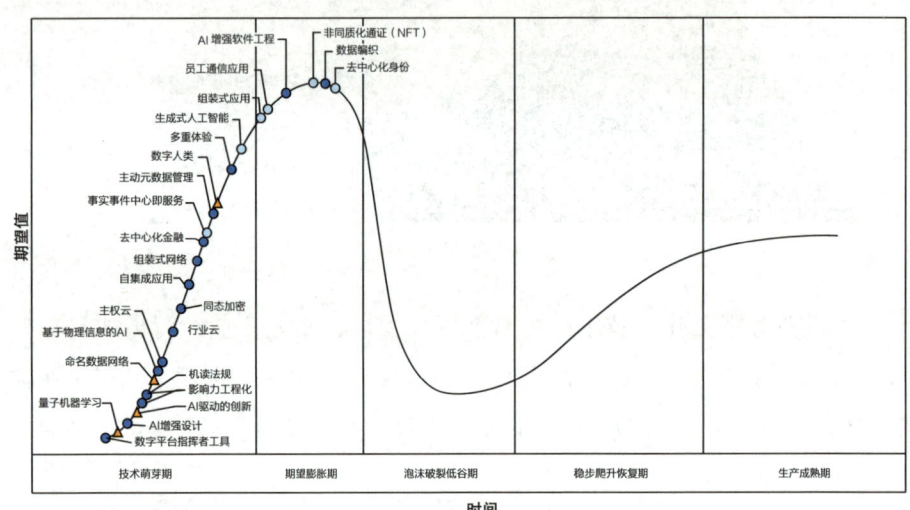

来源：高德纳，2021年8月

图6-4　2021年新兴技术成熟度曲线

2020年4月20日，国家发改委首次明确新型基础设施的范围，把区块链、5G、IoT、AI、云计算并列为新型信息基础设施，各行业纷纷开展新技术的应用和基础设施建设。例如，作为海通证券ABCDMIX[①]技术的重要一环，区块链金融平台被定位为重要基础平台，区块链即服务（Blockchain as a Service，BaaS）平台及存证应用也建设完成。再如，福州港加强5G基础

---

① A指人工智能，B指区块链，C指云计算，D指大数据，M指移动终端（Mobile），I指物联网（IoT），X指其他新技术。

设施投入，其创新的 5G 理货新模式改变了原来"一个人、一支笔、一张纸"的"站位盯箱"理货模式，实现了港区安全生产与安防监管模式的创新和变革。

案例研究 | **中油瑞飞企业智能平台**

中油瑞飞企业智能平台的总体架构包括三个层次——统一数据中台、统一技术底台、通用应用平台，如图 6-5 所示。

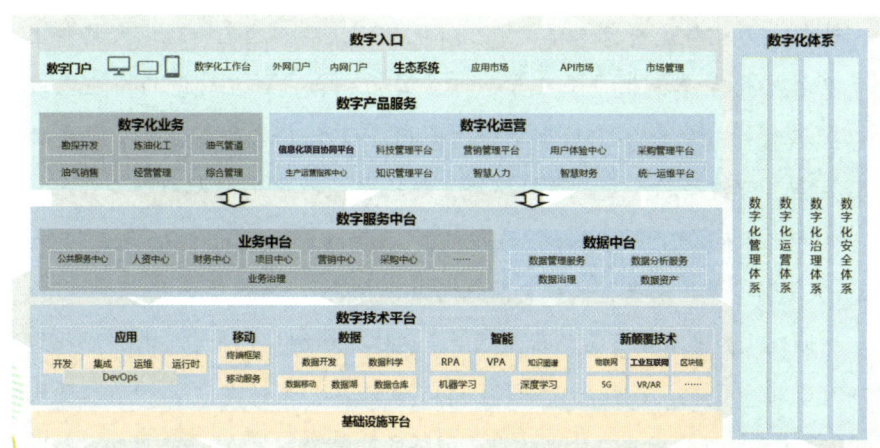

来源：中油瑞飞公司

图 6-5 中油瑞飞企业智能平台战略规划

统一数据中台整合上下游业务各统建系统库，消除数据孤岛，实现公司全域业务数据的逻辑统一、互联互通，满足业务和管理共享的需求。

统一技术底台基于平台即服务（Platform as a Service，PaaS）云架构，构建开放的、标准的、可扩展的统一技术平台，支撑应用建设由传统烟囱式模式转向平台化模式，并为开发全业务链应用提供统一的入口。

通用应用平台以统一数据库、统一技术为支撑，面向公司运营及客户价值交付提供共性、基础、通用的业务功能，汇集 AI、IoT 功能组件，深化 AI 应用场景，推进平台朝自动化和智能化的方向发展。企业智能平台实现了公司统一运营指挥、统一研发、统一交付、统一运维及人力和财务能力的共享，通过 AR 和 5G 等技术的应用实现了现场交付人员和后端能力中心专家的实时协同。

中油瑞飞企业智能平台的行动路线图是"建平台—塑能力—运营与服务—价值创造"。

中油瑞飞企业智能平台的具体实施方法是：搭建以智能和云为内核的数字化原生平台，这一平台具有软件即服务（Software as a Service，SaaS）、PaaS、数据即服务（Data as a Service，Daas）等能力，是各种能力的聚合平台，这些能力被智能与云连接成一个有机整体，从而为已出现的和将要出现的企业数字化变革提供一个可靠、可持续的平台。正在转型的企业应该搭建以数据为核心的数字化原生平台，为产业链上下游和企业生态圈提供开放、共享、可持续的开发与运行环境，解决企业的应用需求和业务需求。当前，数字化原生平台中的基础设施即服务（Infrastructure as a Service，IaaS）、PaaS 部分已建成，未来将建成更高级的聚合 SaaS、DaaS 等的平台。

中油瑞飞企业智能平台的价值收益：通过搭建智能化平台，推进企业组织从项目制转向平台化；利用新一代技术（云计算、大数据、AI、VR、区块链等），通过大数据分析业务历史数据，洞察发展趋势，用 AI 和机器学习辅助决策，洞察数字经济新商机，把资源调配到核心业务中，大力促进业务增长。

案例研究 | **数字京博的中台战略**

平台赋能是数字化变革中最重要的环节，也是打造和提高数字化能力的核心所在。中国 500 强企业之一山东京博控股集团有限公司（以下简称"京博"）构建的"数字京博"的平台设计是以石化、农化等流程行业特定背景为基础，以 2B 企业模式为依据的（见图 6-6）。

来源：京博集团

图 6-6　数字化行动——平台赋能

顶层设计

最上层是涵盖战略层、经营管理层、执行层这三个层面的数字化企业经营管理决策平台。中部模块主要包括支撑敏态业务的"四中台"——营销中台、运营中台、生产中台和门户中台，以及稳态业务的财务职能层。每个中台都有自身的数据中台相随，主要用于支持并服务对应的业务中台及汇集结果数据。数据中台与企业大数据湖（大数据平台、数仓和数据湖）相通，数据湖为企业数据的核心区域，可实现各业务模块的数据可视化和数据型业务管理模式，并向最上层的企业经营管理决策平台提供数据支持。最下层是企业数字化基础资源和底层架构，这是支持全集团数字化运营管理的基础。数据湖、大数据平台和数仓等产品和技术的应用贯穿各大业务模块和底层信息系统架构，可实现各业务模块的数据互通与共享，基于各业务模块的数据管理和数据分析支持最上层的企业经营管理决策平台。企业可以利用肉眼能看到的数据进行分析，然后做出决策，提高汇报和决策效率，缩短生产经营决策和业

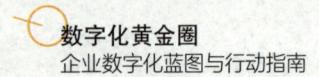

务汇报的时间，推动决策成功落地，使企业经营管理向精细化的方向发展。

营销中台模块

第一，满足对外营销的基础商务活动的需求，对外输出产品、服务和解决方案，贯穿全价值链生命周期协同过程；第二，产品服务升级，共创提升。客户需求、产品研发和生产实现协同，产品价值共创。全视觉掌握客户及客户的客户消费产品或服务的状况，以数据为基础发掘改善提升空间，促进产品或服务的升级换代。第三，支持生态协同。京博作为此生态的核心企业，有义务和责任促进生态伙伴（供应商、客户、相关伙伴单位）共生共荣，保证业务在营销生态层面的内部和外部协同，推动营销生态的构建及繁荣发展，实现多方共赢。

运营中台模块

这是企业的核心中台。京博将244个传统应用系统中的敏态业务抽离，纳入运营中台，整合所有的"三字经系统"（包括ERP、CRM、SRM等系统）。迁移原则是以业务创新需求为出发点，以业务价值链涉及资源为边界，在新中台重构业务逻辑，并同步建设中台基础共享、复用的能力组件。

生产中台模块

这是四个中台中唯一不能完全通用的中台，必须根据不同产业的特色来分别搭建，如化工流程工业、物流、农业、房地产、工程等。不同的产业需要符合自身特点的中台，所以生产中台架构理念同宗，但落地呈现不同。京博石化是国内石化行业率先建立工业互联网平台的企业之一，自动化率超过95%，智能化模块以每年百个的速度增加，成了名副其实的行业标杆。

门户中台模块

最新构建的亮点中台是门户中台，它是企业所有非生产性应用的统一平台。目前，京博一共有244个应用系统，大多数都是非生产经营类系统，主要满足管理或小部门级需求。门户中台的作用主要有四个：一是支持办公自动化（Office Automation，OA）和办公协同；二是支持流程自动化；三是实现企业门户协同，包含移动门户的打通；四是作为非生产性应用开发中台。

6.3 做好信息网络安全风控合规

在数字经济时代，信息与网络安全、合规与风险管控等已经不只是一种基础能力，更是数字经济及企业发展升级的基础、保障和前提。

安全是所有 0 前面的 1，没有了 1，所有的 0 都失去了意义。企业必须加强网络安全建设的统筹规划和顶层设计，不断完善网络安全防护体系，提升技术防护水平，增强安全保障能力；遵守各国家和地方政府的监管要求，了解相关的要求和约束，护航企业数字化变革升级和高质量发展。

随着安全攻击技术的发展演变，企业遭受的攻击也在快速增加，每年面临的新增恶意软件上亿个，攻击无时不在；同时，攻击的领域也在不断拓展，从系统平台到应用服务，从网络到数据，从 IT 到 OT[①]，攻击无处不在。面对这种严峻的情况，企业必须充分借助新兴技术的力量来应对安全威胁，这些新兴技术包括安全大数据、实时感知与分析、AI、机器学习、云计算和自动化技术等。

因此，企业只是停留在购买外部的安全产品和服务这个层次是不够的。如何在实际的企业环境中，通过合理的部署和集成，真实地获得相应的安全防护能力？这非常考验企业安全管理和领导者的能力。

案例研究 | **安克创新依托业权一体化构筑企业数字化转型安全底座**

安克创新（以下简称"安克"）是国内营收规模最大的全球化消费电子企业之一，其通过数字技术与传统电子产品制造业务的融合，不断提升数字化产品研发设计、组织管理能力，实现从传统电子产品制造向智能制造的转型升级。

---

① Operational Technology 的缩写词，意为运营技术。

随着业务的快速发展，安克已经构建了能支撑大供应链业务的信息化体系，已建成业务系统群和统一门户，但也面临一些难题，例如，现有技术与业务深度融合难，现有系统未实现互联互通，存在数据孤岛，难以保障数据安全访问等。为了解决用户身份数据孤立分散的问题，提升数据访问与共享的安全性，安克结合高德纳的分析报告提到的身份优先安全机制，将身份置于安全设计的中心位置，致力于实现"任何用户都可以随时随地访问"的身份即新安全边界目标，以身份管理与访问控制技术为核心，构建智能鉴权中心，将企业邮箱、钉钉办公、OA 工作台、虚拟局域网及业务系统群纳入统一身份管理、统一身份认证、自动（自助）授权体系，构建集不同人员、应用、流程、数据、设备等数字资产一体化的数字生态共享系统，保障公司信息资产安全访问。

针对公司现状和面临的难题，安克基于业权一体化的思想，以竹云权限中台产品（见图 6-7）为基础设计了智能鉴权中心，实现了从"人找权限"到"权限找人"的转变。智能鉴权中心打通数十个应用系统的权限管理，从企业管理、业务发展、快速研发和便捷运维四个方面的需求出发，为员工在入职、转岗、调岗、离职过程中，提供权限查询、申请、授予、回收、合规审计、统计分析、安全管控等多个方面的能力，同时构建能力化、标准化、自动化、可视化、模式化、平台化权限治理体系，实现底层网络安全和上层应用安全的关联和融合，底层网络安全及风险管控策略根据上层商业应用的价值进行自动化变更和控制。安克依托智能鉴权中心，为零信任的动态鉴权提供了有力保障。

安克应用智能鉴权中心后，授权方式从原来的人工沟通、口头申请转变为自助查询、自助申请，流程效率提升了 50% 以上。所有的授权历史均有记录，为安全管理提供了强有力的抓手。

当前，用户、设备、应用、数据及服务的体量急剧扩大，组织面临日益严峻的信息泄露威胁。纵观众多数据泄露事件，因用户访问权限设置不当、内部人员利用已有权限而泄露数据的比例持续上升。权限治理是诸多信息安全技术实现的基石，无论是数据的分级分类管控还是零信任机制的落地，其

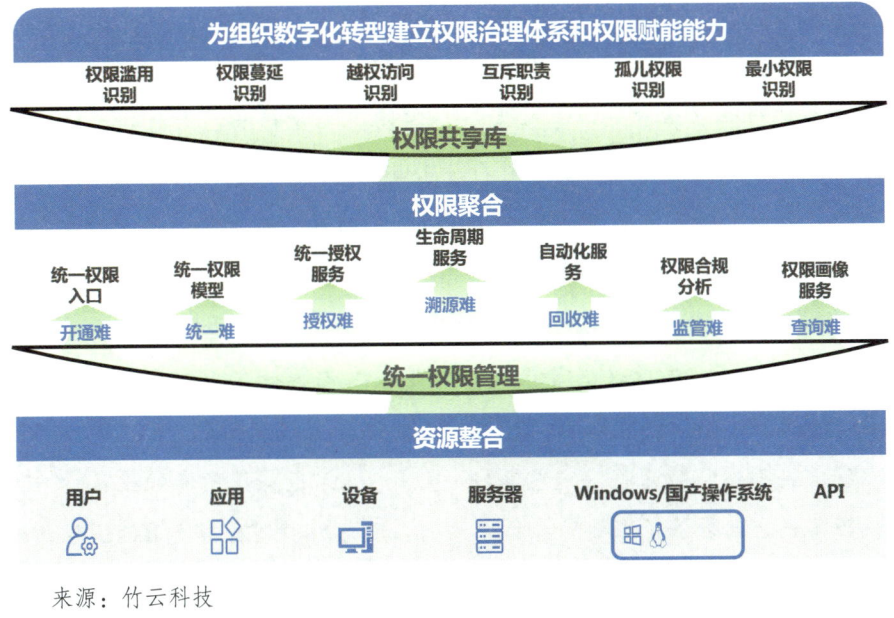

来源：竹云科技

图 6-7　权限中台

基础均是对身份的梳理、认证、识别、授权。智能鉴权中心聚焦于权限的全生命周期管理，统一赋权、统一变更、统一收回、统一审计。在安全性上，权限生命周期过程留痕可追溯，让权限管理成为一个可管控的闭环。在业务提升上，智能鉴权中心打通业务到权限管理的"最后一公里"，减少权限工作产生的时间成本，大幅提升了工作效率。

案例研究 ┃ 康明斯网络安全新挑战与管理实践

　　康明斯中国正在进行全价值链的数字化变革，从产品、客户到供应链、制造和服务等业务，都在向数字化、移动化、互联化、智能化的方向演进。与此同时，在传统的信息安全之外，又出现了更大的安全挑战——数据安全，主要场景如下。

（1）产品设计由过去的文字、平面图向 3D 形式转换，包含的产品信息和价值要比过去多很多，一旦泄露，结果将是灾难性的。沟通的手段越来越丰富，在移动化、社交化驱动的沟通环境中，如何才能更好地保护好产品数据，实现可预防、可监测、可追溯？除了严格的管理流程和传统的安全手段，如身份、账号、权限、邮件检测，还要有更强力的技术措施。

（2）智能制造。智能制造的核心是工业 IoT。传统的信息系统处理的是业务流程数据，虽然数据量很大，但是基本都运行在几大系统上，包括 ERP、MES、SCM、供应链管理（Supply Chain Management，SCM）、CRM等系统。安全体系只需关注这些系统。然而，IoT 连接了所有的设备，一方面，设备产生的数据是海量的；另一方面，设备的类型及其使用的通信协议也非常多，不少设备的系统非常老旧。这些在传统信息系统之外的联网设备和数据对 IT 安全提出了更大的挑战：如何保证每个连接设备都是可靠的？怎么保证每个设备都是安全无漏洞的？怎么避免海量的设备数据及设备网络给业务系统带来安全冲击？如何防止设备被远程攻击控制？这些新的安全挑战给康明斯在网络架构、终端管理、安全体系和技术等方面带来了新的课题。

（3）车联网。康明斯属于汽车行业，近年来在联网化和智能化的大潮中奋力前行。发动机都具备联网能力，支持远程系统更新及远程诊断。发动机和汽车的联网化使 IT 范畴的信息安全和数据安全会直接影响用户的驾乘安全，这要求 IT 范畴的安全架构和技术必须与工业层面的安全架构和技术融合。

（4）云。云凭借其大规模算力、高定制化、高扩展性及部署快速等特点成为 IT 的发展趋势。越来越多的公司开始部署公有云或混合云。康明斯大数据平台 Data Lake 建立在微软的 Azure 云平台上。然而，云方案的部署让业务数据在物理层面不再受到内网的管控。怎么保证企业在云环境下依然可以对自己的业务数据进行完全的安全管控，以及如何设计云和边缘的系统安全架构，也是需要持续关注的议题。

面对以上四个场景中的全新挑战，康明斯采取的网络安全举措如下。

（1）将网络安全列为工业 4.0 体系框架的一个重要领域，成立专门团队，重新规划建设包括工业 IoT 在内的新一代网络架构；同时，对工厂内所有设备做全面排查，该升级的升级，该隔离的隔离，确保入网设备安全可靠。这项工作已被列为康明斯每个工厂总经理督管的优先工作之一。

（2）在应用层面，康明斯对国内所有的应用系统进行合规排查，并按紧要程度进行安全等级保护认证。

（3）在数据层面，康明斯与微软合作，加强数据湖的安全架构设计，确保数据访问和使用的安全。

6.4　核心命题与行动锦囊

数字化黄金圈之核心底座，主要包括数据战略与治理、数字平台及新技术应用和信息网络安全这三个维度的核心命题。企业可根据数字化黄金圈指数，回答相应举措的核心命题，并对标企业数字化的实践者或非凡者的特征和行动锦囊，以获得进一步提升其数字化成熟度的举措或建议。

强化数据战略与治理筑底座

本落地举措的核心命题：企业如何制定数据战略并确保治理机制的有效运行？

企业数字化实践者通常具有的特征包括：企业任命了首席数据官，数据战略是最高管理层议程的一部分；开发了数据价值图（即用例的结构化集合），并构建了全面的实施路线图；开始开发一个结构化的概念验证管道，并确保相关数据基础设施及人力资源投入到位；首席数据官领导一个包括数据平台和数据架构设计的功能完备的数据机构，并组织实施结构化的数据治理方法，制定了数据治理章程，包括政策和工具；数据质量已显著提高。

企业数字化非凡者通常具有的特征包括：数据是企业重要的资产和生命线；一些数据应用和数据驱动的商业模式已经产业化；数据价值的实现正在整个企业普及，数据价值贡献得到定期衡量；企业在数据项目上持续投入；所有关键的数据和分析治理角色均已就绪且功能完备；在涵盖了整个企业核心业务的运营模型中，所有数据域都已定义；企业级数据治理流程纳入了数据和分析的领导力。

促进数字平台及新技术应用

本落地举措的核心命题：企业是否拥有一个高效的数字平台？如何利用 AI、IoT 等数字技术促进商业价值的实现？

企业数字化实践者通常具有的特征包括：初步拥有了主要基于 API 生态系统或批处理解决方案的云资源企业级平台；充分利用可视化技术和地理空间分析，预测分析已经成为大多数运营和战略决策的关键输入；主数据管理问题正在企业层面得到充分解决；数据湖的构建提供了新的分析可能性；定义了主要的 AI 场景用例，并进行优先级排序，通过灯塔项目探索价值实现，并明确各方职责以推动探索和试验；AI 已经在价值链的某些部分成为决策和创造新价值的关键；IoT 已经部署在企业的关键场景用例中，并在改善运营或实现新的业务模式方面带来价值。

企业数字化非凡者通常具有的特征包括：全面优化的批处理和简化的大数据基础架构基于主要源自 API 生态系统或云资源的一流平台技术；一个或多个数据湖已完全正常运行并投入生产，支持实时高级分析，并成为创造新的商业模式的关键推动力；企业级的数据分析战略就绪；AI 已成功应用于核心产品、服务和流程，成为企业决策的关键引擎，助力提升企业竞争优势；AI 在整个价值链中得到推广，并形成了新的商业模式；支持 IoT 的高级业务模型能力已经具备，如数据编排、新服务或平台能力；IoT 是当前和未来跨业务组织和价值链商业模式设计的关键考量因素；企业正通过积极的伙伴关系参与 IoT 生态系统的构建和运营。

做好信息网络安全风控合规

本落地举措的核心命题：企业的信息与网络安全及合规与风险管控的治理、战略、架构和实施的情况如何？

企业数字化实践者通常具有的特征包括：有首席信息安全官领导的网络安全计划，包括正式的网络安全治理、战略和架构，并以业务资产、数据资产和风险管控为中心，予以优先考虑；安全是高级行政领导层的优先事项，他们负责在整个企业中推行安全文化；安全计划的实施是深入的，包括技术、流程和人员等方面；所有的数字化举措从一开始就考虑了网络安全和风控合规。

企业数字化非凡者通常具有的特征包括：网络安全及风控合规计划涵盖了经营、管理、产品、服务等所有的领域，价值链包括企业、供应商、分销商、客户等所有的部分；建立了广泛的网络情报能力，不间断地通过搜索"暗网"等方式积极寻找企业资产的潜在威胁，研究新的安全分析技术，部署攻击性技术，利用红客联盟等机构识别企业系统中的漏洞。

第 7 章

使能武器：实用的数字化管理实践与工具箱

企业数字化使能武器，就是帮助企业实现数字化赋能、数字化优化、数字化转型和数字化颠覆的数字化变革目标的合作伙伴、管理实践和变革技术工具集。

数字化是一项复杂的系统工程，也是长期的、艰巨的变革，仅依靠企业自身之力是不可能完成的，成功的企业数字化变革需要合作伙伴的同心协力。如何根据企业数字化变革的具体需求，遴选、使用好少数真正适合的、实用的管理实践和变革技术工具，是使能武器发挥作用的关键。借鉴演进的管理实践、方法及企业数字化典范的探索、实践和模式，是促进企业数字化管理体系和变革能力提升的制胜武器。

本章主要围绕下面三个主题展开讨论：

- 选择适合的合作伙伴及模式；
- 借鉴演进的管理实践和典范；
- 选用实用的变革技术与工具。

7.1 选择合适的合作伙伴及模式

AI、大数据、区块链、IoT 等技术的出现使企业不得不求变创新，鉴于现实应用场景与业务的需求，数字化变革已经不是一家企业甚至一个行业可以独自完成的挑战，选择适合的合作伙伴及合作模式是应对这一挑战的关键。

选择合适的合作伙伴并不是一件容易的事情。在现实中，企业的决策者会发现，擅长做战略的合作伙伴往往不具备执行能力，而执行能力强的伙伴又缺少战略层面的洞察力和优势；能提供成熟产品的服务商往往较难做好基于企业特点的个性化定制，而擅长量身定制方案的服务商又提供不了稳定的、开箱即用的产品或产品组合。

在合作伙伴的帮助下增强企业的数字化能力，实现数字化变革，必须做到两点。首先，清晰地定义什么能力应该自建，什么能力需要外包或合作，外包合作的策略是什么，如何才能一步一步地构建或增强自身的核心数字化能力。其次，数字化变革进程会受到外部合作伙伴的深刻影响，只有选择合适的合作伙伴，才能推动数字化变革的进程。

企业在遴选各类领先的数字化合作伙伴时，要根据核心能力互补的原则进行组合定位，并建立有效的合作和管理机制，根据情况的变化，对不同的合作关系进行再平衡和优先排序。如何遴选行业领先的生态系统战略合作伙伴并互补能力、共享资源、动态管理、共创新型商业能力，是数字化变革的重点和难点。

选择合适的合作伙伴，不仅要确保它们拥有企业需要的能力，而且它们的方法可以增强企业的敏捷性和差异性，提高企业的运行效率。企业可以从图 7-1 所示的四大维度进行考量。

未来视野：要有良好的前瞻性，能看清楚市场未来的发展方向，站在科技前沿，紧跟科技发展的步伐。

行业经验：只有在企业所处行业积累了一定的经验，才能帮助企业快速找到合适的解决方案。

技术实力：有可证实的专业技术架构及研发能力。

创新能力：只有不断地进行创新探索、实践和积累，才能帮助企业在数字化变革中立于不败之地。

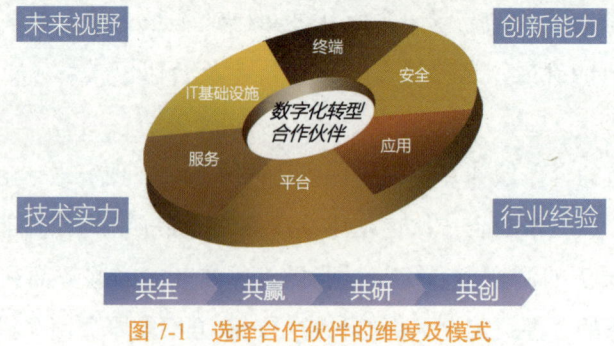

图 7-1　选择合作伙伴的维度及模式

　　企业要通过构建共生、共赢、共研和共创等不同层级的合作模式，创新合作伙伴关系，获得脱颖而出或创造新价值的能力，实现商业价值最大化，加速企业的数字化变革。

　　（1）共生：直接通过技术产品或服务厂商、渠道商（代理商、分销商、系统集成商或城市运营商）购买标准产品或服务，完成产品或服务交付，实现企业与伙伴的共生。

　　（2）共赢：通过与厂商或第三方合作伙伴，开展基于风险的合作或数据共享，实现共赢。例如，伙伴在交付产品或服务时，基于产出结果与绩效收益参与分成，实现与伙伴的风险共担和共赢；厂商根据企业的需求及架构要求等进行二次开发或联合开发；咨询公司以"咨询方案＋陪跑落地"的形式对接方案提供商及客户；流量入口或客户交流平台为企业提供流量入口置换等。

　　（3）共研：利用企业对业务的理解，从应用场景出发，结合合作伙伴在新兴技术上的优势，寻找合作契机，并通过联合研发或设立联合实验室等方式，在场景落地、算法模型、应用系统等方面共研、共建、共享，全面展开更深度的交融合作，跨越行业和技术之间的裂谷，实现行业产品、服务、用户体验的开发创新，加速产业优化升级。例如，截至 2020 年，碧桂园已经与行业最具创新能力的合作伙伴成立了 11 个科技创新联合实验室，包括 AI 人机对话联合实验室、AI 数字员工联合实验室、区块链金融联盟、凤凰云创新营销联合实验室、"RPA①+AI"实验室、NLP 与搜索引擎联合实验室、智慧营销联合实验室、AI 人居环境联合实验室、智能语音联合实验室、视觉识别联合实验室和创新示范基地等，与众多优秀的创新型专业厂商合作，实现了共研、共建、共享、共赢。

（4）共创：针对数字化变革旅程中的一些中长期技术趋势及潜在的颠覆级应用，企业可通过加入技术创新联盟或投资前瞻性高技术初创企业等方式实现跨界共创，探索未知世界。例如，微软亚洲研究院于 2017 年成立创新汇，结合了微软领先的 AI 科研成果与成员企业丰富的行业经验，让科研与商业相互促进、相互启发，多方携手发掘科学研究、技术创新、机构业务与行业发展之间的契合点，共同把握真正的数字化变革带来的新机遇。再如，六大国有银行通过共同投资入股第四范式（一家行业领先的 AI 技术与服务提供商），深入底层系统共建 AI 应用体系，以持久化、自主化为 AI 应用目标，从以流程为主的规则系统升级为以高维机器学习模型为主的实时智能决策系统，在从信息化转向智慧化的同时深耕 AI 基础研究领域，探索前沿技术发展及技术产业落地。

案例研究 | **三种合作伙伴模式支撑京博中台战略落地**

前文介绍了数字京博的中台战略案例，在这个案例背后有一个重要的合作伙伴资源池作为支撑，京博采用了三种不同的合作模式，灵活地支撑了京博中台战略的落地。

第一种合作模式：IT 服务提供商本身有成熟的产品和技术，这是最简单的。京博与其签订合同，支付相应的费用。例如，在营销中台搭建上，京博就采用这样的共生合作模式。

---

① Robotic Process Automation 的缩写词，意为机器人流程自动化。

第二种合作模式：京博与 IT 服务提供商有共同的目标和需求，但都没有相应的产品，于是双方签订共研合同，京博不需要支付任何费用，双方一起开发产品，共同享受最终的收益。例如，在生产中台的构建上，京博就采用这样的共研合作模式。

第三种合作模式：京博有需求，IT 服务提供商有能力做但没有同样的需求及目标，这时京博会与 IT 服务提供商建立一个资源池，付费使用其 IT 开发能力和服务。例如，在运营中台的构建上，京博就采用这样的共赢合作模式。

与不同的 IT 服务提供商形成不同的合作关系，进而形成一个合作生态，这已经成为数字京博建设的重要一环。这可以在很大程度上弥补京博数字化人才相对短缺的短板，也能让京博的数字战略更灵活和高效地落地。

7.2 借鉴演进的管理实践和典范

企业开展数字化建设要基于整体战略和需求，从适用性、系统性、实用性和发展性等角度出发，选择并灵活地应用或借鉴一组实用且不断演进的管理实践、方法和工具，评估、提炼和借鉴演进的实践模式，以创建先进的产品或服务、业务架构、管理模式或运营模型等；同时，了解标杆企业、标杆项目和标杆模式的技术路线、实践、模式和改造成果，对标一流，学习典范，推动企业持续提高管理能力、完善管理体系，推动企业走向世界，向国际一流企业看齐。

常见的 IT 管理实践包括但不限于软件成熟度模型、IT 服务管理、项目管理、企业架构、IT4IT 参考架构、设计思维、精益创业、敏捷开发、DevOps、客户和用户体验、持续交付等。每一种管理实践都有其特定的、适合的使用时间和场合，企业要根据自身需求遴选合适的管理实践工具组合并加以灵活应用，如图 7-2 所示。

	数字化赋能	数字化优化	数字化转型	数字化颠覆
创新类型	效率创新	增量式创新	适应性创新	颠覆性创新
Cynefin框架	简单的	繁杂的	混沌的	复杂的
商业创新闭环（BIC）	X	?	√	√
设计思维	X	?	√	√
精益创业	X	X	√	√
敏捷方法	X	√	√	?
服务管理	ITIL	ITSS	ITIL 4 / VeriSM	?
画布模型	X	?	√	√
PDCA	√	√	?	X
	聚焦于服务	聚焦于运营	聚焦于客户	聚焦于未来

图 7-2　实用的管理实践和变革工具箱示例

例如，雪松控股 IT 制度框架与管理实践如图 7-3 所示。从 2015 年开始，雪松控股在制定数字化相关制度和流程时参考和借鉴了 COBIT、PCMM、PMBOK、TOGAF、DoDAF、FEA、PRINCE2 等众多管理实践的最新版本，并融入自身的理解，以规范和引领雪松控股的整个 IT 组织。

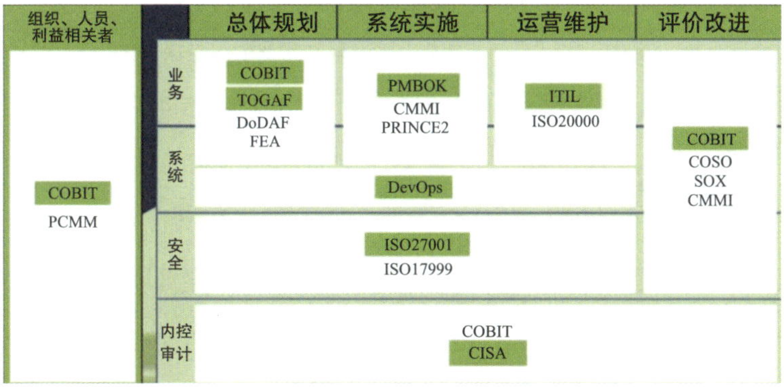

图 7-3　雪松控股 IT 制度框架与管理实践

自 20 世纪 90 年代起，标杆学习风靡全球企业界，哪家企业做得好，相关企业就把这家企业作为标杆，学习它的做法。国资发改革〔2020〕39 号文《关于开展对标世界一流管理提升行动的通知》提出，到 2022 年，国有重点企业的管理文化和理念更上一个台阶，管理制度与流程更成熟，管理基础更稳固，管理手段和方法更能解决实际问题，基本形成具有完善系统、运行高效、科学规范的中国特色现代国有企业管理体系，企业整体管理能力提高，一些国有企业管理水平达到或接近国际一流水平。

2021年7月，国资委办公厅发布《关于印发国有重点企业管理标杆创建行动标杆企业、标杆项目和标杆模式名单的通知》，要求所有国有企业树立"三个标杆"，发挥标杆的模范作用，由点及面，使国有企业更快向世界一流企业发展。

国资委同时公开了10个标杆模式，涉及数智赋能的模式有三个：中国东方航空集团的"盘、规、治、用"数据治理模式，将数据作为资产推动企业数字化变革；国家电网的集团化、专业化、标准化、数字化管理模式，将数据作为决策标准；中国华能集团的"五步三化"精智管理模式，注重智能管理与精益管理。

此外，在国资委公开的100个标杆项目中有28个涉及企业数字化、智能化业务变革与管理升级，如表7-1所示。

表7-1　数智赋能的标杆项目

实施主体	数智赋能的标杆项目
中国电子科技集团	10.复杂军工电子装备数字化可视化智能化全生命周期质量管理
中国海洋石油集团	17.销售侧管理数字化转型系统
国家石油天然气管网集团	18.中缅油气管道数字化恢复系统
国家电网	19.电网数字化转型升级
国家电网	20.国网电商"能源＋互联网"管理
中国大唐集团	25.基于流程机器人技术的电力企业数字化财务管理
中国华电集团	26.数字赋能的碳排放管理
中国电信集团	32.基于"六力模型"的智能客服管理
中国联合网络通信集团	34.智慧供应链管理
中国移动通信集团	35.数智化供应链管理
中国第一汽车集团	37.OTD流程全自动化管理系统
中国第一汽车集团	38.红旗数字化工厂建设与运营管理
中国一重集团	40.大连核电石化公司"225+"精益数字化管理
中国东方电气集团	41.大型发电设备核心部件数字化生产管理

（续表）

实施主体	数智赋能的标杆项目
中国远洋海运集团	45. 船舶智能制造管理
中国航空集团	46. 飞机资产数字化运营管理
中国旅游集团	58. 中旅酒店数字化转型
中国中煤能源集团	61. 煤矿智能化科技创新管理
中国电力建设集团	75. 基于"三链一平台"的数字化创新管理
中国检验认证集团	80. "数字中检"业务管理模型
天津市	83. 天津港集团股权全生命周期数字化管理系统
安徽省	88. 江汽集团基于两化融合管理体系的数字化转型
江西省	90. 新余钢铁集团信息化智能化系统
山东省	91. 中泰证券股份有限公司数字化转型与流程管理
河南省	92. 河南投资集团数字化智能化管理
广东省	93. 广汽集团数字化转型（G 计划）
重庆市	95. 重庆农村商业银行股份有限公司面向感知认知能力的银行数字化管理
四川省	97. 四川长虹电子控股集团以财务云为支撑的业务管理

我们通过研究发现，VUCA 时代是一个强调独特性的时代，"相同体"并不存在，只有唯一，才有第一。对有非凡抱负的企业来说，应该进行典范学习，而不能继续仅强调标杆学习或最佳实践学习了，因为未来的市场是瞬息万变的。

无论是遴选管理实践，还是选择可供学习的实践典范，企业都要根据每一个管理实践或实践典范的特征及其适合的领域，结合企业的能力差距和用户的需求（包括亟待解决的问题），再针对不同的产品和服务进行灵活配置，使用时还需要做必要的裁剪、调整和管理，以适应数字化时代的变化和需求。

国内外数字化相关的管理模式和实践数量很多，而且大多还在不断地演进。表 7-2 提供部分精选的 IT 管理实践的名称和简介，仅供参考。

表 7-2　精选的 IT 管理实践

序号	名称	简介
1	软件成熟度模型集成（Capability Maturity Model Integration，CMMI）	CMM 是它的源头，最早被应用到软件业的改进过程中，给无序的、处在初级阶段的软件过程找到了一条向成熟有序的软件过程发展的渠道，随着应用逐渐走向世界及 CMMI 的自我突破，它不再单一地被应用到软件业中，而是成为大多行业都可用的综合性过程改进模型
2	IT 服务管理（IT Service Management，ITSM）	一套帮助企业对 IT 系统的规划、研发、实施和运营进行有效管理的方法，一套方法论。ITSM 起源于 IT 基础架构标准库（IT Infrastructure Library，ITIL），这是英国国家计算机和电信局（CCTA）于 1980 年开发的一套标准库。它把英国在 IT 管理方面的方法归纳起来，变成规范，为企业的 IT 部门提供一套从计划、研发、实施到运维的标准方法
3	项目管理	在项目活动中运用专门的知识、技能、工具和方法，使项目能在资源有限的情况下或限定条件下，实现或超过设定的需求和期望的过程。项目管理是对成功地达成一系列目标的相关活动（如任务）的整体监测和管控，包括策划、进度计划和维护组成项目的活动的进展
4	企业架构（Enterprise Architecture）	针对企业信息管理系统中有体系的、普遍性的问题而提供的通用解决方案，更确切地说，就是基于业务导向和驱动的架构来理解、分析、设计、构建、集成、扩展、运行和管理信息系统。复杂系统集成的关键，是基于架构（或体系）的集成，而不是基于部件（或组件）的集成。有效的企业架构对企业的生存和成功具有决定性的作用，是企业通过 IT 获得竞争优势的不可缺少的手段
5	设计思维	一种以人为本的解决复杂问题的创新方法，它利用设计者的理解和方法，将技术可行性、商业策略与用户需求相匹配，从而转化为客户价值和市场机会
6	精益创业	硅谷流行的一种创业方法论，其核心思想是：先在市场中投入一个极简的原型产品，然后通过不断的学习和有价值的用户反馈，对产品进行快速迭代优化，以期适应市场。精益创业的三个主要工具是最小化可行产品、客户反馈和快速迭代

（续表）

序号	名称	简介
7	敏捷开发	以用户的需求进化为核心，采用迭代、循序渐进的方法进行软件开发。在敏捷开发中，软件项目在构建初期被切分成多个子项目，各个子项目的成果都经过测试，具备可视、可集成和可运行使用的特征。换言之，就是把一个大项目分为多个相互联系但也可独立运行的小项目并分别完成，在此过程中软件一直处于可使用状态
8	开发运营一体化（DevOps）	DevOps 是 Development 和 Operations 的组合，是一组过程、方法与系统的统称，用于促进开发（应用程序或软件工程）、技术运营和质量保障（QA）部门之间的沟通、协作与整合。它是一种重视软件开发人员（Dev）和 IT 运营技术人员（Ops）之间沟通合作的文化、实践或惯例；透过自动化软件交付和架构变更的流程，使得构建、测试、发布软件变得更加快捷、频繁和可靠
9	客户和用户体验（User Experience，UE/UX）	客户体验是消费者与组织及其产品或服务之间的所有定性和定量互动；用户体验是用户在使用产品过程中建立起来的一种纯主观感受。但是，对一个界定明确的用户群体来说，其用户体验的共性是能够经由设计良好的实验来认识到的。计算机技术和互联网的发展使技术创新形态正在发生转变，以用户为中心、以人为本越来越得到重视，用户体验也因此被称为创新 2.0 模式的精髓。ISO 9241-210 标准将用户体验定义为"人们对于正在使用或期望使用的产品、系统或者服务的认知、印象和回应"
10	持续交付（Continuous Delivery）	一种软件工程手法，让软件产品的产出过程在一个短周期内完成，以保证软件可以稳定、持续地保持在随时可以发布的状态。其目标在于让软件的构建、测试与发布变得更快以及更频繁。它可以降低软件开发成本、缩短开发时间、减少风险

案例研究 | **碧桂园利用 VeriSM 管理网络构建梧桐树平台**

碧桂园集团经过多年的信息化建设和发展，在资源、环境、新兴技术和管理实践上都构建了极为复杂的元素，但集团没有采用统一的管理方式对已有元素进行集中管理，这导致了 IT 能力的重复建设，集团无法做到能力共享和服务开放。

行业内一直没有很好的形式将管理网格内的资源、环境、新兴技术和管理实践进行线上化落地，为企业 IT 能力管理提供可视化视角。以平台形式落地 VeriSM 管理网络理念（见图 7-4），对企业内的资源、环境、新兴技术和管理实践进行汇聚是当前的创新型思路，也是企业未来的发展趋势，梧桐树平台也应运而生。

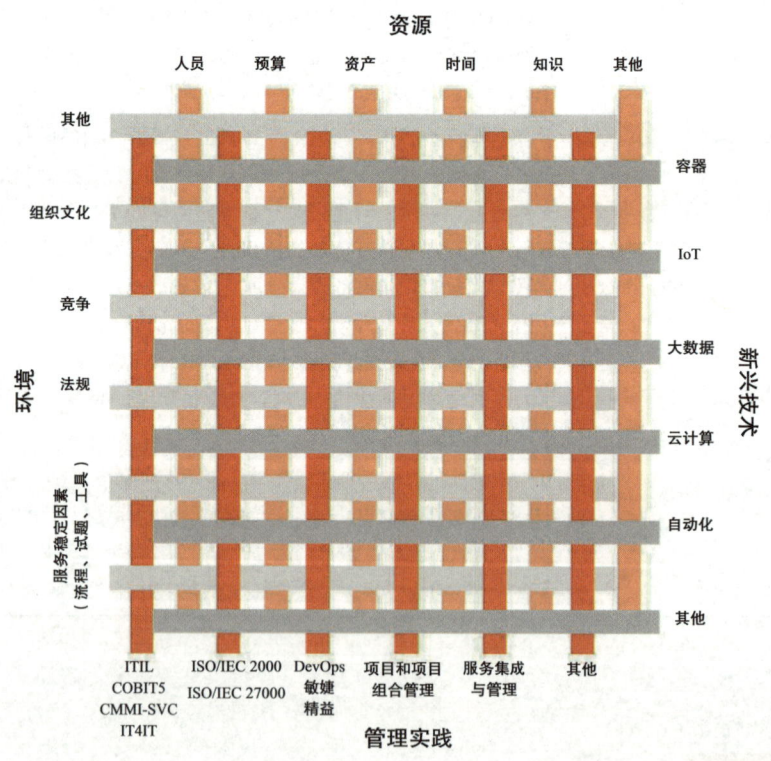

来源：《数字化转型与创新管理——VeriSM 导论》，克莱尔·阿格特（Claire Agutter）等

图 7-4　VeriSM 管理网络

作为一站式的数字化资源共享市场，梧桐树平台兼容并包地发展出自营、代运营及平台服务等多样化的运营方式。依托多维度的用户行为分析数据指标，平台可迅速对广告投放、商品选择或用户体验优化方案进行决策，通过数据驱动提升运营效率。

梧桐树平台整合企业的所有管理实践，将多种管理实践方式（如DevOps、敏捷、精益、ISO）在平台端进行呈现。管理网格内的每一个元素都在梧桐树平台上，每一个元素都能为服务提供者和消费者带来利益。每家企业都可以根据梧桐树平台上可用的资源、环境、新兴技术和管理实践建立自己的管理网格。

7.3　选用实用的变革技术与工具

实现企业数字化目标既需要顶层设计蓝图，也需要落地举措和行动指南。这要求企业掌握一系列的变革技术，以及一个可以帮助企业发现其在数字化赋能、数字化优化、数字化转型和数字化颠覆这四个不同的战略方向上所需的技术工具箱。

这些实用的变革技术与工具，主要包括但不限于管理实践中对需求、问题或变革机遇的探索、定义、设计和交付过程中可能需要的实用工具、方法、模板和示例等，如Cynefin框架、创新模式、商业创新闭环、用户研究、客户旅程图、利益相关者价值链、画布模型、头脑风暴和亲和图、未来/现状/瓶颈/想法、MVP、HMW分析法、故事板、推销方案、PDCA循环、沙盒机制、鸿沟模型、精益思维等。优选和灵巧地使用少数真正实用的工具和方法，对发挥这些使能武器的价值来说是至关重要的。

企业数字化变革技术与工具的数量很多，而且大多都在不断地演进。表7-3提供了部分精选的工具的名称和简介，仅供参考。

表 7-3　精选的企业数字化变革技术与工具

序号	名称	简介
1	Cynefin 框架	最早于 1999 年由学者戴维·斯诺登（Dave Snowden）在知识管理与企业战略中提出，该框架用于描述问题、环境与系统，说明什么环境适合使用什么解决方案，是一个辅助决策的概念框架
2	创新模式	通常包括颠覆式创新、持续创新、效率创新、增量式创新、适应性创新、差异化创新、组合创新等
3	商业创新闭环	一种可被初创企业或现有产品（服务）提供者用于快速启动产品（服务）创新的方法；一种为使用不同的工具和技术留出空间的方法，这些工具和技术最好与公司、产品（服务）保持一致，但定义了可测量的阶段关卡和时间线，以确保快速、有效地检验结果。该方法基于精益和敏捷思维的快速产品（服务）创新方法，需要承诺、条件和确认
4	用户研究	以用户为中心的设计流程的第一步。它是一种理解用户，将其目标、需求与自身商业宗旨相匹配的理想方法，能够帮助企业定义产品的目标用户群
5	客户旅程图	一种用于服务设计思维、用户体验设计和接触点管理的工具。它是一种图表，通过用户与服务交互的不同接触点来描述用户的旅程。它可以帮助员工将公司吸引、满足和留住客户的过程可视化
6	利益相关者价值链	用于了解供应商、商业伙伴、企业及其客户之间的动态和关系，以识别利益相关者的当前行为、合作潜力和潜在威胁。利益相关者价值链管理要基于利益相关者关系背景的构建，即信誉，价值创造决定价值捕获、共享。企业是利益相关者相互作用的集合体，企业只是实现各利益相关者目标的手段
7	画布模型	包括多种画布，如商业模式画布、运营模式画布、价值主张画布、产品画布等，可以帮助企业对比自身产品与现有的竞争产品。它有助于确保创新的合理性和成功的可能性。例如，商业画布是指一种能够帮助创业者催生创意、降低猜测、确保他们找对了目标用户、合理解决问题的工具
8	头脑风暴	又称智力激励法、自由思考法，由美国创造学家亚历克斯·奥斯本（Alex Osborn）于 1939 年首次提出、于 1953 年正式发表的一种激发创造性思维的方法
9	亲和图（Affinity Diagram）	把大量收集到的事实、意见或构思等语言资料，按其相互亲和性（相近性）归纳整理，使问题明确起来，求得统一认识和协调工作，以利于问题解决的一种方法

（续表）

序号	名称	简介
10	未来/现状/瓶颈/想法	忘掉现状和自己的角色职责，设计一个狂野的、美好的未来场景，发现从现状到未来美好目标的差距，理解达到未来美好目标所面临的瓶颈，寻求消除瓶颈的方案，从而获得实现这个目标的解决方案。企业可以使用该工具制定所讨论主题的美好愿景，充分了解实现美好愿景所需付出的努力，包括消除阻力和瓶颈的想法，最后获得实现美好愿景的整体解决方案
11	最小化可行产品（MVP）	这个概念有三个核心词——最小化、可行、产品，最开始的解释是指用最快的方式、最少的精力完成"开发—测量—认知"的反馈循环，MVP 并非用于回答产品设计和技术方面的问题，而是以验证基本的商业假设为目标。其作用是让你拿来接触客户，从很早就根据客户的回馈来改进产品
12	HMW 分析法	英文全称是 How Might We，即"我们可以如何"。其中，How 表示我们假设问题是可以解决的，只是我们尚不知道如何解决；Might 暗示现在讨论的想法不用太完美，指出大概有哪些方向即可，问题有无数的解法，我们可以有很宽广的创造空间；We 强调团队的重要性，不是仅靠单一成员的努力就可以解决问题，需要整个团队的力量才可以解决这个问题。HMW 分析法可以在一定时间内，以头脑风暴的方式最大范围地搜集关于产品的各种可能性，然后抽象地整理出这些想法背后隐藏的核心概念和产品需求，快速梳理出正确的产品设计方向
13	故事板（Storyboard）	一种可视化的沟通方法，将用户故事（User Stories）按照步骤画出来，然后排列在一起，以展示用户如何使用一款产品（如网站或App），它能在极短的时间内让产品团队完成从创意到原型的过程，并达成共识
14	推销方案	要将方案成功推出，你可能需要事先得到上级或同级的支持，或者寻求额外的资源。这个时候，你需要向人推销方案。你要有趣生动地介绍方案，让受众了解该方案的运作方式、潜在优点、技术及商业可行性等
15	PDCA 循环	将质量管理分为四个阶段，即 Plan（计划）、Do（执行）、Check（检查）和 Act（处理）。在质量管理活动中，把各项工作分为制订计划、实施计划、检查实施效果，然后将成功的纳入标准，不成功的留待下一循环去解决。这一工作方法是质量管理的基本方法，也是企业管理各项工作的一般规律

（续表）

序号	名称	简介
16	沙盒（Sandbox）机制	又称沙箱，源自计算机用语，特指虚拟技术，多用于计算机安全领域。在全球，英国率先将沙盒机制引入金融经管领域，允许从事金融创新的机构在确保消费者权益的前提下，按照金融行为监管局的特定简化程序，在适用范围内进行金融产品或服务创新的测试。金融科技新企业、新业态可以在沙盒中模拟经营，规则制定者在沙盘模拟过程中放宽规定，减少创新规则障碍，鼓励创新者积极探索，以实现风险控制和创新的双赢
17	鸿沟模型	由美国高科技营销专家杰弗里·摩尔（Geoffrey Moore）提出的模型，其主要内容是高科技企业的早期市场和主流市场之间存在着一个巨大的鸿沟，能否顺利跨越鸿沟并进入主流市场，最终成功赢得实用主义者的支持，决定了一项高科技产品的成败
18	精益思维	源于精益生产，提倡企业进行验证性学习，先向市场推出极简的原型产品，然后在不断的试验和学习中，以最小的成本和有效的方式验证产品是否符合用户需求，并迭代优化产品，灵活调整方向，其核心是降低成本

解锁数字化创新工坊：一个"生产"创新的工作模式

在数字化变革实践中，企业通常要根据项目计划的类型及需求，遴选多个管理实践和一组变革技术工具，并按需灵活地将其组合起来加以运用。

例如，我们提供企业内训和轻咨询服务时经常使用解锁数字化创新工坊（见图7-5），它包括一套国际上成熟的，由设计思维、精益创业和敏捷开发组成的三位一体的"生产"创新的工作模型、方法、流程和技术工具套件。本质上，它是以人为本的系统化解决复杂问题的创新过程。它强调始于观察、协作共创、整体观、视觉化思维、概念原型化与主动迭代，强于发现未被满足的客户需求和商机。它全面考虑了用户需求性、商业存续性和技术可能性三者之间的平衡，是一种开发真正有效的商业创新解决方案的系统方法，企业在实战中再结合数据分析方法，就能通过规模化创新实现业务增长的战略目标。

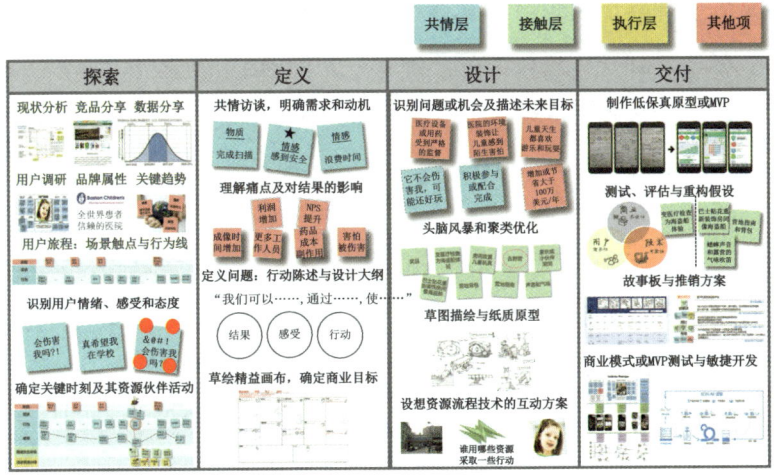

图 7-5　解锁数字化创新工坊

　　解锁数字化创新工坊以价值当先为目标，以"望、闻、问、切"为手段。启动工坊时，企业学员将结合企业真实案例场景分小组学习，全程演练两三个实际案例，通过游戏、观察、体验、混合式头脑风暴和创新纸牌桌游等，在轻松、开放、互动、自由的环境中完成精益创新理念的导入和创新实战特训。该工坊可以用于产品服务设计、用户体验提升、流程优化与重构、战略制定、商业模式创新及其他未知复杂商业问题的探索与解决，是每一个想要突破自我、做出创新的个体和企业都需要掌握的一套理念、方法和工具。

　　解锁数字化创新工坊以数字化黄金圈理论框架和方法为基础，可以帮助企业学员系统地理解、分析、洞察和解决企业数字化变革中的实际问题，为企业数字化创新指明成功之道。工坊特训可以为整个企业注入创新思维的基因，帮助企业实现数字化目标，最终服务于企业战略目标的实现。

案例研究 │ **中化集团制定战略的管理实践与技术工具**

　　20 世纪中期成立的中国中化集团有限公司（以下简称"中化集团"）是

国有骨干企业，受国务院国资委监管。2019 年，在董事长宁高宁的领导下，中化集团领导层针对"对标先进，创建一流"（Benchmark to learn），通过中化自己的创新工作坊进行研讨。根据集思广益形成的研讨成果，宁高宁提炼出了对标管理工具中最核心的两种——标杆管理八步法和战略十步法。

标杆管理八步法

标杆管理法影响了大多数世界 500 强企业。从 1979 年美国施乐公司开先河后，大部分公司都会把标杆管理法应用到实践中。例如，IBM、杜邦、福特、通用等公司都使用了该方法。

宁高宁董事长在中化集团"对标先进，创建一流"的项目中提出，除了要运用团队学习法，还要运用标杆管理法。中化集团参考了中海油和中粮的成功经验，并进一步发展出了标杆管理八步法：确定对标范围，选择标杆企业，设立对标项目，搜集对标项目信息，分析与标杆企业的差距，制定改进方案，实施改进行动，复盘和阶段性总结。

对标管理和典范学习的目的不仅仅是实现局部的改善，还要改变企业每一个流程、每一项制度。改革不能流于表面，而要深入底层，全面渗透至深水区，实现彻底变革。对处于新兴行业的企业或行业的龙头企业来说，行业内可能没有一个和自己当前状况一致的标杆企业，对标杆管理和典范学习看起来无从下手、没有方向。其实，从本质上看，对标管理和典范学习的关键在于学习，只要是优秀的企业、模式和项目实践，只要有领先的地方，都可以作为典范来学习，企业可以特别留意跨行业的对标对象或典范。

企业只有抱着不达目标不罢休的态度，才能忍受这一枯燥乏味的过程，才能从思维上、制度上、方法上做出彻底的改变，才能全面提升治理体系和管理能力。

战略十步法

此方法是企业战略制定后的管理实践，它将战略制定过程、战略实施过程、战略管理过程分割成一个个小步骤（见图 7-6）。该方法在中化集团、中粮集团和华润集团等得到成功应用。

		步骤	工具
战略制定	第一步	描述远景及企业使命	远景及使命结构图
	第二步	市场环境及竞争结构的分析	PEST分析、五力模型、外部因素评估矩阵
	第三步	竞争对手分析及情报系统的建立	竞争态势矩阵
	第四步	客户群细分及价值链分析	价值链、客户群复合定位矩阵、市场评估工具
	第五步	分析自我能力及目标的时段性	能力因素分析图、内部因素评价阵
	第六步	战略定位、战略规划及战略管理	SWOT分析、定量战略计划矩阵等
战略实施	第七步	与定位相吻合的其他战略及资源配置	品牌知觉图
	第八步	管理效率及管理工具的实施	平衡积分卡、六西格玛、流程再造
	第九步	构建成本领先或差异化的竞争优势	成本领先战略分析框架、差异化战略分析框架
评战略价	第十步	战略目标推进中的不断反思、调整	战略反思调整框架

图 7-6　战略十步法

战略十步法利用平衡记分卡、五力分析、关键成功要素、PESTLE 等工具，将战略研究、制定、实施和管理流程化、标准化，将分散的战略管理过程连成一个整体。

7.4　核心命题与行动锦囊

数字化黄金圈之使能武器，主要包括合作伙伴及合作模式、管理实践和实践典范、变革技术和工具这三个维度的核心命题。企业可根据数字化黄金圈指数，回答相应举措的核心命题，并对标企业数字化的实践者或非凡者的特征和行动锦囊，以获得进一步提升其数字化成熟度的举措或建议。

选择合适的合作伙伴及模式

本落地举措的核心命题：企业如何选择适合自身的合作伙伴和合作

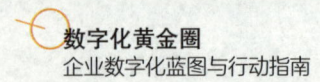

模式？

企业数字化实践者通常具有的特征包括： 主要选择中大型厂商作为供应商，并以成熟的产品或服务为主；供应商的选择方式根据项目大小、重要程度的不同而有所差别，如"自我寻找＋专家协助"、参考竞争对手的选择、公开招投标等；选择标准包括产品价格、需求满足、行业案例、架构完整、工作规划、总包集成、售后服务等；合作时，伙伴主要提供卖产品、卖服务、做二次开发、纯开发、做咨询、出方案、做外包等服务，根据企业需求提供产品或解决方案；企业也会与供应商联合开发、共享代码等，以更加敏捷地支持业务需求。

企业数字化非凡者通常具有的特征包括： 与伙伴合作，不是简单的买卖，更是一种投资，通过能力互补和资源共享实现共赢；技术实力、行业经验、创新能力和未来视野等是遴选合作伙伴时的核心指标；平衡自主开发和外部合作，对于非核心能力，充分利用合作伙伴快速补齐能力短板，为自身发展构建互利共赢的生态体系；对于尚缺的核心能力，与合作伙伴建立联合实验室并开展共研，加入更广泛的生态伙伴创新联盟或投资入股领先的技术供应商等，一起探索未来，同时实现自我提升和核心能力的内化。

借鉴演进的管理实践和典范

本落地举措的核心命题：企业是否认识到管理实践和实践典范的作用，根据需求选择并灵活利用合适的实践组合？

企业数字化实践者通常具有的特征包括： 已经认识到什么是不断演进的管理实践和实践典范及其重要性；展开标杆学习，并在合规及 IT 服务等相关领域开展实践，如 ISO 27001 和 ITIL；开展实践所需的人员、技术和资源均已到位并通过了相关体系的认证；设立专门的小组支持管理实践，有信息安全经理和服务经理等职位，设置专门的管理层职位负责评估和跟踪每一项实践的绩效。

企业数字化非凡者通常具有的特征包括： 不断演进的管理实践和实践典

范已深入企业各级机理，特别是涉及产品或服务开发、用户体验提升和商业模式创新等领域的管理实践和实践典范，如设计思维、精益、敏捷和 DevOps 等；根据员工及消费者期望的变化、技术变革和新对手的进入等要素带来的影响选择、学习、调整、优化和更新管理实践和实践典范学习，并适时跟踪、评估其成效；不断演进的管理实践的应用和跨行业实践典范的学习显著地提高了服务质量和运营效率，提升了用户体验和满意度，缩短了产品或服务的上市时间，开拓了新的产品和模式，强化了管理体系和变革能力，实现了价值主张。

选用实用的变革技术和工具

本落地举措的核心命题：企业是否认识到变革技术和工具的作用？如何优选合适的工具组合并加以灵活使用？

企业数字化实践者通常具有的特征包括：已经认识到变革技术和工具的作用；引入外部专家开展了相关培训并根据需求在部分项目或部门中尝试使用部分工具，如 PDCA、头脑风暴、商业模式画布等；设立专门的小组或岗位收集、整理和支持适合企业使用的变革技术集；设置主管负责跟踪和评估工具使用的有效性。

企业数字化非凡者通常具有的特征包括：数字化变革技术和工具的运用已经深入企业各级机理，特别是企业数字化旅程中涉及数字化转型和数字化颠覆等领域的变革工具，如机会捕捉、客户旅程地图、原型及 MVP 制作、假设数字化验证评估等；设立专门的组织或团队从需求出发，借鉴通用的变革技术和工具，加以调整和优化，开发和设计更适合自身实践的工具；有主管适时跟踪、评估工具在降本增效方面的实际价值，借助新工具走好创新之路。

第三部分
做什么：内容和结果，执行数字化蓝图举措

在过去数年中，我们一直致力于中国数字企业模型及指标体系的研究、实践和推广。在携手我国数百家各行业领先企业的数字化旅程中，我们发现，依据企业数字化战略方向的不同，企业数字化主要存在点、线、面、体四维模式，分别是数字化赋能、数字化优化、数字化转型和数字化颠覆。以此为基础，我们搞清楚企业数字化应该做什么，并进一步将其分解为 **20** 大数字化落地举措（见图 **1**）。

面向服务	面向运营	面向客户	面向未来
交付可用的系统应用和功能	推进业务流程和规则数字化	洞察旅程中客户需求和商机	颠覆核心业务行业市场维心
推动数字基础设施的现代化	规划一致的企业架构与治理	开发高体验个性化数字产品	打造数字化平台型商业模式
改善内外部协作和人机协同	实现全要素的智能生产集成	开启全渠道的数字化新营销	开创智能互联新产品新体系
提供集约化共享服务与运营	重塑韧性敏捷数字化供应链	强化智慧的客户服务与成功	落地组合创新保可持续发展
增强数字化衡量决策和管控	注入数字化增强产品和服务	激发要素价值同时保护隐私	共建高效协同的产业新生态
数字化赋能	数字化优化	数字化转型	数字化颠覆

图 1　4 大战略方向和 20 大落地举措

企业在数字化变革实践中，须根据自身战略方向遴选、组合落地举措，并予以落地实施，由点到线到面到体，由局部到全局，由支持当前业务到引领未来发展，由企业内部到外部生态。企业根据自身数字化成熟度和战略意图的不同，既可同步推进，也可循序渐进，通过打造适合行业及自身特色的数字化蓝图、方案与路径，实现企业数字化战略目标、成果和价值。

第 8 章

面向服务，提供数字化赋能，提高效率和控制成本

面向服务的数字化赋能：数字化被视为企业基础技术服务的提供者，聚焦应用系统及 IT 服务，并逐步从双速 IT 迈向敏捷 IT，凭借灵动的支持和具有自适应能力、弹性、安全且合规的应用服务，通过高效的协作、简约的管理、集约化的共享服务和数字化的决策革命，赋能企业经营高效管理，以实现更高的企业效率并控制成本。

本章侧重于研讨企业应用服务，以提供高效的数字化赋能，并围绕以下5 个落地举措展开介绍和实际案例解析：

- 交付可用的系统应用和功能；
- 推动数字基础设施的现代化；
- 改善内外部协作和人机协同；
- 提供集约化共享服务与运营；
- 增强数字化衡量决策和管控。

8.1 交付可用的系统应用和功能

通过交付各类可用的管理信息系统、应用和服务，将支撑企业正常运行和管理决策的一系列活动数字化，辅助企业进行规范化和流程化管理，以提

高企业管理效率，这通常是企业数字化和数据驱动成长的第一步，即管理数字化，这也是企业信息化的主要使命。

企业在发展壮大的过程中或多或少都需要逐步制定流程规范、引入管理信息系统来固化管理流程，如 ERP、SCM、CRM、OA、人力资源管理（Human Resource Management，HRM）、SRM、企业内容管理（Enterprise Content Management，ECM）和 BI 等系统及财务管理信息系统（Finanical Management Information System，FMIS）。针对不同的行业领域，还有更多的具有行业属性的自有 IT 系统或应用。例如，首旅如家在 2020 年自主研发了管家宝，包括开发宝、筹备宝、客房宝、运营宝（销售宝）、业主宝等自有酒店管理系统，并顺利投入运营，推进了企业数字化变革。

管理数字化可以帮助企业有效地规避管理风险，通过流程化的方式提高管理效率，降低管理成本，最终沉淀大量与企业管理及流程相关的数据，实现高水平的系统互联和数据互通，为接下来的业务数字化和后期的数字化业务打下坚实的基础。

案例研究 ┃ 首旅如家：以管家宝探索未来酒店行业数字化

首旅如家酒店集团（以下简称"首旅如家"）是原首旅酒店集团与如家酒店集团合并后成立的，截至 2021 年 9 月底，在国内 600 多个城市运营近 6 000 家酒店，覆盖全系列的酒店业务，包括高端、中高端、商旅型、休闲度假等。

在科技日益发达的今天，数字化正在重塑酒店行业的管理、运营和工作模式。作为受疫情影响最严重的行业之一，酒店业正尝试提供多元化的线上服务，以科技手段降低人力成本、提升入住体验，探索面向未来的数字化变革之道。

首旅如家在 2020 年自主研发并上线自有酒店管理系统——管家宝

（HMS），主要包括开发宝、筹备宝、客房宝、运营宝（销售宝）和业主宝。首旅如家通过线下线上业务结合的方式开启酒店数字化变革之路，在近年取得了不俗的成绩。

管家宝是结合集团多年的酒店管理经验，运用数字化、网络化技术建立的大数据平台，通过移动端（管家宝 App）、PC 端平台实现传统酒店的全面变革。其特点是移动化（随时随地，不局限于办公地点）、轻量（业务模块属于轻量级，方便快速研发、落地）、快速有效（实时获取第一手信息，指令能被有效执行）。管家宝通过平台对流程进行优化，设计更为简便的操作，提供更加可靠的信息，从而提高管理和执行效率。

管家宝将包括开发、工程、筹备、运营、客房、销售在内的整个酒店生命周期在线化，同时进行完整的档案线上管理（包括合同、图纸、证照、协议、设备等），根据各个阶段展示不同的可视化数据报表，并能多系统、跨平台进行数据传输。

管家宝覆盖了总部、区域、城区、酒店及业主等各个层面的用户，用户数目前已达 5 万左右，DAU 在 3 万左右。管家宝已成为首旅如家酒店管理的必要工具，在新店筹备、酒店日常运营、质量管理、收益管理等方面发挥着重要作用。

开发宝

2020 年，我国酒店业经历了太多的波折。从开年的"山重水复"到年中的"柳暗花明"，酒店业正在一点点恢复。据调查，在第一季度，全国有超过 70% 的民宿和酒店选择歇业。据统计，疫情的持续使超过 10 万家中小单体酒店倒闭。值得一提的是，首旅如家在此期间加快了扩张步伐。

2020 年年初，首旅如家集团信息部联合发展中心，第一时间规划设计开发宝，旨在优化流程，提升开店效率，实现业务在线。经过两个月的研发，开发宝于 2021 年的 4 月正式上线，实现了新店开拓、签约、筹备的完全线上化。对比开发宝上线前后，新店项目 4 天完成审批比例从 28% 上升至 91%；4 天完成签约比例从 28% 上升至 48%；整体签约平均周期缩短至 11 天。

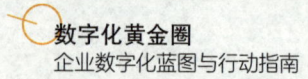
筹备宝

2021 年，为了满足快速发展业务的需要，首旅如家将新开业酒店的筹备期业务在线化，帮助新开业酒店在筹备阶段（45 天）有序进行开业前的各项准备工作，并通过运营、销售、人事、培训、维护等全方位的开业指导和服务，夯实新店筹备基础，以便酒店开业后快速提升经营水平和服务品质。筹备宝能够帮助管理者更加高效透明地掌握开业前各项筹备工作的进度，将筹备期纳入考核，提升开业效率。

筹备宝将筹备期流程线上化，对线下表格进行简化并将其转化为线上表格，对标酒店信息一目了然。筹备宝对接各个已有系统，实现数据的双向赋能，使筹备店的定价、销售、运营验收等有理可依、有迹可循。

客房宝

客房宝是一款兼具实用性和易用性的应用，基于客房实际场景，解决了服务员无法查看实时房态及变更房态不及时的痛点。同时，客房宝通过客用品维护功能节省了客房主管大量的统计、汇总时间。在节约大量人力和物力的同时，客房宝也提高了对客服务的质量和员工的工作效率，完善了酒店的内部管理机制。从实际结果来看，首旅如家每年能节省客房工时 511 万小时，每年能减少纸张使用 2 000 万张。

运营宝（销售宝）

数字化变革的重点是重新构建运营流程、产品和服务，通过数字化技术提升酒店的管理水平，最终实现商业化转型。运营宝将酒店日常管理、销售管理、质量管理等整合为一体，其目标是让酒店的管理人员实时掌握酒店的运营状况，及时调整运营策略，通过移动化的操作提升工作效率、节约运营成本，实现敏捷、扁平化的运营管理模式。对比运营宝上线前后，移动审批周期缩短了 75%，调价次数增加了 4.5 倍，生效时间缩短了 92%，客诉 24 小时回复率提升至 86%。

业主宝

为了实现对业主信息的便捷、高效管理，方便酒店和业主之间的互动沟通，首旅如家开发了能够为业主提供个性化服务的业主宝，将其作为酒店与业主沟通的桥梁，实现了项目和业主信息的在线管理。

　　未来，首旅如家将继续推进和深化企业数字化变革，在升级团队能力的同时运用更多的数字化技术加快转型速度，全面提升企业人效、改善体验、提升管理效率并实现规模效应，更好地为企业发展赋能。

8.2　推动数字基础设施的现代化

　　数字基础设施包括支撑应用系统、云及数据服务运行的网络、服务器及操作系统环境、安全管理、数据存储和处理、系统管理软件等。这些基础设施从中心到边缘需全方位部署，目的是支撑具有自适应能力、弹性、安全且合规的数字化商业模式。

　　企业需要构建一个先进、标准、规范的信息（数字）基础架构，为信息应用系统、数据价值的挖掘和业务需求提供一个统一、安全、敏捷、高效、可管理、可复用的标准化信息基础设施，优化信息基础架构的性能，降低资源管理成本，从而使企业数据、应用系统和解决方案等都能自由地在这一架构上协同配合，构建良好的 IT 基础环境。

　　企业数字基础设施的现代化，是指为满足今后一段时间的业务需求和工作负载，利用新一代的数字技术升级改造与企业 IT 活动相关的基础网络及软硬件的过程。

　　以云计算为核心承载，融大数据、AI、区块链、IoT 等新兴技术于一体的、支持"双速 IT"的、灵动的新一代数字化（原生）平台，可以高效整合资源，实现运营智能化及基础设施的模块化和组件化封装，成为企业节约成本、提升效率的利器。从"双速 IT"逐步向敏捷 IT 迈进，更好地满足海量多样化客户群体的个性化实时需求和消费，是未来企业数字基础设施现代化的重要发展方向。

　　数字基础设施现代化的主要任务之一是构建一体化的云化管理。数字基础设施云化管理是指产品化、平台化、数据化，用基于云计算技术的平台统一管理企业数字基础设施，并为上层的应用提供资源和共性的模块化组件。打造以云为核心的数字基础架构是传统企业数字化变革成功的关键。例如，深投控通过升级改造数字基础设施，搭建共性支撑云平台，打造企业新数字底座。

推进企业数字基础设施现代化，既可以提升企业数字化变革带来的生产力，也是提高生产率的重要手段。企业通过推动全要素数字化、一体化，使资源配置更优化，应用程序更可靠，运行更快速，业务流程及创新更敏捷、更安全，可以显著地改善用户体验，带来直接的业务价值。

案例研究 | **深投控：转型"深"计划，数智深投控**

深圳市投资控股有限公司（以下简称"深投控"）创建于 2004 年，由原深圳市投资管理公司、商贸控股公司、建设控股公司三家资产经营管理公司合并而成，现已发展为以科技产业、科技园区、科技金融为主业的国有资本投资公司，是深圳市属国企首家世界 500 强企业，2021 年位居榜单第 396 名。

深投控制定"转型'深'计划，数智深投控"的整体战略，通过数字基础设施的现代化，实现决策辅助智能化、业务运作协同化、投资管控全面化和企业服务一体化的"四化"目标，构建"1324"数字化变革蓝图。

"深"计划寓意投控数字化变革将全面深入所属企业，实现"横向到边、纵向到底"；深入业务流程，赋能经营管控；打通深层数据，促进深度融合。其中，"一"指"一个智脑"，即投控智脑；"氵"指"三大应用"，即业务融合应用、产业集群应用和综合管控应用；"八"指"两大支撑"，即技术平台和投控云；"木"指"四大保障体系"，即标准规范体系、安全保障体系、运行维护体系及组织保障体系，如图 8-1 所示。

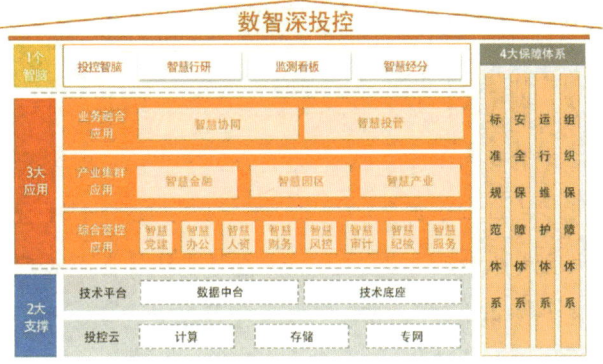

图 8-1　数智深投控

深投控数字化变革的主要内容如下。

（1）**高位统筹布局，一体化推进深投控全系统数字化建设**。按照"双向并进"的原则，统一研究深投控本部和所属企业的数字化变革需求并进行整体部署，确保方向正确、上下同欲。坚持需求导向、重点先行，分类别、分阶段、稳步推进数字化变革。同时，建立横向到边、纵向到底的数字化责任体系和一体化管控模式，对所属企业数字化变革实行统一领导、统一管理、统一标准的适度集中管控，确保数字化变革工作层层有人管、有人抓。

（2）**深化新技术应用，打造深投控智慧管控中枢**。充分利用 AI、数字孪生等技术实现智能分析，打造一个可视化、智能化、移动化的智慧中枢，实现"大屏览全貌，手中握乾坤"。围绕金融、园区、产业、财务、风控等领域构建综合指标体系，实现"一键调取"所属企业综合数据，"一屏总览"深投控运营态势，全面展示深投控综合运营情况和管理水平，为领导决策提供直观感知渠道和数据支持，提升总部管控能力。

（3）**搭建共性支撑平台，打造深投控新数字底座**。通过混合云，为数智深投控建设提供 IT 基础设施服务和高可用性支撑；通过"国资委—深投控—所属企业"三级网络体系，为数智深投控数据传输提供高速通道；通过数据中台，全面汇集深投控全域数据，解决跨部门、跨层级、跨系统、跨业务、跨地域的"信息大孤岛"问题，赋能数智深投控各业务应用；通过技术中台减少底层和基础工具的"重复造轮子"，实现数智深投控各类应用的快速迭代。

（4）**构建协同运行体系，以数字化驱动业务模式创新。**纵向上，搭建企业核心资源管控链条，通过实施OA一体化、财务一体化和采购一体化强化人、财、物核心资源管控能力；横向上，整合科技金融、科技园区和科技产业三大主营板块研、产、供、销、融各环节资源，建立深投控体系客户、渠道、服务等各类资源的跨部门、跨层级共享共用协同机制，以平台为支撑，识别协同机会，管理协同过程，促进指令式的合作协同向市场化的耦合协同转变，以数字化驱动内外协同、跨界融合，实现"科技创新资源导入＋科技园区＋科技产业集群＋上市公司＋科技金融"五位一体商业模式的价值最大化。

（5）**建设四大保障体系，为数字化变革提供坚实后盾。**建立安全保障体系，通过网络安全、信创安全、数据安全和信息安全审计，建成动态、可信、自愈的网络安全体系；建立标准规范体系，围绕数据、技术、管理和服务等方面推进合规实施标准建设，提升标准规范应用程度，规划7个大类的30项标准；建立运行维护体系，通过加强业务数字化建设需求统筹和顶层设计落实项目审核和验收把关，建立常态化运营运维机制，确保各项业务稳定、高效推进；建立组织保障体系，从明确深投控数字化组织定位、强化总部IT管控模式并壮大数字化变革队伍这三个维度出发，为业务开展提供保障，使其井然有序、效率最大化。

深投控数字化变革的实施效果如下。

（1）**初步建立层次清晰、高效协同的数字化组织体系，形成强有力的数字化支撑力量。**筹备成立深投控数字化变革委员会，负责数字化变革工作的宏观指导、统筹规划及跨部门、跨企业协调和统一部署，委员会下设办公室，办公室负责数字化变革委员会日常工作；确定下属科技公司为深投控数字化变革提供技术支持的定位；成立数字化变革专家委员会，由深投控本部和所属企业的领导、业务骨干和外聘专家等组成，指导数字化规划和项目建设，提高建设的决策科学化、合理化水平。

（2）**启动重点基础设施和核心应用建设，推动数字化变革工作全面提速。**在信息化基础方面，运用新一代技术建设投控云、技术中台等数字化中台，为数字化变革提供核心动能；在数据资产方面，通过搭建数据中台一站式实时抓取全系统数据，全流程追踪治理，实现数据采集百分之百覆盖、数据标准百分之百统一、数据质量百分之百提高；在协同体系方面，初步形成深投控一体化协同办公框架；通过业务协同平台接入 100 多家科技创新企业资源及内部产品、服务、商机等市场资源的数据；未来接入投资企业 700 家以上、园区企业 1 000 家、拟 IPO 企业 500 家，将支持 4 大业务部门、439 家所属企业充分挖掘潜在协同机会；在决策支持方面，建设投控智脑，梳理"财务＋金融＋园区＋资本＋产业""1+4"板块多层级指标体系中的 463 项指标，实现深投控及所属企业运营管理态势的全局感知、精准监控和全景可视。

（3）**初步建立标准规范体系和管理办法，保证数字化变革工作有序、可控。**建立标准规范体系，出台运营运维、视频会议保障和数据规范等一系列技术规范；建立信息安全保障体系，加强信息安全人员配备，建立健全信息安全工作制度和流程等；出台信息化项目管理办法，明确信息化项目立项与招采流程；出台数字化变革专家库管理办法，强化项目立项与验收技术把关；建立"三统三分"工作模式，统一规划、统一标准、统筹资金，分工负责、分步实施、分头推进，有序推进数字化变革工作。

（4）**同步启动运营机制建设，确保数字化建设产生最大效益。**数字化三分在建设，七分在运营，深投控在数字化变革过程中同步建设数字化运营体系。在运营组织方面，由下属科技公司承担数字化变革总体运营工作，并建立五大板块专业技术团队；在运营内容管理方面，将运营工作划分为技术值守、硬件系统技术运维、信息安全、软件系统技术升级维护和云计算共五个主要板块，全方位保障深投控数字化高效有序运转；在运营标准化建设方面，统一技术规范、统一人员管理、统一服务模式，通过持续规范化运营，确保各类数字化资源发挥最大价值，逐步将 IT 从成本中心转变为利润中心。

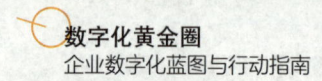

8.3　改善内外部协作和人机协同

改善内外部协作和人机协同是指在传统协同办公的基础上，进一步利用数字网络技术，赋能组织和员工，打破时空限制，重塑企业与员工、合作伙伴和客户的互动协作方式，以及人类员工与数字员工的协同工作方式。

文字、语音和视频是企业沟通协同的三大基础元素，沟通、文档协作和项目管理是企业沟通协同的三大类应用。一个良好的协同应用集成平台应实现账户互通、设备互通、功能互通、流程互通和数据互通，其所传递的信息在很大程度上决定了组织整体的协同办公效率。只有兼具连接性、开放性、融合性和安全性的实时沟通协作平台才能走得更远。

2021年年底，万科集团董事长郁亮发了这样一条朋友圈："祝贺'崔筱盼'获得了2021年万科总部优秀新人奖，她催办的预付应收、逾期单据核销率达到91.44%。"

"崔筱盼"是2021年2月悄悄入职万科的数字员工，她不仅有美丽的容颜，还有超越他人的工作效率。经过系统算法的帮助，她以惊人的速度学会了人类如何在数据处理与流程中发现问题、解决问题。更令人惊叹的是，她的工作效率比人类高成百上千倍。

很多万科员工并不知道和他们并肩作战的竟有数字员工，有的员工在与她交流时并没有怀疑她的身份，甚至还对她说声"辛苦了"。

在数字化浪潮席卷全球的形势下，AI和RPA等技术让"崔筱盼"这样的数字员工不断出现，企业将不再忧心招不到人，数字员工将代替人类完成很多工作。例如，海通证券通过引入RPA数字员工赋能企业业务创新应用。

在新冠疫情期间，移动办公和远程办公已成为常态。未来，人类员工将更多地与以聊天机器人、写作机器人、翻译机器人、面试机器人、流程自动化机器人及其他智能机器人为代表的数字员工协同工作。

数字员工可以代替人类员工完成重复性的工作和计算类的工作（如地图定位与安全监控、合同分析、图像声音识别等），让人类员工专注于更有创造性的工作。高效的人机协同将使企业资源配置不断得到优化，在真正满足用户需求的基础上降低沟通成本，保证及时响应，减少交流摩擦和信息扭曲，尽可能提升组织运行效率及团队和个人的工作效率，最大化地释放组织潜能。

　　未来，新一代的沟通和协作是认知协作，它将智能化和情景化相结合，通过整合云计算、大数据、机器学习和元宇宙等技术，提供跨时空、跨场景的多屏实时沟通协作，促进人际关系，增强人机互动，赋能跨领域高效能团队，深刻洞察业务场景和用户交互需求，为用户带来更智能、更便捷的协作和交互体验，让决策制定更快速、更智能。

案例研究 | **飞书的新一代企业办公套件—— 一站式沟通协作平台**

　　飞书的新一代企业办公套件是一个完整的协同办公平台，它可以为企业提供音视频会议、共享日历、协作云文档等高级服务及基础的沟通服务，为企业办公提供高效的协作工具（见图8-2）。这种一站式的沟通协作平台可以整合多方信息流，提升沟通效率，并且具备超强扩展性和兼容性，不断优化工作流程。

极致降噪的团队沟通工具　流畅可协同的音视频会议　智能可共享的团队协同日历　强大易用的协同创作云文档　创新远程协同的线上办公室

图8-2　新一代企业办公套件

- **极致降噪的团队沟通工具**，特色功能包括相关消息自动"串"联、快捷表情静音回复、历史消息自动同步、重要消息抵达无障碍、随时开启音视频聊天、高频会话置顶显示和智能机器人小助手等。
- **流畅可协同的音视频会议**，特色功能包括多方视频稳定接入、一键发起万人直播、群聊中快速发起通话、日历中轻松开启会议、便捷共享屏幕、灵活移动办公和实时云端录制等。

● **智能可共享的团队协同日历**，特色功能包括便捷订阅同事日历、高效组织团队会议、极速查找空闲会议室、一键开启会议群聊、轻松创建公共日历和智能日程通知提醒等。

● **强大易用的协同创作云文档**，特色功能包括可多人实时编辑的云文档、支持强大数据统计的在线表格、激发无限创造力的思维笔记和便捷管理知识资源的企业云盘等。

● **创新远程协同的线上办公室**，特色功能包括轻量无压力语音沟通、群聊中发起实时语音讨论、建立个人线上办公室和支持 50 人同时在线等。

飞书的办公套件将即时沟通、日历、AI 翻译、音视频会议、云文档、云盘、工作台等功能集于一体，可以成就组织和个人，让员工更高效、更愉悦。

案例研究 | 海通证券：RPA 数字员工赋能业务创新应用

证券行业本质上是一个基于信息处理的行业，运营效率的高低决定了业务服务水平。证券业务的运营有以下几个痛点：员工常常忙于机械性、低价值的工作；手工作业量大，有操作风险，员工效率参差不齐；大部分运营工作都在线下，线上和线下的流程不能联动，无法实现全面监控。系统内部的处理还不够智能，一键处理的功能太少，操作烦琐，人员的学习成本很高，员工的操作准确性和稳定性也很难保证。同时，由于监管从严和竞争日趋激烈，行业对风险控制和处理效率的要求越来越高。证券行业对业务运营的要求极高，目前证券公司在业务运营方面自动化能力不足，需要投入大量的人力、物力和财力，业务流程普遍存在监控不全面的问题。

海通证券于 2016 年制定了"十三五"发展规划，以"统一管理、自主可控、融合业务、引领发展"为指引，以客户为中心，打造智慧海通。海通证券在 RPA 技术创新与实践方面做了以下探索。

（1）基于 RPA 的数字员工智能平台。利用 RPA 和 AI 技术，打造一个支持满足各种应用场景，对接多种开放标准，支持主流脚本语言，支持各种采集协议，可以持续构建机器人生态链条且自身可持续拓展的数字员工智能平台；同时，借助公司大数据、区块链、AI 和企业服务总线等基础能力平台或设施，使该平台快速与公司资源结合，挖掘对更多场景赋能的可能性。

（2）数字员工场景实施落地与推广。针对甄选应用场景的问题，建立数字员工应用场景遴选 F-F 模型（见图 8-3），针对业务场景输入、业务场景筛选、场景评估和效益评定等方面建立标准的方法和评估措施，制定关于需求受理的评估方案。针对场景扩展的问题，制定数字员工推广方案；定期与业务部门沟通、挖掘自动化场景，形成业务和技术紧密合作的新工作模式，实现快速的自动化赋能和持续优化的自动化服务支持，持续挖掘公司更多、更深的业务需求场景，实现降本增效。

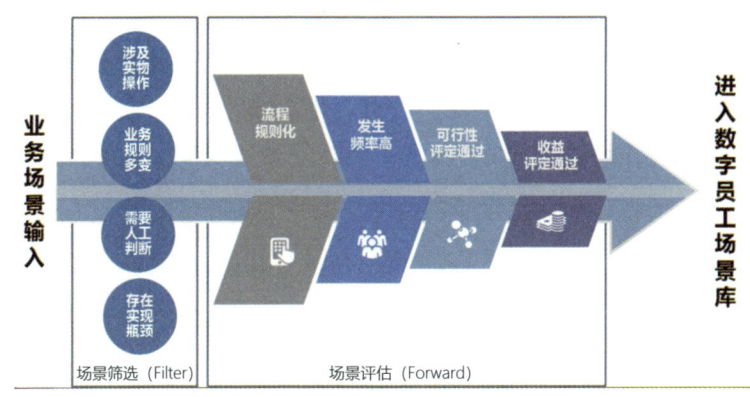

来源：海通公司

图 8-3　业务场景遴选 F-F 模型

在数字员工的建设和推广过程中，海通证券对挑战与自身实践进行了

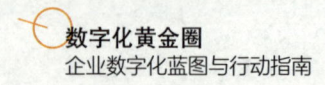
总结。

挑战1: 业务部门员工担心引入RPA以后,自己的工作会被RPA取代,进而影响自己的岗位,因此抵触RPA技术。

克服方法: 引导业务部门员工正确认识RPA的定位。RPA只是辅助员工完成一些重复的任务,并不是要替代员工,主要流程的执行结果仍然需要由员工复核。只有让员工切实感受到价值,才能更加顺利地推广RPA。RPA可以辅助员工完成任务,自动化程序的管理权限只有员工拥有。RPA相关需求都要经过合规部门审核,对敏感任务进行自动化处理时必须经过员工的审核和确认,而且业务部门要对结果负责,还要认真核查自动化运行结果。

挑战2: 目前数字员工已向总部10余个部门及多个子公司提供服务,随着数字员工的推广,需求管理也带来了很大的挑战。

克服方法:(1)制定数字员工需求管理规范。为了规范数字员工的使用,海通证券制定了需求流程规范,所有的自动化需求必须通过正式的需求流程提出,经合规风控审核通过后由软件开发中心实施和交付;同时,为了有效控制运行风险,软件开发中心与相关业务部门共同进行异常风险评估,确定相应的应对原则。

(2)制定场景遴选F-F模型。根据数字员工的技术特点,RPA适用于具有高重复性、存在既定逻辑的流程。数字员工善于完成登录程序、移动文件、读写数据、打开网页、收发邮件等操作,但面对涉及大量实物操作且相应内容无法电子化、业务规则经常变化、文件格式时常变动、需要大量人为主观判断或目前还存在其他技术瓶颈的场景时,RPA并不适用。针对甄选应用场景的问题,平台自主建立了数字员工应用场景遴选F-F模型,针对业务场景输入、业务场景筛选、场景评估和效益评定等方面建立了标准的方法和评估措施,制定了关于需求受理的评估方案。完成场景筛选后,根据四大评估因子——流程规则、业务执行规模、可行性评定和收益评定,对候选应用场景进行综合考量,选取高优先级流程完成自动化改造。

挑战3: RPA技术平台构建完成后,最大的困难是如何在各个业务部门推广应用,只有让业务部门快速了解RPA的概念和作用,才能快速完成业务应用场景的自动化实践。

克服方法：制定 RPA 推广方案。针对公司运营现状，制定单独的场景推广方式，持续扩大数字员工在公司内的影响力；通过在公众号中宣传"RPA 就是数字化，数字化就用 RPA"的理念，帮助员工了解数字化劳动力在处理繁重琐碎事务方面的巨大潜力；通过在金融科技刊物中宣传相关实践放大行业影响力，引起公司各部门领导的关注；研究市场上针对财务、运营等特定领域数字员工的深入实践，整理特定领域的实践路线与场景，与相关业务部门共同开展 RPA 课题研究；针对公司各部门组织开展交流活动，邀请深度使用数字员工且获得显著收益的部门作为嘉宾并与其交流，鼓励更多的部门加入数字员工的应用实践；利用公司"科技创新，不忘初心"品牌宣传活动，将数字员工介绍给子公司或分公司营业部的人员，加大推广力度。

截至 2021 年 7 月，海通证券已将 RPA 推广至总部的近 20 个部门及 4 家子公司，公司总部已拥有业务机器人 150 多个，涉及自动化流程 340 多个，基本涵盖运营、零售、财务、清算、估值、报送、监盘和日常管理等证券业常见业务场景，每日节省工时至少 370 小时以上。财务机器人在发票查验、报表统计和预算管理等流程中实现降本增效；运维机器人在设备发现、数据备份、配置检查和变更等日常任务场景中帮助 IT 运维实现重复工作的自动化；清算机器人实现清算过程操作自动化，实现清算的监控、操作、管理规范化，确保清算安全、稳定、高效进行；估值对账机器人可以完成估值之前的文件处理和之后的对账等一系列工作，以前 22 人专职每天处理 3 小时，产品量为人均 200 个，现在每位数字员工每天处理 400 个产品，员工只需复核 0.5 小时，显著地解放了员工的双手，处理效率大大提升。随着对特定业务领域场景的持续和深入挖掘，海通证券逐步打造各个领域的专属机器人，助力业务发展和创新。未来，海通证券将持续推广并结合 AI 实现更多的端到端自动化场景。

8.4 提供集约化共享服务与运营

集约化的共享服务将企业原本分散的、程序化和重复性的业务集中在共享服务中心处理，从而使企业最大化地利用资源，专注于核心业务，实现整合资源、减少成本、提高效率、强化风控、专业服务、保证质量、提高客户满意度的目的。

IT 服务运营是企业的一种重要的共享服务，它是指重组技术、组织、人员、资源和数据等要素，借鉴不断演进的 ITSM 实践，建立以用户为中心的服务运营体系。它将 IT 服务从运维、运行向运营转型，用产品和服务运营的理念和思路，运用新一代数字技术，推动产品和服务数字化改造。通过 IT 服务标准化、产品化和线上化，IT 部门打造差异化、场景化、智能化的数字服务，并像业务部门一样运营这些服务，实现高效服务和运营价值。

在数字化变革的背景下，数字化成为共享服务中心的重中之重，企业需要将数字化的基因嵌入共享服务中心的各个方面。目前，共享服务中心正在迅速采用数字化底座和应用，并成为企业数字化变革的催化剂。

大型或跨国集团的共享服务可以通过协调跨职能、跨区域、多地点、多来源和多业务的服务交付（如财务、人力、采购和 IT 等），提高企业各部门的协作能力和服务交付水平。

一个具备多种先进科技手段的数字化共享服务中心，无疑可以使企业在这样一个以客户为中心的市场中变得更具竞争力。一方面，它可以进一步将企业内外部财务、人力、业务及客户等方面的数据和信息集成在一起；另一方面，它可以使用认知技术、AI、RPA 和区块链等技术，进行更全面、更深入的客户分析，以空前的速度实现用户体验的提升。

生态级共享服务中心则能围绕整个产业链提质增效和高效协同，打破 IT 与 OT 的界限，在消耗更少资源的同时为生态企业带来更可观的价值。

近年来，包括 IT 和财务共享服务中心在内，各种共享服务中心的建设呈快速增长趋势，而伴随数字技术的快速发展与变革，越来越多的企业已经从共享服务的数字化变革中受益。

基于主流技术框架构建的、具备财务共享服务的数字化平台可推动集团企业财务管控标准化。例如，德勤的财务共享平台业务应用架构解决方案如图8-4所示。该解决方案在财务精益化管理、自动化方面卓有成效，使平均效能提升30%，推动了业务与财务深度融合，促进传统的核算型财务向价值创造型财务转变。

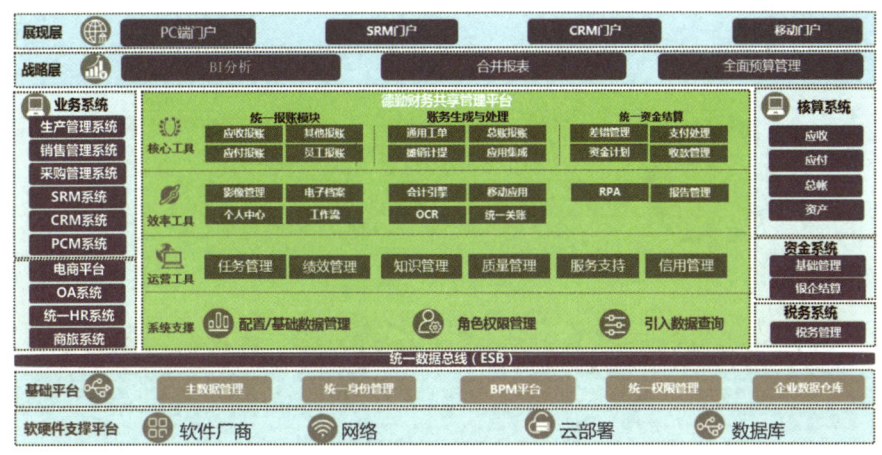

来源：德勤财务共享平台服务简介，2018年8月

图8-4　财务共享平台业务应用架构解决方案

案例研究 | 光大银行从科技运维向科技运营转型

IT运维和IT运营的英文全称都是IT Operations，两者之间有什么区别？IT运维管理和IT运营管理的英文缩写词都是ITOM，两者之间又有什么差异？两者只有一字之差，只是翻译不同，还是另有玄机？

本研究团队认为，IT运维更多是被动式的维持，关注故障防范和修复的"监管控"，而IT运营更多是主动式经营，更关注用户体验、服务交付速度、应用性能、数据挖掘与分析等；IT运维主要面向基础设施，关注软硬件网络的稳定、安全、可靠，而IT运营主要面向业务和服务，关注人的体验、效率和效益；IT 运维关注并确保企业信息系统还"活着"，而 IT 运营关注比"活着"更高的层次，即"活得好"。

早在 2016 年，光大银行就开始从科技运维向科技运营转型，在交付安全、稳定和高效的 IT 运营服务的基础上，从 IT 的支持者向服务的提供者和合作伙伴转型，以业务和用户为中心，不断提升 IT 运营能力，支撑企业的持续发展和战略成功（见图 8-5）。

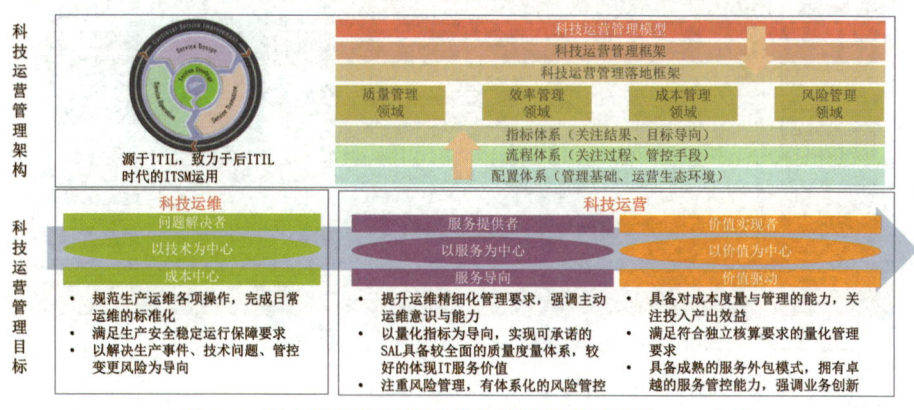

图 8-5　光大银行从科技运维向科技运营转型（2016 年）

光大银行为了实现从科技运维向科技运营的转型，构建了均衡整体科技运行的发展模型，这是一个基于成本、质量、效率和风险的一体化模型。这个模型用一个雷达图来实时反映整体的运行情况，实现异常数据"主动找人"，确保组织发展与组织战略相互匹配，最终实现质量提升、风险可控、成本可计量和效率提升。

2020 年，光大银行 ITSM 进一步向"流程即服务"的方向持续演进，以实现复杂业务场景的流程自动化服务全覆盖。

> **案例研究** | **万达控股集团：多产业、跨地域集团运营数据共享大脑平台**

万达控股集团有限公司（以下简称"万达集团"）成立于1988年，经过30多年的发展，已经成为国际知名的大型企业集团，其业务涵盖石化、橡胶、国际贸易和港口物流等领域。面对资源制约日益严峻、结构性矛盾依然突出、投资连续下降等挑战，万达集团将全面推进数字化变革作为一项重要战略举措，积极拥抱数字化技术，以此支撑集团的战略、经营和业务发展，并建设了多产业、跨地域集团运营数据共享大脑平台，推动管理变革。

万达集团运营数据共享大脑平台建设以"统一规划，分步实施，夯实基础，及用先上"为原则。"统一规划"是指平台规划要从万达集团的角度出发，考虑整体业务需求和发展要求；"分步实施"是指平台的建设要分步骤、分重点，由点及面，逐步完善；"夯实基础"是指逐步完善平台基础数据和信息系统建设，为大脑平台的应用提供数据和信息保障；"及用先上"是指根据企业的数据和信息条件，先推广有数据基础、能尽快实现万达集团运营数据共享大脑平台价值的应用。整体行动路线为分批迭代（见图8-6）、稳步推进。

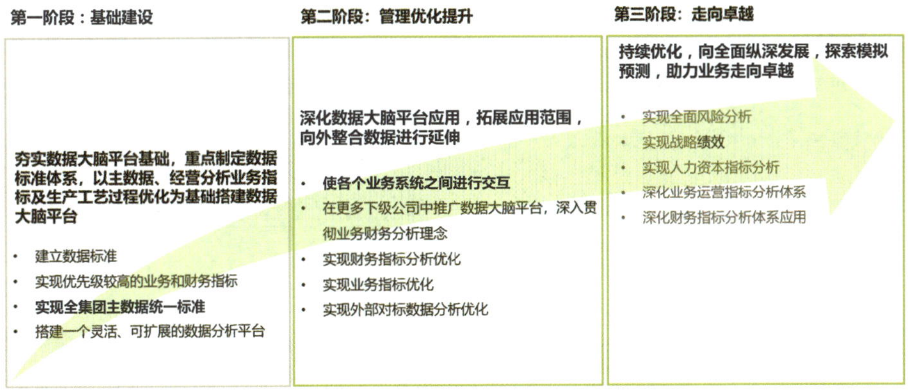

第一阶段：基础建设

夯实数据大脑平台基础，重点制定数据标准体系，以主数据、经营分析业务指标及生产工艺过程优化为基础搭建数据大脑平台

- 建立数据标准
- 实现优先级较高的业务和财务指标
- **实现全集团主数据统一标准**
- 搭建一个灵活、可扩展的数据分析平台

第二阶段：管理优化提升

深化数据大脑平台应用，拓展应用范围，向外整合数据进行延伸

- **使各个业务系统之间进行交互**
- 在更多下级公司中推广数据大脑平台，深入贯彻业务财务分析理念
- 实现财务指标分析优化
- 实现业务指标优化
- 实现外部对标数据分析优化

第三阶段：走向卓越

持续优化，向全面纵深发展，探索模拟预测，助力业务走向卓越

- 实现全面风险分析
- 实现战略绩效
- 实现人力资本指标分析
- 深化业务运营指标分析体系
- 深化财务指标分析体系应用

图 8-6　运营数据共享大脑平台建设的迭代路线

万达集团运营数据共享大脑平台整体架构如下。

● 一个平台：以基础技术层为基础，建设万达集团多产业、跨地域集团运营数据共享大脑平台。

● 两个体系：以技术体系支撑，进行企业运营数据仓库、中间件技术及数字化技术的建设；以信息安全及标准体系为指导，进行企业信息安全体系和标准体系的建设。

● 三条主线：主数据、业务数据、分析数据。

● 四个特征：自动化、数字化、可视化、集成化。

多产业、跨地域集团运营数据共享大脑平台主要分为三大部分——数据标准、数据分析、数据集成，如图8-7所示。其中，数据标准包括数据管理规范、数据应用规范、数据集成规范、数据质量体系和数据安全体系；数据分析包括大数据分析和BI；数据集成包括企业服务总线、数据仓库、用户身份集成、用户界面集成和业务流程集成。

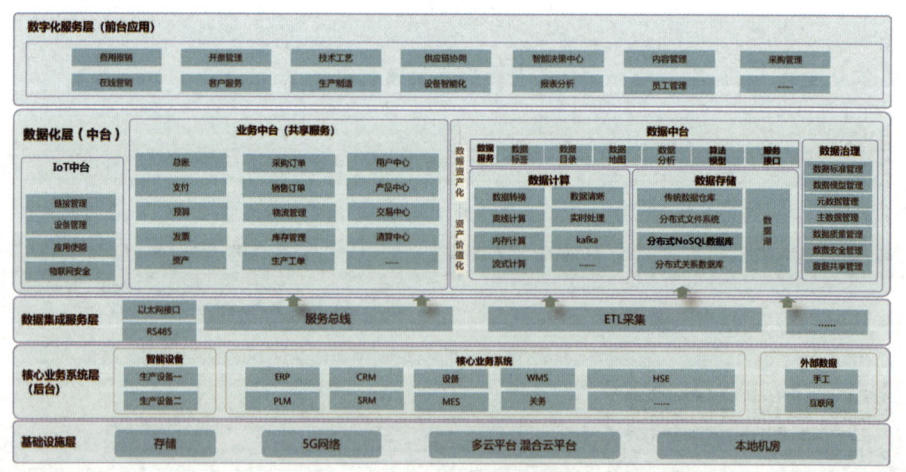

来源：万达控股

图 8-7　多产业、跨地域集团运营数据共享大脑平台

万达集团运营数据共享大脑平台——数据标准

数据标准主要包括数据管理规范、数据应用规范和数据集成规范。针对主数据、业务数据和分析数据，必须建立标准体系。要想达到提升数据整体质量、实现数据规范化的目的，必须制定数据标准。制定数据标准是做好数据管理的第一步，企业要开发公用的、标准的数据平台并定义企业级的数据模型。此外，万达集团战略与运营大脑平台还要建立数据质量体系和数据安全体系。

万达集团运营数据共享大脑平台——数据分析

数据分析包括用于经营分析与管理的 BI 和以构建融合化、智能化的数据智能体系为目标的大数据专题应用。

万达集团从战略和 KPI 体系出发，围绕四个方面推进 BI 分析的建设，并建立全面保障体系的 BI。"一套体系"是指以公司战略为要求，以管理重点为导向，形成全视角的管理分析体系；"四个方面"是指分别从数据采集、数据治理、数据分析和数据应用这四个方向重点建设 BI；"一个平台"是指战略分析、全景管理驾驶舱等数据应用统一在万达集团运营数据共享大脑平台中；"全面保障"是指高度重视公司数据资产的形成、管理和使用，并从三个方面入手：以组织保障为前提，以管理流程制度为基础，形成数据资产的管理评价体系。

万达集团通过大数据专题应用优化数据架构，沉淀数据资产；创建新应用模式，提升业务支撑能力；加强数据获取与分析能力，提升整体运营效益。

万达集团运营数据共享大脑平台——数据集成

数据集成的核心工作是以企业服务总线五级成熟模型为基础，以整体规划、总体设计、分步实施、逐步完善为原则建立企业的应用集成平台。万达集团采用"面向服务架构＋数据仓库"的技术架构建立全面、融合、智能、安全、柔性的集团级信息集成平台，实现数据高度集成。

万达集团运营数据共享大脑平台以业务需求为中心，以结果为导向，以技术驱动为核心，积极探索生产制造业的数字化变革之道，其应用效果在行业内具有参考价值。

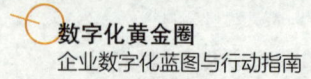

8.5　增强数字化衡量决策和管控

数字化变革的本质是一场面向业务目标的由"数据＋算法"驱动自动判断的决策革命，以及基于"数据＋规则"的管控革命，新的模式将逐步替代过去的以经验为主的决策判断和行动模式。

一方面，企业内部通过 ERP、CRM、SCM、MES 和 OA 等通用管理系统和自研业务软件系统，不断汇聚、分析和挖掘消费者数据及企业经营管理、研发、生产、供应链、销售、服务、安全合规和风险管控等方面的数据；另一方面，企业引入来自 IoT 的实时数据和大量的外部数据。企业建立数字化指标及规则体系，基于"数据＋算法"构建一套新的决策及响应机制，替代传统的经验决策机制，实现更加高效、科学、精准、可控、及时的决策和执行，以适时响应需求和环境的快速变化。

数字化业务指标和规则确立后，"数据＋算法＝服务"的实现可分六个层级（见图 8-8）：

- 描述，通过描述发生了什么，以期后见之明；
- 诊断，通过洞察理清为什么会发生；
- 预测，预见未来可能会发生什么；
- 现测，用极近的过去预测极近的将来，并建议现在应该做什么；
- 指导，通过仿真驱动的分析和决策，使希望的事情发生；
- 认知，自感知、自决策、自执行与自学习，实现不断的自进化和自演进。

在上述的感知、分析、洞察、预测、决策、执行等环节中都存在人机协同的过程，总体上是从以人类为中心从人类主导到人类辅助的信息化演进过程，逐步向以机器为中心从机器辅助到机器控制的数字化演进过程的过渡。

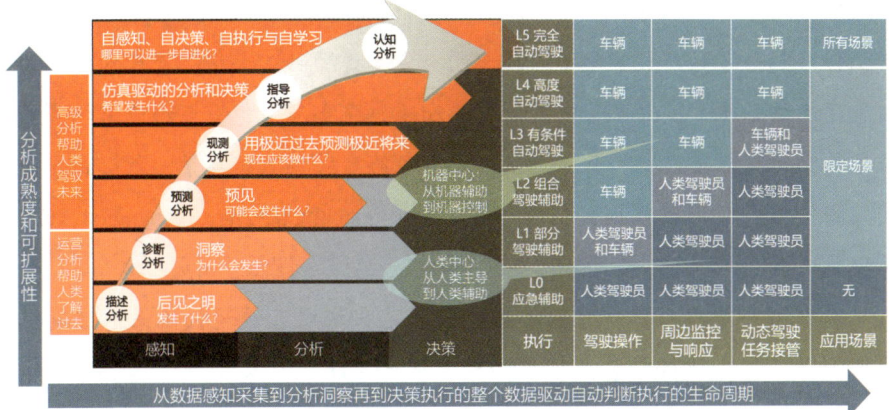

图 8-8　六度数据分析模型

随着数字化、网络化和智能化的不断演进，无论决策还是执行，系统的参与都会越来越多。就像自动驾驶一样，从开始的完全依赖人类驾驶必将过渡到最后的完全自动驾驶。

在通过数字化增强绩效衡量指标和规则体系并进行及时、正确的决策和管控的过程中，企业将形成全新的认知和改造世界的方法论。这有利于企业在应对不确定性过程中适时做出适宜的经营管控决策，在开发汽车、飞机、高铁或其他数字化产品或服务时，使研发、生产和运营效率都得到极大的提高。

案例研究 ┃ 太平洋资产管理的客户商务智能实践

2006 年，经中国保监会批准，太平洋资产管理有限责任公司（以下简称"太平洋资产"）成立，控股集团为中国太平洋保险（集团）股份有限公司。在集团"转型 2.0"的战略背景下，太平洋资产推进客户商务智能（CBI）项目建设，通过独创的线上化、移动化、协同化营销管理模式，支持跨部门的营销展业全流程的数字化变革。

战略支撑

作为太平洋资产数字化变革战略的重点支撑项目，太平洋资产构建了客户健康度评价体系，提升了营销流程效率和客户服务质量；提炼和应用优秀的标准化展业材料，覆盖多类营销场景；采集多维度营销数据要素，激活和发挥营销数据价值；利用大数据、光学字符识别（Optical Character Recognition，OCR）等技术收集客户的内外部信息，丰富机构客户画像，提高营销成功率。

客户商务智能项目从 0 到 1 构建了全流程协同营销过程体系，智能提供高匹配度的标准化营销展业模板和专业化产品材料，解决了营销过程中跨部门协作成本高、营销任务分散、营销材料不统一等问题，实现了资产管理公司金融科技与营销管理的首次深度融合；运用大数据、OCR 等技术，丰富展现客户 360 度画像，摸透客户特征，提高营销精准度，提升营销成功率，解决了客户信息模糊、零散、不完整等问题；实现了由外而内的客户信息和特征可测，由内而外的营销过程和管理可控，全面提升营销能力和客户服务能力，推动高质量发展。

自 2019 年 10 月成功上线以来，该项目已稳定运行至今。目前，该项目已完成了主体功能的开发建设，包括展业计划与记录、客户健康度体系、客户画像、展业资料库、领导驾驶舱等模块，如图 8-9 所示。技术人员时刻紧贴业务发展需求，高效迭代，敏捷开发，持续加强营销信息数据价值挖掘，赋能营销绩效提升，探索优秀营销行为模型。

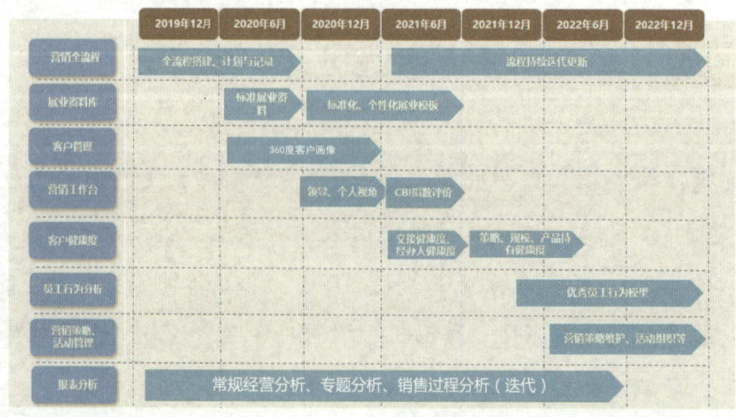

图 8-9　行动路线图——客户商务智能（CBI）项目

据了解，在太平洋资产内部，营销条线、产品条线、投资团队等均参与了需求设计，手机 App 方便快捷地收集了有效的营销过程全流程信息，并成了营销人员的好助手、高层决策的好参谋。同时，太平洋资产定期收集反馈意见和优化建议，进行快速迭代研发、测试和发布，形成了需求方与开发方共同参与的互动、互利推进机制。

模式创新

（1）服务模式创新。业内首创的客户关系健康评价体系提升了客户服务的有效性和主动性。CBI 洞察资管营销场景和客户特点，在业内首创了客户交流健康度、经办人触达度、行为指数等评价体系；定制化设置了可配置的评分规则，如重要经办人的交流频率、信息完整度等，可衡量客户关系健康度的维护状况，为营销团队提供有针对性的客户服务策略，充分挖掘客户营销需求。

（2）运营模式创新。线上协同、标准化的营销展业流程增强了公司级协同运营效率，节省了沟通和培养成本；线上化协同展业流程与标准化展业模板为营销新手提供了可复制的优秀营销方法，迅速积累了有分析价值的营销经验；用户可以个性化定制展业流程，逐步将其打磨为优秀的标准化营销模板，供他人参考和借鉴。

（3）管理模式创新。多维度驾驶舱管理视角和创新评价机制助力管理者实施精准营销管理变革。员工依托领导驾驶舱管理视角、机构维度和客户经理维度的客户健康度评价，为公司高层呈现全面的营销"作战图"，智能引导、管理、治理营销工作。

在实施过程中，太平洋资产从自身业务和科技运用实践出发，统一了标准化展业流程和模板，全面覆盖和支持营销业务场景，助力营销团队精细化管理，推动数据驱动营销策略，加快数字产业化发展，全面提升了营销业务发展和服务能力，也为资管业带来了客户营销和客户服务领域的新探索、新理念、新价值。

该项目主动适应疫情下的营销模式转变，积极拥抱数字化变革，在太平洋资产实现 2020 年投资规模突破万亿元目标的过程中发挥了关键作用。截至

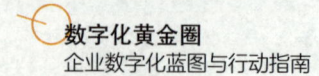

2021 年 9 月，该项目已收集了约 6 000 多条有效的展业信息，覆盖了全量的机构客户信息。

8.6 核心命题与行动锦囊

数字化黄金圈之面向服务，主要包括应用系统、基础设施、人机协同、共享服务、数字化决策这五个方面的核心命题。企业可根据数字化黄金圈指数，回答相应举措的核心命题，并对标企业数字化的实践者或非凡者的特征和行动锦囊，以获得进一步提升其数字化成熟度的举措或建议。

交付可用的系统应用和功能

本落地举措的核心命题：企业综合 IT 系统应用和功能的上线情况、系统互联和数据互通水平及满足业务（用户）服务需求的程度如何？

企业数字化实践者通常具有的特征包括：已经购买并实施了一些外部的成熟系统，以支持企业日常业务管理的需求，并逐步在企业全面推广这些系统，开始关注现有应用的业务价值；必要时会根据业务需求，对已有系统进行二次开发或者配置优化，但还面临多系统间集成和数据打通的挑战；系统提供了基于数据的经营分析和决策支持；信息系统运维、服务水平保障和安全机制得到了有效运行。

企业数字化非凡者通常具有的特征包括：根据业务变革和新技术的演进，对 IT 系统建设进行规划，信息系统已经在企业全面推广和深化应用，需要时会及时地二次开发，对系统进行调整和优化，以更好地支持业务；企业建立了完整的数据架构和数据管理机制，数据质量持续提升，系统间的数据基本打通，能够支持企业经营管理分析，辅助业务决策；根据业务需求不断调整扩容或优化 IT 基础设施；以 IT 服务为核心，持续支撑企业管控和业务发展；IT 组织尝试转型为利润中心并对外提供服务，或者更多地关注业务流程变革和管理；建立了正式的 IT 审计流程，以进行持续改进和风险控制。

推动数字基础设施的现代化

本落地举措的核心命题：企业如何推进企业数字基础设施和运营的现代化并据此提供更好的 IT 服务？

企业数字化实践者通常具有的特征包括：已经更新核心基础设施并整合工作负载，逐步实现基础设施现代化，包括全面覆盖自动化、虚拟化工具、超融合基础设施及部署服务器网络硬件等，交付安全、快速、可靠的软件系统，构建"双速 IT"，以支持业务高效稳定运行及快速发展（中型企业和小微企业也可以租用平台服务来实现业务需求）。

企业数字化非凡者通常具有的特征包括：部署了有效且灵活的管理工具和流程，以简化 IT 基础架构并避免出现技术和信息孤岛；以云计算为基础，结合其他新兴技术（如区块链、AI、大数据等）搭建一体化的技术资源集成底座；软件定义的数字基础设施一体化平台能够有效整合资源，正从"双速 IT"迈向敏捷 IT；通过数字化基础设施能力的模块化和组件化，为企业提供更好的资源节约、高效运行的平台保障和一体化服务支撑，以灵活敏捷地满足海量客户的个性化需求。

改善内外部协作和人机协同

本落地举措的核心命题：企业采用了什么系统、平台和举措来改善内外沟通协作？沟通协同对组织和个人工作效率的提升效果如何？

企业数字化实践者通常具有的特征包括：已经部署了一些常见的协同办公系统，如流程审批、视频会议、外网即时通信、文档管理与共享、CRM 和线上培训等；部署这些平台多出于相应业务部门或领导的需求；有专人负责系统运维；开始在部分业务领域引入 AI，如智能客服等；沟通协作在提高沟通效率、降低管理成本方面有成效，但还面临多系统不兼容、网络有时卡顿和流程审批耗时等问题。

企业数字化非凡者通常具有的特征包括：已经将未来工作纳入数字化变革规划，下一代一站式沟通协作办公平台成为核心的基础平台，有效地解决了系统独立和数据打通的难题；移动办公和远程办公已成为常态；有专门的团队负责平台的服务、运营和监控；智能客服、翻译机器人，图像识别、安全监控和商业欺诈监控等业务场景已经大规模部署 AI 和 RPA 数字员工，人机协同机制初步建立；沟通协作对提高沟通效率、增强企业运营灵活性、降低生产成本的作用显著；数据隐私、伦理及跨体系的生态协同方案的前期调研已经启动。

提供集约化共享服务与运营

本落地举措的核心命题：企业是否已使用 RPA、大数据、可视化等数字技术实现了共享服务流程数字化和自动化，以全方位地提供多职能共享服务？企业共享服务的运营质量和效果如何？

企业数字化实践者通常具有的特征包括：诸如 RPA、AI 等先进技术被用于实现若干共享服务中端到端流程的自动化；共享服务中心作为成本中心按需向内部客户交付其定义的专业服务，用户满意度较高；业务流程服务覆盖核心业务并基本实现了标准化；信息系统逐步完善，系统数据可供分析决策；有专人或团队按相关机制负责监控和优化服务流程及信息系统运维。

企业数字化非凡者通常具有的特征包括：共享服务中心使用 RPA 和 AI，前台和后台核心流程实现了非常高的自动化程度；作为提供综合解决方案的利润中心，共享服务中心向本地或异地内外部客户按服务水平协议提供可计量、可考核的服务，用户满意度高；共享服务流程全面覆盖并持续优化，积极应用新兴技术，信息系统不断拓展，跨系统、跨企业数据打通；持续改进机制就绪，共享服务中心的运营管理体系趋于完善，不仅是自适应的、多学科的、敏捷的，而且可按需加入新功能；正在向业财或业务 IT 等高度融合的一体化迈进。

增强数字化衡量决策和管控

本落地举措的核心命题：企业如何利用内外部数据增强基于数据驱动的决策体系和管控体系？

企业数字化实践者通常具有的特征包括：以"数据分析即服务"的理念，通过数据、模型、衡量标准及数据管理机制实现业务决策和管控要求；选用了合适的技术堆栈、标准化架构和 API 数据交换机制；在架构组件、开发工具、数据管理、文档和质量保证等方面制定并实施了正式的标准和规范；创建了相应的机制、行为准则、政策和程序，确保隐私保护及服务可信赖；正在探索数据驱动业务应用场景，推动创新发展。

企业数字化非凡者通常具有的特征包括：制定了"数据分析即服务"的路线图，并打造更为智能的和广泛的数据分析合作伙伴生态系统；数据分析架构支持按服务使用频率和服务质量收费；利用 API 实现跨生态系统数据分析服务；DevOps 流程引入数据分析即服务；确保 AI 模型的透明和可解释；加强数据操作规范及变更的管控，并定期审计；以数据感知和洞察为基础，通过规则的数字化，推进实时的、个性化的、情境化的智能决策与控制执行闭环，打造数据驱动型企业。

第 9 章

面向运营，践行数字化优化，推动降本增效

面向运营的数字化优化：侧重于运营流程数字化，利用数字技术的力量优化业务流程；通过一致的企业架构及增强企业级协作和全要素智能生产集成来扩展业务，提升运营水平，提高效益，降低成本；改造供应链、采购、生产及核心经营管理环节；扩展数字化产品或服务；通过数字化、自动化、智能化业务流程和高级分析实现卓越运营，满足大规模用户需求，以快速应对市场变化和业务的规模化增长。

本章专注于企业业务运营、降本增效和数字化优化，并围绕以下 5 个落地举措展开介绍和实际案例解析：

- 推进业务流程和规则数字化；
- 规划一致的企业架构与治理；
- 实现全要素的智能生产集成；
- 重塑韧性敏捷数字化供应链；
- 注入数字化增强产品和服务。

9.1 推进业务流程和规则数字化

企业级流程架构体系和流程管理体系及流程的不断优化和绩效分析，作

为卓越运营的重要业务支撑，可以连接上下游产业链和企业内部价值链，支撑企业战略的全面执行，实现企业的业务创新。根据华为的数字化实践，要想实现业务数字化，企业就要从业务对象数字化、业务流程数字化和业务规则数字化等三个层面逐级推进。

在本书第一章讨论企业数字化的概念时，我们就指出，狭义的企业数字化是业务对象数字化。每家企业都有众多的业务，都会涉及大量的业务对象。业务数字化的首要核心任务就是逐步把企业所有的业务对象和业务流程数字化。

面对纷繁复杂的业务，业务数字化到底从哪里下手呢？我们的建议是，瞄准业务场景中存在的核心问题，从核心业务流程数字化开始。企业可以通过分析现有核心业务场景中存在的重大问题或与目标状态有较大差距的业务流程，或者寻找企业数字化发展路线图中优先级最高的业务场景，确定切入口，再利用数字技术开展业务流程数字化，解决问题、弥补差距，提升业务的竞争力。

这里的业务流程数字化是信息化时代的 BPM 系统的升级版。它主要是指利用传感器等 IoT 技术完成数据的实时采集，大幅缩减数据的采集时间；同时，对业务对象的行为过程、业务活动的执行或操作轨迹等进行实时的记录和监测，实现对业务作业状态的实时感知、可视及异常数据主动找人；进一步结合数字化场景对业务流程进行优化和重构，极大地提升企业的运营效率。例如，利用传感器及数字技术，实时自动监控车辆在行驶过程中是否存在交通违规；无人值守设备的远程自动维护；企业通过采集货物的定位数据及模型算法，实时计算动态到港时间，解决发货后需要多次沟通到货情况的问题，大幅降低沟通成本。这些都是业务流程数字化的典型例子。

同时，企业要想实现业务数字化，还要完成的一项关键任务——业务规则数字化，即把嵌入复杂场景下业务流程中的复杂规则作为业务对象予以数字化，并用数字化手段对其加以管理和利用。

一个好的业务规则数字化管理流程可以降低数字化业务对 IT 应用的依赖程度，实现业务规则与信息系统应用的解耦；同时，所有核心的业务规则数据可在系统中进行灵活配置，并作为参数通过 API 等传递，实现根据实时感知到的业务变化动态调整业务流程的走向或控制业务运作，以达到业务流程的自动化和智能化。例如，如果企业希望基于计划对相关环节的物料采购任务进行监控和预警，就要设置大量的预警规则。假设某个部件的采购物流周期是 2 周，当监测到 10 天后应该到货而对应物流还未发货时，就应该预警。但是，不同物料、不同场景、不同地区的供应和交付能力往往是有差异的，并且随着环境动态变化，这就需要将对应的规则数据从 IT 应用中解耦，单独定义这类数据资产的信息架构，或者将其放入可被规则引擎实时调用的可配置 iBPM① 规则库，从而使之能够灵活调整。这样一来，不同地区的业务人员可根据需要（或系统根据感知的数据）随时调整规则数据，而不用对现有 IT 系统或业务流程进行改动，这最大限度地满足了业务灵活性的要求。

数字化变革要求企业具备自动化、网络化、智能化的实时数字化流程与分析控制能力。iBPM 是在 BPM 的基础上，整合并增强复杂事件处理、RPA、云服务、OCR、移动化、社交化、IoT 集成、可配置规则引擎、业务活动监控等功能的智能 BPM 及高级数据分析平台。其采用的先进技术可重塑流程，改造供应链、采购、生产和企业核心运营事项，创造个性化客户体验，提高企业的运营效率和决策能力，从而改变企业的运营模式，实现规模化的、稳定的、长期的商业价值。

案例研究 | **华住集团的全流程数字化实践**

新冠疫情的爆发对全球的各个行业造成了严重的影响，其中，旅游和酒店行业遭受的冲击最大，这也使得酒店必须进行更为严格的疫情预防，在日常接待中减少不必要的人员接触。在此背景下，国内第一家多品牌连锁酒

---

① Intelligent Business Process Management 的缩写词，意为智能业务流程管理。

店管理集团——华住集团利用互联网技术打造"无接触服务"，利用华住会App、自助入住机、智能机器人等技术手段，帮助客人实现自助入住酒店。

随着华住集团整体战略布局的进一步推进，华住集团未来不仅要面对国内的锦江、如家等竞争对手的冲击，还要与国外几大酒店行业巨头相抗衡，而租金上涨等因素都会压缩利润。此外，所有线下业务正在往线上转移，行业的整合速度也在加快，线上酒店代理商也在加大对线下的渗透力度，酒店行业的激烈竞争不断促使华住集团使用技术手段实现进一步突破。

华住集团的数字化战略规划

华住集团把数字化放到集团的核心战略里，正式启动全面数字化，打造全球酒店业最强技术团队以支撑华住的发展，中间是以品牌为核心的战略，两边是流量平台和全程数字化管理。

华住集团结合整体的业务优势，以倡导"IT 赋能酒店产业数字化变革"的"互联网＋"战略，通过业务线上化、渠道和运营移动化、后台共享服务平台化实现全面数字化变革；通过移动化技术、大数据和 AI 技术的创新应用改变传统的酒店运营模式，为客户创造价值，从一家传统企业成功转型为一家科技内核企业，资本估值不断增加。

在渠道方面，华住集团借助 IT 技术，围绕用户痛点，打造全程的用户体验闭环，包括一站式情景化服务、"30 秒入住、0 秒退房"服务（传统酒店平均入住时间为 5 分 30 秒）、高整合周边服务和强有力的直销渠道，提供以小程序和 App 为核心的移动化全程客户体验。华住应用提供的独特体验吸引了众多会员和 App 用户，使华住集团直销占比高达 85%。

在线下方面，华住集团采用移动化管理，包括为了低成本、高效运营而诞生的易客房、移动早餐机、华掌柜和易发票等酒店移动化运营产品及数据驱动决策运营（如自动化收益管理，根据历史数据和当前客流自动调整价格提升收益），大大减少了酒店运营人员数量，使得华住集团的人效全球领先，为其赢得了更多的利润空间。

总体来看，华住集团数字化的过程是为了实现业务价值的落地、运营效率的最大化、管理效率的最大化及客户体验的最优，不仅要满足顾客需求，还要满足投资人对酒店经营状态的要求。例如，提升顾客体验的重点在于提高酒店的供应链、品控、物料一致性等能力。

华住集团的数字化分为三个方面。第一，做全流程的数字化，而不是单点的数字化，以提升客户体验，提升复购率，降低获客成本。第二，核心业务系统是自研的、统一标准的，让顾客在 6 000 多家酒店、22 个品牌之下依然能感受到统一的服务和标准。华住集团利用中央云平台使不同品牌之间、不同酒店之间的管理数据标准化。另外，酒店的翻新周期一般是 7~8 年，所以新推出技术的稳定性、可维护性和可管理性很重要。华住集团在数字化的过程中更加关注能够解决客户痛点的体系化的、完整的解决方案，保证技术导入和使用的稳定性。第三，华住集团实现全面的业务线上化、运营移动化之后，开始从数字化转向智能化，如选址决策的智能化、通过智能算法来提高决策的可靠性等。

数字化过程中的三大创新

（1）全球首个为 1.6 亿会员提供一站式移动体验的酒店集团。通过丰富的在线服务和重新设计的离线流程，顾客可以在入住酒店期间享受一站式移动体验。

入住前，顾客可以在智能问答聊天机器人的帮助下，通过手机完成房间预订、在线客房选择和远程入住。顾客也可以通过自助值机设备完成预订、选房、付款、人脸识别验证和收据打印。顾客进入房间后，可对房间整洁程度进行评分。在入住酒店的过程中，所有查询和客房服务请求都可以通过华住移动应用发出，查询请求会立即被转交给 AI 聊天机器人，而客房服务请求会被自动分配给一位可用的客房服务员。例如，如果需要额外的毛巾，客户将在点击应用程序中的按钮后的几分钟内获得。

（2）国内酒店业第一家通过移动和云技术实现高效酒店运营的酒店集团，覆盖 6 000 多家酒店。独特的客户体验和高效的酒店运营是通过各种移动运营应用程序实现的，这些应用程序与基于云的酒店内部构建的物业管理系统有效连接。华住集团针对不同的操作位置开发了各种移动应用程序。

- 对于前台，除了使用移动值机，客户还可以在位于前台的自助服务台办理入住手续；此外，拨打确认客户计划入住的电话已经被人工聊天机器人接管。
- 对于客房服务员，手机上的移动应用能够实时显示房间状态，并通过最佳清洁路线将清洁任务分配给服务员，从而提高效率。
- 对于收入管理，自动收入管理应用程序可以根据历史数据和当前客流调整价格。

（3）技术应用层面的诸多创新：

- 基于云计算的架构和混合云部署方案实现了节约、高效、稳定的 IT 服务，同时，云部署集中化数据方案有利于大数据分析；
- 基于"互联网点评体系 +360 度线上倾听服务"，使用爬虫技术和语义分析，通过自主研发的大数据平台进行处理，对客户住后感受进行多维度划分、闭环处理，以提升品质；
- 自主研发的消息通道通过订阅分发实现各内部系统交互及对华住会 1.6 亿会员的沟通服务；
- 自助服务终端（华掌柜）集合了公安直联、人脸识别、身份证读卡、支付、收发房卡、自助入住、自助选房等功能，是国内酒店业首个全品牌推广、行业内应用最广的创新产品；
- 基于 AI 技术实现的语音电话机器人可以自动外呼，与客人完成到店确认和离店确认。
- 由于采用了 AI 算法，自动收入管理应用程序可以为不同的酒店计算最适合的价格并实时调整客房价格。

数字化过程中的种种创新为华住集团带来了很多看得见的成效。例如，一站式移动体验吸引了大量的会员和 App 用户，巩固了华住集团的直销渠道。App 用户超过 5 000 万；DAU 上升到 80 万；直销占比高达 85%；会员人数增至 1.6 亿；网上选房年使用次数超过 2 000 万，顾客满意度高达 98% 以上；自助入住年使用次数超过 2 000 万，满意率高达 99%；AI 聊天机器人使用次

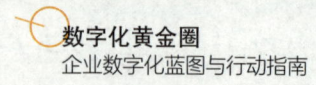
数超过 1 500 万。

移动和 AI 技术的使用显著降低了酒店的人工成本。目前,华住集团旗下酒店平均只需 17 名员工(包括酒店经理、客房服务员、前台员工、餐厅员工、保安等)就可以支撑 100 间客房,而其他连锁酒店至少需要 22 名员工。这意味着,与同行相比,华住集团至少节省了 30% 的劳动力成本,这些节约成本的做法已被成功推广至 6 000 多家酒店。

9.2 规划一致的企业架构与治理

企业架构出现于 20 世纪 60 年代。从战略和管控的角度出发,从业务和 IT 二者共享的视角来搭建一个业务和 IT 融合的蓝图,所有的信息化规划及 IT 项目实施都遵循这个蓝图,这个蓝图就叫企业架构。

作为一门关键的 IT 学科领域,企业架构经过多年的发展,也催生了各类广泛应用于各行业和应用场景的框架与工具,如 Zachman、TOGAF、DoDAF 等。这些企业架构框架一直被作为重要的、可以有效指导企业管理工作的方法和工具,其业务架构、应用架构、数据架构和技术架构的"4A 架构"被广泛应用于各类企业和组织的 IT 顶层规划与设计。

战略规划与业务执行都要经过企业架构这个中介,这个中介能使业务与 IT 更好地协同,共同实现既定的战略目标。企业架构理论从 2010 年左右开始逐渐变成了国内外 IT 规划的主流参考方法。但由于企业架构偏向于战略规划和组织级管理与治理,企业架构应该包括哪些要素,如何描述业务、应用、数据及技术架构视图,应该采用哪些步骤等,所以经典的企业架构框架容易给人留下"繁重、复杂、成本高、不落地"的印象。例如,不少企业架构师或 CIO 反映,即使学完并通过了企业架构 TOGAF 鉴定级认证,还是不会做企业架构设计。同时,企业架构的演进速度还不能完全跟上最新的数字化转型与创新理念和技术趋势。例如,即使是最高版本的 TOGAF 9.2,也没有很好地支持分布式云原生下的平台型企业架构。

面对业务运营过程中的挑战与复杂多变的市场环境，企业需要一个灵活的、可动态调整的企业架构作为坚实后盾。企业架构可以最大限度地融合 IT 系统与业务，保证战略目标的实现。企业在进行数字化规划时，需要在充分吸收经典企业架构框架优秀思想和管理实践的前提下，融合最新的企业数字业务平台化发展的需求和新技术趋势，从企业的实际问题出发，对框架进行适当的修改和补充，因地制宜地规划出一致的、敏捷的、可落地的企业架构与治理机制，以支撑业务的快速迭代创新。

案例研究 | **Thoughtworks 的现代企业架构框架**

截至目前，企业架构已有接近 60 年的发展历程，而且仍在不断地演进。Thoughtworks 现代企业架构框架是面向分布式云原生下的平台型架构方法，也是对企业架构演进的一个探索和尝试。

和主流的企业架构一样，Thoughtworks 现代企业架构框架也是由业务架构、应用架构、数据架构和技术架构这四类架构组成的（见图 9-1）。

业务架构（Business Architecture）定义了企业各类业务的运作模式及业务之间的关系结构。它以承接企业战略为出发点，以支撑实现企业战略为目标，通过对业务能力的识别与构建，将业务能力以业务服务的方式透出，实现对业务流程的支撑，并最终通过组织予以保障。业务架构是企业架构的核心内容，直接决定了企业战略的实现能力，是其他架构领域工作的前提条件和架构设计的主要依据。业务架构整体上可分为业务、流程、组织、服务、领域和模式六大部分。

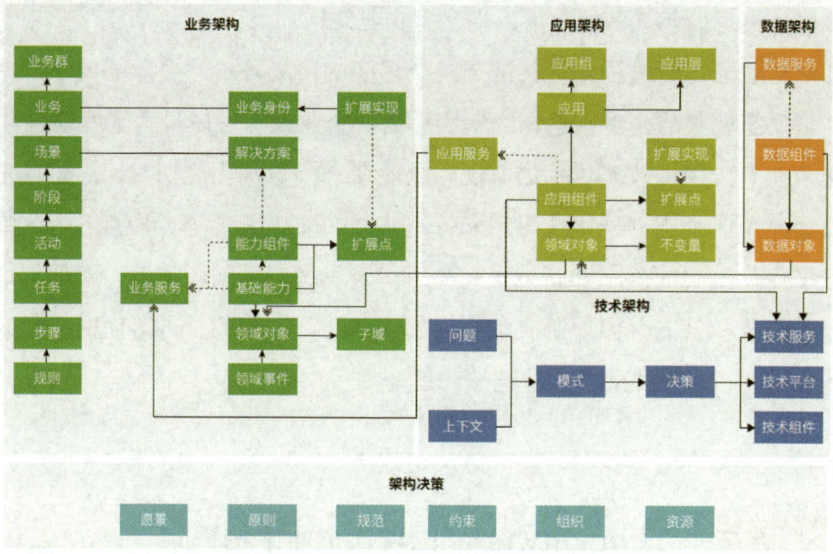

来源：《Thoughtworks 现代企业架构框架白皮书》

图 9-1　Thoughtworks 现代企业架构框架

应用架构的核心关注点是业务需求是由哪些应用承载的，它们与用户是如何交互的，它们之间是如何交互的，它们访问或变更了什么数据。应用架构的设计主要以应用（Application）的设计为核心，向外围可以延伸到平台型企业架构对应用分层、分组的设计。

数据架构描述的是企业经营过程中所需数据的结构及其管理方法，其目标是将业务需要转换为数据需求。值得一提的是，数据架构不同于数据中台，后者是一种企业架构设计的整体结果，包含了不同的视角（业务、应用、数据和技术），而数据架构是数据视角。良好的数据架构规划和设计为数据中台及其代表的数据驱动运营、数据驱动业务奠定了良好的基础。

技术架构是对某一技术问题（需求）解决方案的结构化描述，由构成解决方案的组件结构及其之间的交互关系构成。广义上的技术架构是一系列涵盖多类技术问题设计方案的统称，如部署方案、存储方案、缓存方案、日志方案等。企业架构中的技术架构聚焦业务、应用、数据等上层架构设计意图的开发实施方案的结构化描述。

Thoughtworks 的这个现代企业架构框架，结合了当前企业数字化变革的主流趋势和新兴技术逐步成熟和普及的大环境，通过对技术架构设计的观察及思考，提出了适合分布式云原生平台型架构的方法。

案例研究 | 东方航空基于企业架构的端到端业务流程管理实践

实践证明，构建企业级流程架构体系和端到端 BPM 体系是一种有效的流程管理及优化方法，将其作为卓越运营的重要业务支撑，可以在夯实公司信息化建设和数字化变革的同时为公司挖掘更多的业务价值。

东方航空业务规模庞大，业务流程盘根错节，而且散布在企业经营管理的各个环节。到底有多少业务流程？还有多少业务流程未实现信息化？如何管理好这些流程？当所有业务流程都实现信息化的时候，是不是就实现了公司的战略目标？哪些业务流程还需要优化？要想回答这些问题，就要从业务流程体系层面来看企业的业务全貌。为此，东方航空于 2016 年引入了 TOGAF 企业架构思想，将企业架构的"业务架构"理念不断地融入 IT 生产过程。东方航空基于公司业务需求，建立覆盖公司各单位、各条线的总体业务架构，采用 IT 语言，定义符合公司发展方向的信息化总体业务视图，形成端到端 BPM 体系。

紧扣 TOGAF 企业架构开发方法论，东方航空的端到端 BPM 体系有三层含义。

- 根据东方航空的业务情况和战略规划，以 TOGAF 为业务架构，对业务进行分层建模，逐步形成四层业务架构管理体系（战略—领域—能力—流程），业务流程实现分层、分类并紧密关联，推动公司业务顶层规划设计目标的实现；
- 强调将业务流程以端到端方式进行有序连接，打通业务流程，消除数据和业务孤岛，提高各企业之间和各业务部门之间的协作水平；

● 使用自测模式（例如，设置业务检查点）对端到端的业务闭环进行持续监测，关注各业务环节的运行质量和运行效率，并根据监测结果优化业务流程，适时调整管理方式和IT业务蓝图。

在深刻理解TOGAF企业架构思想精髓的基础上，东方航空不断完善端到端BPM体系，再结合自身的业务环境和业务特点，总结提炼出了"理清楚、管起来、持续优化"的落地步骤。这使得东方航空业务架构更加稳固，业务优化更加常态化，实现了业务流程可量化、可分析、可优化的管控目的，使公司不断挖掘更多的业务价值。

9.3　实现全要素的智能生产集成

无论是制造性生产还是服务性生产，其过程都需要实现全要素的智能生产与集成。这需要通过加快数字技术与先进制造、生产技术和生产全过程、全要素的深度融合应用来实现。

通常，企业可先实现SCM、ERP、MES、数据采集与监视控制（Supervisory Control And Data Acquisition，SCADA）等系统之间的纵向集成，优先解决内部信息孤岛及流程打通和协同的问题；当内部的集成达到一定的水平以后，就可以扩展到数字化营销渠道，实现CRM、ERP、SCM、SRM等系统之间的横向集成，实现内外部上下游的协同和供需信息的双向互通，实现B2C和B2B；进一步延伸到生产设备，实现物与物、人与物、系统与物的联通，这主要通过产品生命周期管理（Product Lifecycle Management，PLM）、物料清单（Bill of Material，BOM）、ERP、MES、CRM、应用程序生命周期（Application Lifecycle Management，ALM）等系统之间的端到端集成来实现；最后，推进生产技术突破、工艺创新、业务流程再造及系统的优化集成，通过泛在感知、数据贯通、集成互联、人机协作和分析优化，使生产过程向数字化、网络化、智能化的方向发展，持续提升业务生产线的产品品质与服务质量，推动生产服务业创新、绿色、协调、开放、共享的持续发展。

案例研究 | 大连亚明：立足智能制造，打造关键压铸件及模具数字化工厂

能源革命如火如荼，新材料层出不穷，新兴技术不断迭代，汽车产品也开始了自上而下的变革：汽车制造采用新能源，产品趋向智能化、轻量化、网络化。大连亚明汽车部件股份有限公司（以下简称"大连亚明"）作为轻量化汽车压铸件及模具生产的领头企业，积极推进核心装备技术升级，提升制造过程的信息化水平，实现从模具设计、制造到压铸成型的产品全生命周期服务。

基于轻量化汽车关键压铸件的快速响应需求，大连亚明构建了从模具设计、制造到压铸成型全流程数字化工厂（见图9-2），通过整合车间 ERP、MES、SCM、CRM、PLM 等核心应用系统，搭建智能设计、智能制造、数据采集及管理决策平台，通过工业互联网系统将离散的单个设备连接成一个整体；通过数据采集系统采集基于生产过程的设备数据、工艺数据等制造数据，并将其集中上传至生产管控中心，用于分析、决策和生产管理；初步形成了涵盖智能化设计、智能化装备、智能化制造、智能化经营的智能制造系统框架；实现了生产车间的实时感知、优化决策和动态执行。

（1）运用信息感知、网络互连等技术建立全生产过程智能平台。大连亚明建设信息物理融合网络，基于相应的安全协议和领域应用标准，使生产过程相关的设备、资源、物料、客户、生产者等实现实时连接、精确识别和有效交互；基于信息物理融合网络，在生产过程上通过运用信息感知、网络互连等技术建立全生产过程智能平台。

（2）通过提供智能控制、可视化工具实现全过程的高效人机交互及整体协同优化运行。大连亚明推进生产流程信息化，并根据运行实际情况调整、优化生产流程，使产品生产流程在从纳入生产计划到交付产品的整个过程中实现自动化；建立车间数据模型，监测生产全过程，利用移动数据采集技术

实现生产材料流通数据化；避免手工录入，实现铝合金压铸产品及压铸模具上下游全流程可追溯。

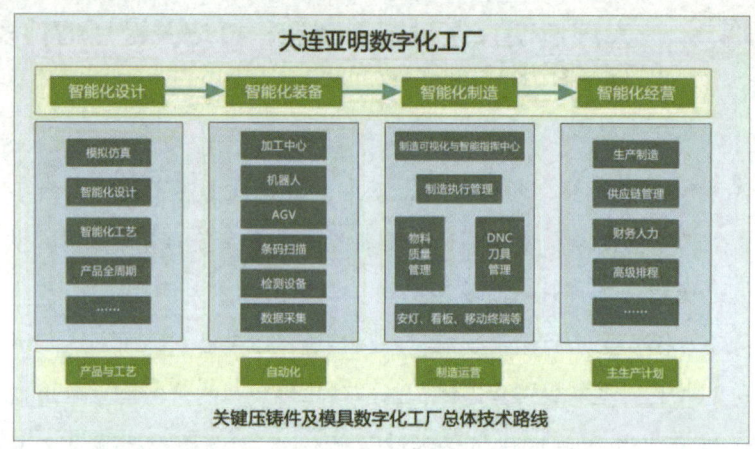

来源：大连亚明

图 9-2 关键压铸件及模具数字化工厂总体技术路线

（3）建立数字化工厂软件体系。大连亚明以提高生产效率、降低生产成本、缩短交货期、改善客户服务为目标，建立涵盖产品的研发设计、生产制造、企业管理、物流（供应链）、CRM 等制造企业的各个业务领域的数字化工厂软件体系。

（4）在技术上采用分层建设的总体思路。大连亚明围绕感知、控制、决策、执行四大关键环节，依据数据采集、数据流通、数据管理的流程自上而下地将数字化工厂建设分为五个层级（见图 9-3）。

- 核心智能制造设备层：通过整合车间 ERP、PLM、MES 等核心应用系统构建智能化核心决策平台。
- 数字化车间层：产品设计以计算机辅助设计系统为决策核心，产品制造以 MES 为决策核心，为生产资料数据建立数据库。
- 实时数据感知层：以工业互联网为基础，充分应用智能传感器构建检测、过程控制、识别等系统。

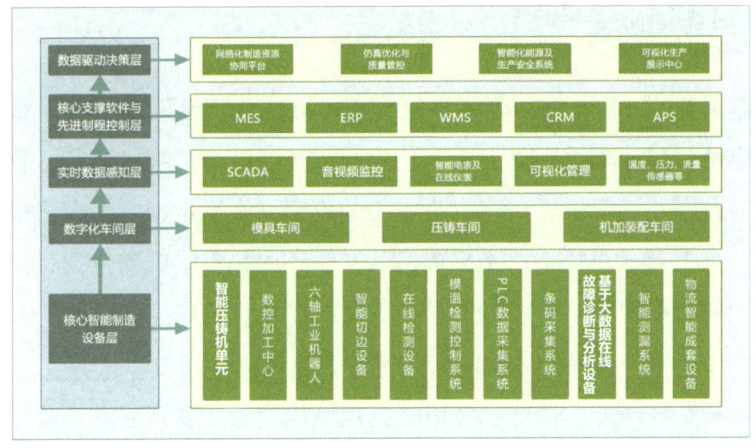

来源：大连亚明

图 9-3　关键压铸件及模具数字化工厂总体架构图

- 核心支撑软件与先进制程控制层：将单机控制设备串联升级为离散式控制系统。
- 数据驱动决策层：工业机器人、专机、物流设备等是终端执行装置，承接上层的决策命令。

大连亚明的数字化系统通过 ERP 和 MES 的集成及制造工艺过程现场的自动数据采集和可视化系统，实现对工艺流程智能化的信息化管理，包括工艺过程运行的动态优化及工艺制造信息和管理信息全程的数字化和可视化，最终实现全流程的智能感知、优化决策和动态执行。

该系统的应用使数字化工厂的效益得到了明显提升。在 2015 年和 2019 年两个自然年产值几乎相同的情况下，大连亚明通过智能化系统的应用，在相同运转周期内收获了总体生产效率提升 40.46%、运营成本降低 22.03%、产品研制周期缩短 33.33%、产品不良品率降低 58.2%、单位产值能耗降低 16.5% 的卓著成效。

大连亚明建设的压铸件及模具智能制造数字化车间为我国汽车压铸件核心制造装备和核心功能部件制造水平的提升提供了新的动力，也为我国压铸行业的智能化改造提供了可复制、可推广的范本。

9.4　重塑韧性敏捷数字化供应链

随着 IoT、AI、大数据等新兴技术的发展，数字经济成为经济增长新引擎，供应链转型迎来了春天。数字技术、数字经济与供应链结合，形成了新的形态。数字化供应链是以客户为中心的价值网络平台，它将客户体验摆在第一位，该平台运用数字技术多渠道感知、获取并实时监测数据，提高数据利用率，通过挖掘需求、刺激需求、供需匹配及价值网络的感知与管理等过程完成产品交付，在降低风险的同时实现企业效益。

根据德勤的研究，传统的供应链正逐渐演变为互联互通的矩阵结构，是具有较高灵活度和韧性的数字化供应价值网络。该网络具备六个方面的能力，除了同步规划、智能供应、智慧工厂和动态供货，还扩展了获得最广泛认可的供应链运作参考模型（Supply Chain Operations Reference，SCOR）所没有的两项能力——数字化开发和关联客户，如图 9-4 所示。

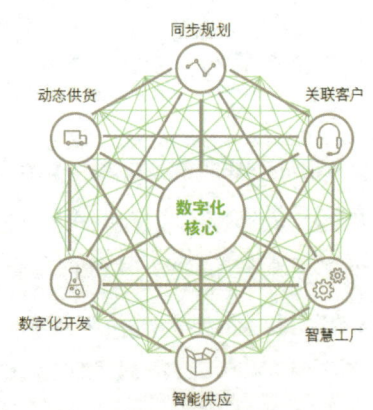

来源：德勤洞察

图 9-4　数字化供应网络

企业充分利用数字能力和建立在综合供应网络上的数据，可以提高自身的智能水平。企业与生态体系内的相关方进行数据和信息的实时传送和接收，可以强化供应链的韧性，有效地应对多变的市场环境，以发掘新的价值。

根据德勤的研究报告《数字化供应网络的崛起》（*The rise of the digital supply network*），未来的数字化供应网络具有以下五个方面的特征。

- 迅速敏捷：数字化供应链网络以安全的方式整合传统数据，建立基于传感器和位置、以适时和实时为特征的新型数据库，以迅速、及时地对网络变化和突发状况做出反应。
- 互联社区：通过价值网络与供应方、合作方和顾客进行实时、无缝、多模式的沟通与协作，从集中的、标准化的、同步的数据中获得对整个网络的洞见。
- 智能优化：综合人工、机器、数据分析、预测洞见和积极举措等要素，建立学习闭环，实现人机协作，完善针对具体解决方案的决策制定。
- 端到端透明：利用传感器和基于位置的服务，实现物流追踪、日程同步、供需平衡和经济效益，提高供应网络关键领域的可见性。
- 整体决策：基于相关背景信息，实现各部门运营情况及整体层面信息的公开透明，包括性能优化、财务目标的权衡取舍，为整体网络做出更好的决策。

在当今紧密互联的全球经济中，通过数字技术强化韧性已经成为商业尤其是供应链网络的当务之急。高韧性、敏捷的数字化供应链不仅能保护、维持或快速恢复供应链运营，而且能利用变化的条件重新校准，敏捷地响应业务激烈变化或中断，把握可获得弹性增长的机遇。这将直接推动企业业绩的提高，包括缩短产品上市时间、提升运营效率和效能、创造新的营收机会及提高营收和净利润。

案例研究 | **安吉加加：传统制造企业管理全链数字化实践**

安吉加加信息技术有限公司（以下简称"安吉加加"）是上汽安吉物流

股份有限公司的全资子公司，是专业从事计算机软件系统研制开发、信息化工程系统集成及提供成套集成解决方案的高科技型企业。

上海柴油机股份有限公司（以下简称"上柴"）的前身是上海柴油机厂，始建于1947年，已有70多年的历史，现隶属于上汽集团，是一家从事发动机、零部件以及发电机组研发、制造的传统制造型企业。

安吉加加凭借其在供应链和制造业领域丰富的数字化变革实践经验，以自主研发的"魔镜1+3"系列大数据产品为依托，助力上柴分步落实数字化变革规划（见图9-5），建立企业数据运营完整闭环，搭建生产、销售、智慧服务等智慧大屏，实现运营全链路对各方干系人公开、透明，共享信息，实时精准推送各项节点及异常指标，引导智能决策。

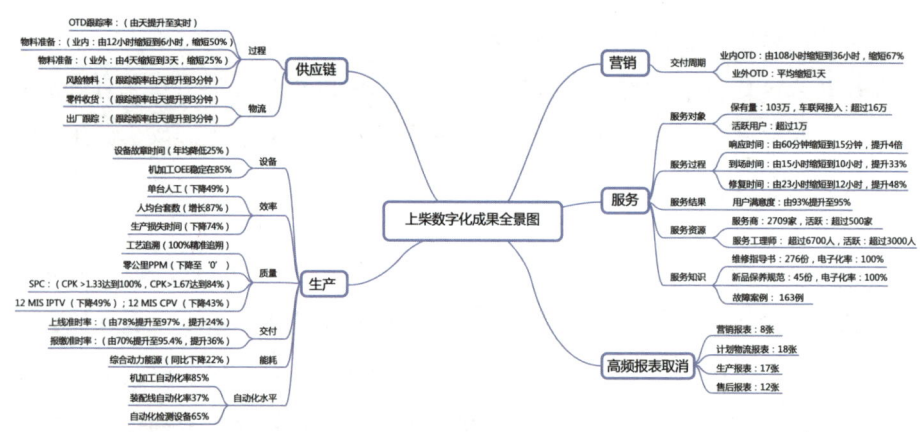

来源：安吉加加

图 9-5 上柴数字化运营全景图

生产车间将数字化的运营思路，应用在"人、机、料、法、环"各作业环节，对生产过程进行实时监控，将产量、产能利用率、生产效率、成本质量等即时数值或变化趋势展示在生产大屏上，实时披露真实数据，如图9-6所示。更具特色的是，生产车间为自己构建了一个实景映射模型，管理者站在屏幕前便可总览全局、实时调控。

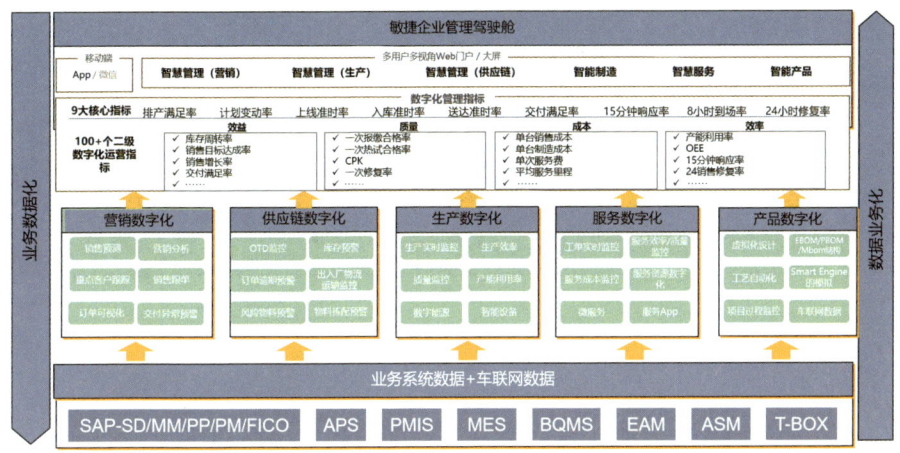

来源：安吉加加

图 9-6　上柴数字化规划

　　供应链管理实现了需求、生产和交付全链路数据流，同时结合流程再造，实现了跨部门流程端到端的打通；实现了"一单到底"看时效——通过订单号实现发动机全交付周期可视化，管理者和客户只要掌握订单号，便能了解该订单目前的生产和运送状态；自动运营预警机制为供应链的及时交付保驾护航。

　　在产品服务方面，上柴坚持以客户为中心，通过数字化手段，结合售后服务管理要求，利用智慧服务大屏对服务工单响应、到达和修复等各环节进行监控，实现服务过程的全程透明化；通过对服务对象和服务工程师的人物画像，实现服务资源的合理调配；结合车联网数据，对发动机产品进行实时监控，提高主动服务频率，将客户的问题解决在萌芽状态。

　　在顺利完成主要业务的智慧大屏后（见图 9-7），上柴将继续践行以用户为中心的理念，积极提升产品服务的能力与效率、提高售后服务的客户满意度。

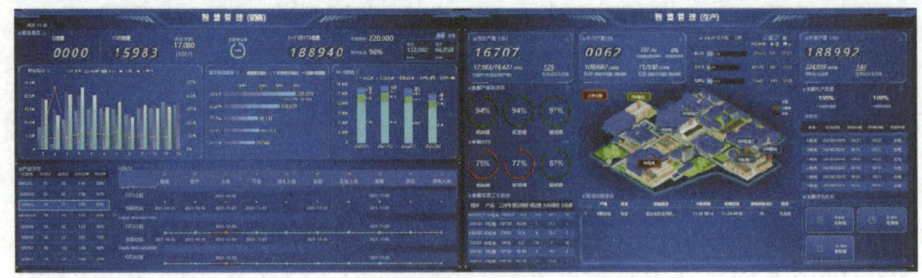

来源：安吉加加

图 9-7　上柴智慧大屏

产品服务是上柴业务数据化项目的两条主线之一，另一条主线是产品准时交付（On-time Delivery，OTD）。在 OTD 方面，上柴的智慧之路也实现了创新突破（见图 9-8），不再局限于出入厂交付过程，而是拓展为涵盖销售、生产、物料供应三个环节的环环相扣的、信息与流程交互共享的交付全链路。

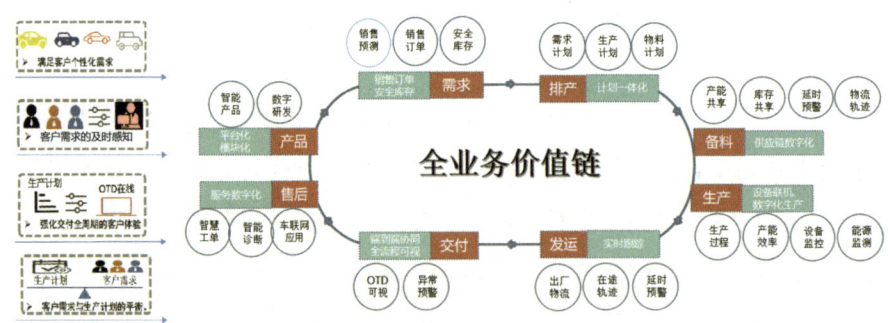

来源：安吉加加

图 9-8　上柴 OTD 闭环

"魔镜"系列大数据产品与全链路 OTD 实现了强强联合。在清晰的全链路 OTD 的业务基础上运用"魔镜"系列大数据产品，极大地缩短了项目

建设周期，实现了日均数据处理量高达 10 GB、应用系统每秒查询次数突破
1 000、调度系统每日完成 1 000 个任务等技术成果（见图9-9）。

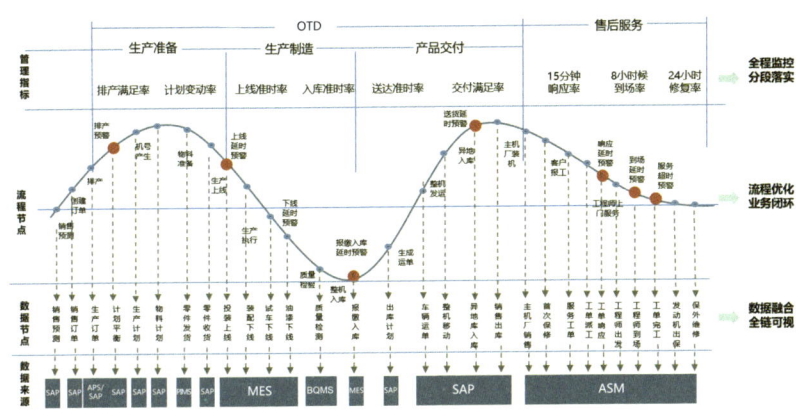

来源：安吉加加

图 9-9　上柴全链路 OTD

　　沿着OTD的这条数字化变革建设主线，上柴分别实现了产品、营销、
生产、供应链四大模块的数字化建设。

　　安吉加加在传统制造业数字化变革案例的基础上，2021年加大了供应链
领域的软件研发投入，完全自主研发的一体化供应链解决方案（四骁）在工
业品、快消、新零售和新能源汽车等行业均实现了突破（见图9-10）。

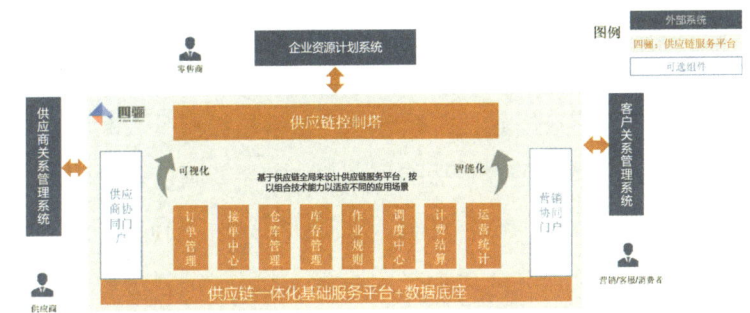

来源：安吉加加

图 9-10　安吉供应链一体化服务平台

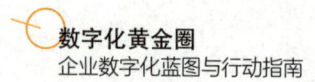

9.5　注入数字化增强产品和服务

根据 IDC 的调查数据，截至 2020 年，全球 2 000 强企业中有一半企业的大多数业务取决于其创造数字化增强产品、服务和体验的能力。中国 1 000 强企业中有 50% 的企业也是如此。

数字化增强产品和服务，是指企业将数字技术或数字化手段注入现有产品和服务，以扩展现有产品和服务的功能和能力。数字化增强产品和服务通常表现为数字和物理的混合形式，物理设备还是传统产品的主要载体，软件和数字化则是在产品之上提供用户体验或交互的入口，如具备自动巡航功能的汽车、各类消费电子品等。以香山智能体脂称为例，它测量体脂的方法是四点接触式电极测量法，即运用电压和配置电流测量。这种方法可以精准测量人的体脂，可监测很多项身体数据，包括体重、健康评分、基础代谢、体胖指数、骨骼肌量、BMI、水分、身体年龄和肌肉指数等；还可以通过连接 App 展现并自动分析客户的数据，为用户制订瘦身计划和饮食规划等。

作为产品数字化和服务数字化的一部分，数字增强产品和服务除了本身能带来新的产品和服务功能及体验，双轮引擎中流动的数据还可以驱动企业的生产和交付模式变革，增加新的收入来源或模式。

通过数字化手段，企业可以提升现有产品供应或分销链的沟通协同效率、扩展客户服务的方式或渠道等，也就是改进现有产品的交付过程，这对所有行业均有效，包括农业、快速消费品等。例如，迪士尼魔术手环（Magic Band）植入 RFID 芯片，将智能设备融入传统主题公园，这些手环集进入主题公园、打开宾馆房门、园内消费、预订乘车等功能于一体，完美地实现了主题公园数字化。迪士尼透过这项数字增强服务大大提升了服务品质，将游客的一举一动都记录在后端平台中，其主要目的是分析个人在园区的消费记录、偏好、喜欢的游乐设施，以便日后针对不同客群设计个性化服务。该手环的推出，让游客能更加尽情地享受园区中的各项设施及服务。该创新服务给迪士尼带来了新的收入和品牌价值，增强了迪士尼乐园的吸引力。可以说，迪士尼通过魔术手环重新定义了为利益相关者创造和交付价值的方式。

案例研究 | **欧菲斯集团：从传统一站式采购平台到数字化采购服务平台的全新蜕变**

欧菲斯集团股份有限公司（以下简称"欧菲斯"）扎根办公采购行业多年，致力于为行政事业单位和企业提供一站式办公整体解决方案。欧菲斯构建了成熟的业务体系，搭建了一站式电商平台并实现了全流程自主控制，打造了专业的、深谙用户心理的服务团队。其全新战略定位是构建由数字平台、交付网络和数据资源驱动的数字化采购服务平台，打造全国统配能力、当地服务能力和规模集采能力，全面满足各类机构的办公物资采购、员工福利和MRO^①等采购需求。

为了顺应时代潮流并实现集团持续健康发展的战略目标，欧菲斯不断探索实践，在2016年基本实现了集团电商信息化的转型，开始打造全新的商业模式，并通过创新型四大战略（电商信息化战略、产品整合战略、千店计划战略、大客户战略）的制定与实施推动集团发展。

欧菲斯的数字化变革分为三个阶段——面向客户多方位电商解决方案、集团内部信息化建设、办公行业数字化平台及中台建设。当前，欧菲斯的数字化变革已处于全面整合集成阶段，欧菲斯已经制定了未来10年的整体转型规划。

欧菲斯致力于通过三个阶段的发展，逐层实现采购数字化、供应链数字化和全产业链数字化，成为企业数字化采购的新基建。2021—2023年实现全数字化采购，从整体流程在线到物流、交付透明化；2024—2026年成为办公行业数字化采购大平台，实现供应链上下游全在线协同；2027—2031年实现

---

① Maintenance（维护）、Repair（维修）、Operation（运行）的缩写词，指非生产原料性质的工业用品。

全产业要素在线化，形成欧菲斯数字化采购生态。欧菲斯由传统门店转型 2B 互联网电商，主要解决 B 端客户多场景的集中采购需求，并进行互联网商城建设，自研了"五线三通"产品。

合约在线是办公伙伴（欧菲斯集团的核心品牌）专门为客户搭建的云专属采购平台，合约客户通过专属账号进入合约平台自由采购；订单交付信息实现了可视化，可实现全渠道订单收订，订单审核和分仓处理迅速，可根据收货区域自动选择物流和仓库。例如，中央国家机关政府采购中心项目自 2016 年开始运营，由线下采购转变为线上电商采购，办公伙伴不断助推用户采购完成电商化转型，2018 年办公采购全年交易量名列前三，2019 年上半年交易额综合排名第二。

企业在线即企业商城独家模式，主要服务于大中型企业的采购，为企业用户制定专属平台，提供可展示企业客户自身品牌或公司形象的专属采购界面。办公伙伴利用技术手段为自身没有电商平台但又有明确的采购范围要求和商品采购价格的用户进行端口对接，为其定制专属平台。例如，办公伙伴为广发银行客户提供方全国的一站式企业服务。

政采云在线即政企电商解决方案，是主要针对大型国企、央企等客户的一种电商化解决方案。办公伙伴根据客户的商城模式，利用技术手段通过客户商城主动调用商品、订单等接口，通过端口的直接对接实现交付，完成落地服务。办公伙伴对政企单位的采购进行全过程管理，实行预算范围内按需自主采购。国家电网自 2014 年实行超市化线上采购，2017 年开始网上商城电商集采，办公伙伴 2018 年全年实现了 5.4 亿元的销售额，综合排名第二。2019 年上半年交易额达 2.02 亿元，市场占有率达 15.44%，综合排名第三。

由于业务成倍增长，内部流程需要在线化，还要提升客户体验，所以欧菲斯对集团内外部的业务进行了重新架构：建设办公伙伴电商信息系统，通过搭建售前、售中、售后及内部管理平台，实现客户服务及内部管理的高度信息化；搭建以中台为订单业务、采购业务处理中心，后台为财务处理中心的业务架构，以及保证前台业务灵活性和后台业务集成性的管理体系。

在所有后端系统都已建成的情况下规划中台服务，将所有后端系统全部以中台服务方式进行规划，业务平台对接中台服务。

目前，基于中台服务开发的平台有合作商集成平台，该平台主要面向合作商，合作商所有的业务操作和数据都集成在此平台。

合作商使用的系统孤岛式并存，存在效率低的问题，无法快速响应日益增长的业务需求，数据也无法高效协同，数据难以沉淀，难以实现智能化驱动业务。各个环节的数据分布在各个操作系统中，整理的工作量较大。操作系统较多，各个系统账号密码不一，对接信息量过大，多数合作商的岗位兼容，登录、切换系统步骤较为烦琐，较难高效处理业务。合作商业务集成平台可以作为成本节约的敏捷后台，以用户为中心，统一系统门户，统一入口，实现一站轻松处理业务。统一的业务、数据融合平台，在各业务单元自主发展的基础上，确保了数据信息打通共享。合作商集成平台入口集成多个外围系统后，所有的与欧菲斯业务往来功能全部集成到此平台。合作商集成平台集成系统包括合约平台、供应商协作平台、配送管理系统，未来还将集成应收款管理系统、品商通、合作商一体表等系统。合作商集成平台的投入使用让合作商处理业务更加便捷，从账号集成、业务集成、信息集成这三个方面提升了操作体验，促使业务数据高效流通，实现业务增长。从集团层面来看，合作商集成平台的上线对集团整体业务发挥了辅助赋能的作用。

目前平台上已有合作商用户超过 5 000 家，日产生订单量超 3 000 单，年交易额超过 100 亿元。合作商可以通过该平台完成从接单到对账的全流程交付管理。下一步，欧菲斯将与城市合伙人共创，推进合作商集成平台的 SaaS 化，将其打造成为合作商的业务管理平台，帮助合作商实现数字化变革。

基于 28 年办公行业经验，欧菲斯从客户痛点和需求出发，面向不同类型客户构建了 N 种数字化采购场景，包括 API、线上超市、企业商城等主要模式，而且随着客户群体和采购品类的拓展，正在创新、孵化一系列新的采购模式。

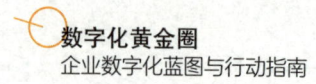

9.6 核心命题与行动锦囊

数字化黄金圈之面向运营，主要包括数字化流程、企业架构、生产集成、数字化供应链、数字化增强产品这五个方面的核心命题。企业可根据数字化黄金圈指数，回答相应举措的核心命题，并对标企业数字化的实践者或非凡者的特征和行动锦囊，以获得进一步提升其数字化成熟度的举措或建议。

推进业务流程和规则数字化

本落地举措的核心命题：企业核心业务流程的数字化、自动化及智能化程度如何？数据驱动流程绩效的机制及运行效果如何？

企业数字化实践者通常具有的特征包括：沿核心经营流程将 RPA 和 AI 等技术用于实施并优化若干端到端流程的自动化；正在进行系统性的推广，在替代遗留系统或功能方面取得了巨大成功；开始利用 AI 或机器学习技术取代部分由员工重复执行的工作；对非自动化流程进行精简，推动内部和外部平台之间的自动化；已经在部分领域试行流程绩效管理。

企业数字化非凡者通常具有的特征包括：使用 iBPM 和 AI 等技术对核心业务和服务流程进行端到端的数字化重构，通过规则数字化实现了非常高的灵活性和自动化程度；业务运营模式是自适应的、多学科的、敏捷的，并具有全新的智能特征；利用数据分析机器人和机器学习等工具大幅度提高运营效率，成本显著降低；数据驱动业务流程绩效的机制已经建立并有效运行；遗留系统已被逐步替换。

规划一致的企业架构与治理

本落地举措的核心命题：企业采用企业架构的规划方法、治理机制及应用水平如何？

企业数字化实践者通常具有的核心要素特征包括：企业架构得到了广泛应用，以确保企业业务与 IT 系统的融合；企业架构的应用范围已扩展到企业的供应商和客户等；高层参与企业架构规划与成果的阶段性评估，业务部门主动参与企业架构规划，企业架构规划团队参与业务活动和预算过程；企业架构规划由企业架构管理委员会管理，企业架构规划团队参与新项目定义；企业架构成果实现电子化，其控制和管理实现规则化，企业基于企业架构成果对业务和 IT 投资进行程序化的治理；规划或项目按照业务增值和投资成本来衡量，未来架构是未来投资的蓝图，并被纳入企业预算。

企业数字化非凡者通常具有的核心要素特征包括：企业架构的实施带来了创新，企业同时考量成本效益和端到端价值的贡献；企业架构已经被用于管理生态环境系统；高层参与企业架构优化；企业架构规划团队掌握项目组合的管理权；企业所有业务部门重视企业架构并参与部分决策；持续监测企业架构规划及其成果，并根据监测结果进行调整和优化；企业架构成果被用于企业战略规划和治理活动，以不断提升战略规划和决策水平；评测业务和 IT 投资价值；企业架构规划团队参与企业战略规划，并评测业务量化增值；企业架构成为企业文化的一部分，业务与技术双轮驱动企业创新；企业架构成效、预算与采购方案渗透到企业所有的投资规划中；投资于面向未来数字化颠覆的分布式云原生新一代企业架构的跟踪、研究和实践，为增强数字体验、业务平台化、智能化打牢基础。

实现全要素的智能生产集成

本落地举措的核心命题：企业在制造性或服务性生产环节中，数据及系统的集成使用情况如何？新兴数字技术和先进制造或生产技术的使用水平如何？

企业数字化实践者通常具有的特征包括：已经形成完整的系统集成架构并制定了实现智能生产全要素集成的路线图；采用传感技术实现了制造关键环节数据的自动采集；建立了统一的数据编码、数据交换格式和规则等，整合数据资源，支持跨部门的业务协调；具有设备、控制系统与软件系统之间集成的技术规范，包括异构协议的集成规范、工业软件的接口规范等；通过中间件工具、数据接口、集成平台等方式，实现跨业务活动设备与系统之间的集成；正在集成 PLM、ERP 和 MES 中的数据，并已经实现部分打通，以解决内部数据孤岛及流程协同的问题；高级机器人、AR 和 IoT 等已经投入应用实践；对人员、资源、制造等进行数据挖掘并形成知识和模型等，以实现对核心业务活动的精准预测和优化。

企业数字化非凡者通常具有的特征包括：已经建立了统一的企业级数据中心；PLM、ERP 和 MES 中的数据已经集成；初步实现上下游及供需信息的双向互通；端到端集成开始推进；建立了常用数据分析模型库，支持业务人员快速进行数据分析；通过数字孪生技术仿真制订生产计划，在生产和物流等环节中使用高级机器人，并引入 AR 技术；采用大数据技术，应用各类型算法模型，预测生产环节状态，为生产活动提供优化建议和决策支持；通过 ESB 和 ODS 等方式实现全要素生产业务活动的集成。

重塑韧性敏捷数字化供应链

本落地举措的核心命题：企业是否在供应链上充分实现了实时可见？供应链的流程优化、柔性水平及自动化的优势发挥得如何？

企业数字化实践者通常具有的特征包括：着重于提高更多供应链伙伴的绩效；实现了对供应商、制造商、物流、发明者和客户体验的实时端到端可视（如需求感应）；流程（从订单到现金、仓库、配送等）高度自动化，智能机器人解决方案到位，合作伙伴的活动得到整合；数据在这些集成系统中共享，绩效考核延伸到整个网络；旧的流程正在被数字化改造。

企业数字化非凡者通常具有的特征包括：着重于测量和改善整个贸易伙伴网络的绩效，以满足客户的需求，同时保持利润率；高度自动化且动态的供应链具有完整的端到端可视性、涉及 AI 和区块链的交易流程及风险响应能力；链上的所有节点都被连接起来，如供应商、（合同）制造商、配送中心、第三方和第四方物流供应商及客户；对数据进行监控以减少问题并缩短交货时间；AI 和高级分析技术被应用于所有供应流程，网络能够感知和预测供应链中的需求或中断，并为网络内的供应商设置最佳安全库存，提升企业韧性和敏捷的自动化决策与执行水平。

注入数字化增强产品和服务

本落地举措的核心命题：企业运用数字技术改造、升级现有的产品和服务的深度和广度如何？效益如何？

企业数字化实践者通常具有的特征包括：已经感受到产品和服务数字化的意义和潜在价值，并将数字技术应用于核心产品本身的生产和交付过程；特别是在传统产品的营销和售后服务环节注入了大量的数字化属性；数字与物理的混合形式的新产品和服务开始投入市场，收入占比开始上升；已经制定数字化增值的绩效目标，但还没有进行准确的评测；数字增强产品和服务所需要的组织能力和人才技能等还有一定的提升空间。

企业数字化非凡者通常具有的特征包括：已经将产品和服务的数字化作为战略落地的重要支柱之一，数字化正重新定义产品和服务，数据已经成为产品和服务的最重要特征和要素；产品的生产和交付核心过程已经全面数字化；有专职团队负责数字增强产品的创新孵化、市场跟踪和收益评估；有证据表明，数字化开始成为差异化优势的重要来源，数字增强产品和服务给企业带来了 20% 以上的品牌溢价。

第 10 章

面向客户，成就数字化转型，
提高客户保留和市场占有率

面向客户的数字化转型：专注于规模化客户共情和洞察，转型为以客户为中心的组织，利用数字技术在客户沟通与交流、客户旅程、全方位体验、全渠道营销、客户服务与成功等方面进行业务变革和重塑客户价值来改变行业价值链，并提供个性化产品或服务和解决方案，在激发数据要素价值的同时有效保护用户隐私，以提升客户忠诚度、客户净推荐值和市场占有率。

本章聚焦以客户为中心的变革，成就企业数字化转型，并围绕以下 5 个落地举措展开介绍和实际案例解析：

- 洞察旅程中客户需求和商机；
- 开发高体验个性化数字产品；
- 开启全渠道的数字化新营销；
- 强化智慧的客户服务与成功；
- 激发数据要素价值保护隐私。

10.1 洞察旅程中客户需求和商机

几乎所有的非凡企业都通过以客户为中心的核心战略来创造价值。利用数字技术，通过规模化共情获取客户洞察、提升客户体验、开发个性化产品或服务、创新商业模式，将为企业带来核心竞争力和前所未有的商业价值。作为客户体验管理的重要依据，客户旅程正渐渐与企业因时而变的战略统一步伐。

作为创新设计思维中获得最广泛使用的用户研究工具之一，图 10-1 所示的客户旅程图可以找出特定时间周期内，用户与企业产品或服务互动的所有渠道之间的关系（关键接触点、感受、动机和问题等）。企业可通过数字技术等手段增强与客户的互动。企业通过客户旅程研究创建用户画像，获取客户全过程的数据，洞察客户需求和期望，把握客户痛点，最终提炼出产品或服务中的优化点和设计机会点，并在此基础上进一步重构产品或服务的功能和体验，获得更多的商机和业务增长。

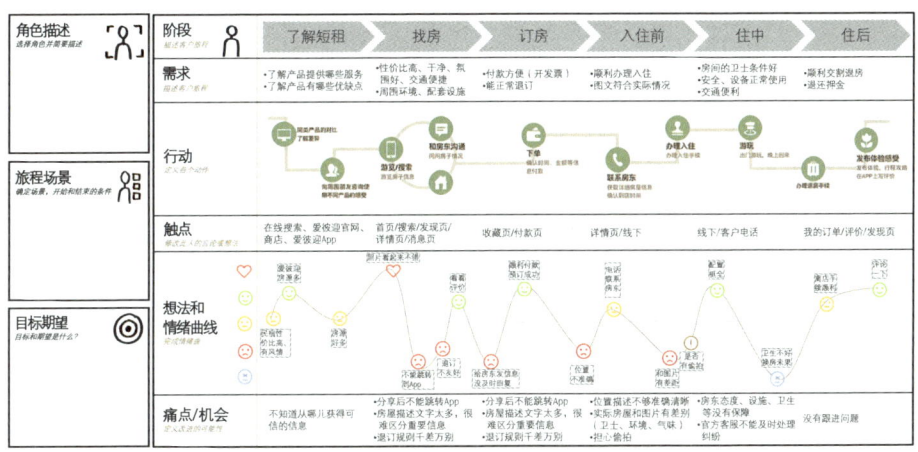

图 10-1　客户旅程图

招商银行通过客户旅程洞察开发了一系列微创新服务，提升了客户体验。例如，如果你正在申请招商银行的信用卡，招商银行就会主动提供上门服务，还会在办卡成功后通过微信等方式通知你，并将信用卡寄送到你家里。在办理的时候，招商银行还会提供一些优惠甚至额外的奖品，让你在整个办卡过程中觉得非常舒心。另外，银行员工有了你的联系方式后，还有可能为你提供一些实物奖品或邀请你参加线下讲座，引导你去银行的办理点，这样一来，你和银行员工就多了一次互动。通过线下互动，银行对你的信息及偏好等有了更深入的了解，你在整个过程中也不会感到不舒服。这就是客户旅程所带来的双赢结果。

案例研究 ｜ 太平洋保险的数字太保重塑全部客户关键旅程

客户端及客户关键旅程的数字化居于太平洋保险"数字太保"五大战略之首。太平洋保险的数字化终端已基本覆盖客户的关键旅程，实现了 B2C 的端到端交互，通过把客户变为用户，实现了运营效能和客户体验的最佳结合。作为 AI 在保险行业的应用典范，太平洋保险的 AI 保险顾问——阿尔法保险已经被人熟知。

在太平洋保险，客户旅程是指从客户视角审视客户所体验到的产品和服务的各个环节，而这些环节实际上构成了客户与企业交互和联系的接触点。其中，一些重要且容易产生客户痛点的业务场景被称为关键旅程；同时，根据客户在这些接触点的满意度、情绪及感受，还可以确定客户旅程的关键时刻。

根据太平洋保险的用户分析研究，保险行业的九大核心客户旅程包括信息感知、签订合约、合约内容变更、保险退订、保险理赔、缴费和保险续投、保单信息查询、反馈与投诉及其他增值服务。在数字化时代，太平洋保险要实现"数字太保"战略，就要根据即将交付给客户的产品，规模化共情，洞察客户痛点，并验证客户关键旅程的假设，使传统的线下客户变为线上用户，变被动服务为主动服务。

以汽车保险为例，通常在车险即将续保近 3 个月的时候，客户会遭受车险销售电话的骚扰，而保险公司则被中介渠道的高成本压垮。为了摆脱上述困境，太平洋保险在深圳开展试点项目——微信公众号自助续保服务，这一试点项目取得了圆满成功，自助续保服务入口打开率高达 96.8%，续保率高达 82.7%，较好地解决了客户关键旅程上的痛点。

10.2 开发高体验个性化数字产品

数字化变革的核心任务之一就是利用数据和数字技术开发高体验个性化产品、服务和解决方案。企业要利用可升级的定制化服务和系统，让产品的功能及体验不断迭代，从而延长产品生命周期。

数字产品集通用化硬件、可升级软件和灵动服务于一体，为客户交付业务成果而不是单纯的产品。从传统产品到数字产品通常涉及多个方面的升级：产品从传统硬件到基于传感器的数字增强、再到基于嵌入式软件和数据的高体验个性化数字产品，并向智能互联转变；客户从购买产品向购买不断升级的服务体验转变；从传统的上下游协同向以个性化、定制化为根本特征的 C2B 数字化价值链拓展；竞争焦点从单一产品向共享场景和生态转变。

企业运用客户旅程等用户研究工具及内外部数据洞察中发现的需求、痛点、问题等，提炼出产品或服务中的优化点、设计的机会点和额外产品的附加值，在此基础上进行个性化产品或服务设计、数据建模、开发或重构，并获得更多的客户价值或创造新的市场增长机会。

企业要通过数据和科技手段开发数字产品和服务，以替换原有的产品。例如，奈飞（Netflix）通过开发流媒体视频和音频订阅服务，替代了原来的 DVD 和 CD 的线下租借服务。再如，美图秀秀是一款强大的数字产品，用户遍布全球，它拥有其他同类产品所没有的丰富特效和拍摄模式，能美化照片并加上生动的贴图，让用户随时随地分享美图。美图秀秀将数字化的产品、服务和体验融合在一起，吸引用户并与之互动，创造了极致的用户体验。

随着消费者和企业将注意力从购买和拥有产品转向按需访问和使用产品，企业也可以通过数字化来转变价值主张。例如，劳斯莱斯从销售喷气发动机到按发动机使用小时数收费的转变，使得其价值主张从拥有可以为飞机提

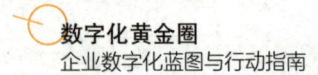

供动力的资产，转变为拥有发动机实际使用的小时数。

案例研究 | **上汽大通MAXUS打造全球首家C2B个性化定制工厂**

"每个用户都是与众不同的，买车也要与众不同"，这是上汽大通在2016年4月宣布转向C2B模式，为用户提供个性化、定制化汽车的根本原因。C2B模式的最大价值在于直连需求者和生产者两端，实现更加扁平化的商业过程。

C2B模式的核心是用户驱动企业，实现全价值链数字化直联，即基于互联网和云计算，在全价值链上实现与用户及伙伴的数字化直联和互动。C2B的价值在于数据化、平台化和数字化用户运营。上汽大通通过我行用户运营，洞悉用户产品需求及产品使用数据，推动新产品开发及产品迭代。上汽大通通过我行用户全生命周期交互平台，将整个开发过程全部开放给客户，针对产品定义、开发、认证，到定价、选配、改进等环节在线上和线下与客户高频互动。定制化模式直接提升了上汽大通的行业竞争力，上汽大通可以建立非常忠诚的客户圈层，目前其老客户传播转化率已接近30%。

我行MAXUS平台蜘蛛智选智能选配器是连接用户与上汽大通的纽带，如图10-2所示。上汽大通通过蜘蛛智选营销体系，打通营销和研发制造的完整数据链，满足用户对个性化产品定制和个性化服务的需求。蜘蛛智选是上汽大通的智能选配器平台，它既是用户在线购车通道，也是上汽大通粉丝发表各种想法的聚宝盆。在这个平台上，上汽大通全系产品均可定制购买，每一项配置对应不同的说明和价格，用户在线下单并支付定金后，车辆在25~28天即可完成交付。

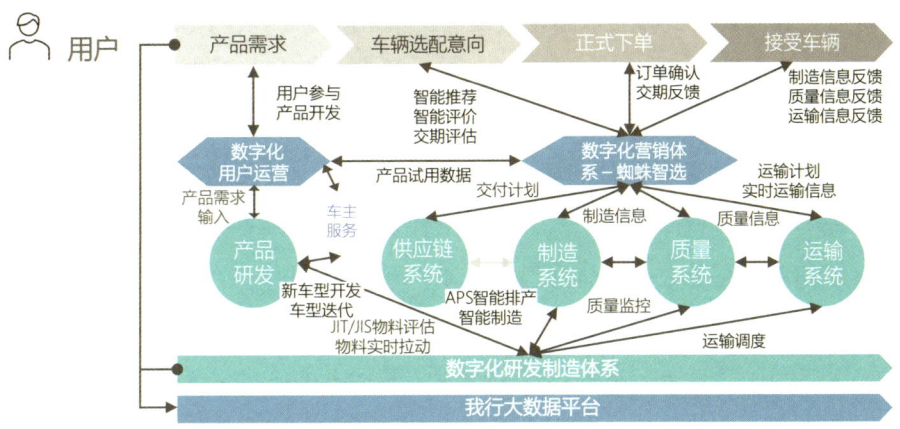

来源：上汽大通（灯塔工厂 C2B 分享）

图 10-2　上汽大通 MAXUS C2B 业务整体架构

在 2019 年 7 月份举办的夏季达沃斯世界经济论坛上，上汽大通位于南京的 C2B 工厂从全球 1 000 多家工厂中胜出，入选工业 4.0 "灯塔工厂"（Lighthouse）名单。上汽大通不仅成为 2019 年度唯一获选的国内汽车制造企业，也是我国境内第一家获得此奖项的整车企业，其入选理由就是 "独特的定制化智能生产优势"。

案例研究　**亨达集团：立足"用鞋"场景，以创新思维打造足部健康解决方案**

青岛亨达集团有限公司（以下简称"亨达集团"）成立于 1984 年，一直深耕制鞋领域，逐渐发展为规模巨大的民营制鞋企业集团。在经历了 2012—2014 年的快速发展后，亨达集团的门店经营质量和分销商运营质量出现急剧变化，同时社会日销品线上线下竞争日益加剧，公司的盈利能力持续下降。为了改善运营，亨达集团在 2014—2016 年先后引进多家咨询、诊断、管理机构进行诊断和改善，为企业改革或改善提供了有力的支撑。

（1）更新商业结构，改变商业模式，推动跨界融合，推动数字化变革进程，利用线下物流、服务等模式与线上资金流、信息流、商流融合，实现线上线下联动，统筹数字化、智能化全渠道布局；转变业务管理与运行模式，将智能、共享、精细等理念注入每个业务环节；将"每一次革新都不是对前一次的补充，而是完全的颠覆"的创新思维作为指导。

（2）创新发展了"亨达孝亲"品牌，以"孝亲文化"为引领，以公益活动为支撑、以"孝亲大联盟""孝亲讲堂"为宣传亮点，全方位进行植入和铺垫，使孝亲品牌在一段时期支撑了企业新一轮增长和发展。

通过 IT 的融合、用户需求点的改善及文化和体验的强黏性，亨达集团不断地创新，最终于 2019 年推出"足健康智慧管家"项目。亨达集团从旗下鞋类产品出发，让鞋类产品实现三步跨越，扩展了鞋类产品的形态。

（1）关注细分市场，将细分市场规模化，形成规模宏大的个性化可持续发展机制。亨达集团将产品市场依据地域和人群两个维度细分，利用分布于各个城市的终端收集用户需求与反馈，让客户拥有消费主权，形成可持续的订阅式消费模式，保证一定的生产规模和生产节奏，将被动式的"货找人"模式转变为主动式的"人找货"模式，将以库存为生产规模基准转变为以订单量为生产规模基准。

企业只需做好标准化，管理好每个终端，更好地为顾客提供优质的体验。体验性和互动性增强之后，就会产生新的需求，衍生新的商业模式，带来持续的盈利和利润。针对孩子、老人或某一特定人群，都可以采用这样的架构与服务，其背后则是通过大数据分析挖掘每一个人群的需求，打造更好的体验。

（2）以 IT 跨界思考为基础，边缘创生，数字赋能普通产品。亨达集团对已经细分的市场实行二次细分与深度研究，根据用户的生活习惯及辅助保健等将用户的个性化需求转为功能，将特殊功能转化为产品。只有依赖可靠的数据与客观的分析，才能完全实现"量身定制"，并在数据库逐渐变得庞大的同时衍生新的产品种类。针对有特殊功能需求的人，亨达集团通过量脚定做的鞋来改善其身体状况，这不仅是一种定制，还是一种辅助康复的手段，这个背后需要强大的数字化支撑。

（3）专注"用鞋"，为用户量身定制可信赖的"穿鞋解决方案"，推动服务理念深入制造业。纵观人的一生，挖掘各种"用鞋"场景，并利用 AI 和大数据等新兴技术，使鞋和"用鞋"方式遍布各个场景，工作、娱乐、健身等场景都可以得到支持。服务理念与知识的价值远远超过产品本身的价值，它们能推动企业加快数字化变革进程。亨达集团此时销售的产品不仅是实体的鞋，还有虚拟的"用鞋"方式，这一解决方案涵盖了如何洗脚、为什么这样洗脚等内容，这些都是"量脚定制"的解决方案。

亨达集团将销售鞋类产品升级为提供足部健康解决方案，其中包括针对性的穿鞋方案。随着消费升级和大数据应用的推进，亨达集团利用规模化的个性化定制降低成本，根据前端需求、用户互动及用户体验开发合适的产品。

在制造业服务的背景下，深耕细分市场，利用 AI 和大数据等新兴技术创造新的"产品算法"，实时感知用户需求，满足普通渠道无法满足的需求，为实体经济增加内涵和效益，这就是亨达集团可持续发展的必由之路。

10.3　开启全渠道的数字化新营销

所谓全渠道，是指企业从直营、分销等传统多渠道的并行模式，转向线上和线下所有渠道全场景的融合模式。企业通过集成和融合全渠道商品、经销商、客户、订单、物流等信息进行洞察，再结合利用客户旅程全触点分析识别出来的潜在痛点，添加客流识别、智能货架、电子价签和互动体验屏等数字化触点，采集更多的客户互动行为和体验数据，充分发挥全渠道触点和融合场景优势，赋能一线，促进全渠道一致的体验和消费转化。

所谓数字化新营销，是指企业利用全渠道融合数据与场景的高级分析来优化和整合企业的销售渠道、流程和模式，针对客户的全生命周期旅程（客户洞察、营销策划、客户触达、客户转化和客户成功）实施有针对性的数字化营销策略，优化营销的投入产出，实现精准的客户触达和全营销生命周期的客户资产运营，最终影响客户的购买决策。数字化新营销通常包括直播、短视频等数字媒体营销和社交媒体互动营销及在标签分群和全方位埋点定制触发个性化数据基础上的自动化营销和营销自动化等模式，旨在解决传统营销客户画像模糊、营销转化率低、持续运营难等问题。

全渠道数字化营销的使命是践行企业品牌承诺，形成表里如一的文化和品牌，形成口口相传的数字口碑。借助全渠道数字化新营销，企业可实现从广告投放到效果数据的全面打通，让跨渠道、跨场景、跨端的品牌推广变得可沉淀、可追溯、可优化、可持续，形成长效机制，将以品牌为维度的客户数据资产储存起来，进而推动销售业务变革、提高市场占有率和长期可持续的业务增长。

案例研究 | 上汽大通面向用户的数字营销

随着汽车行业竞争加剧及新时代用户典型消费特征的变化，传统主机厂迫切需要面向用户转型。而在体系复杂、网络庞大的主机厂营销业务管理模式下，企业缺少有效管理方法、工具及体系化的经营效率评估工具协助其转型。上汽大通在实践大规模个性化定制的C2B模式基础上，通过建立基于数字孪生的销服一体化管理平台推动企业变革，实现了营销经营管理能力、用户运营能力的提升。

上汽大通在经销模式基础上，沉淀了直销、直营管理模式的方法和体系。在建立面向用户能力的过程中，上汽大通以用户价值为原点，梳理定义了用户全生命周期下运营场景的新标准，通过数字化重写店端运营业务，迭代新的在线管理指标并接入店内经营看板，实现了店端业务的高效更新、管理同步，建立店内"人、货、场"新的经营管理标准，支持了直营店快速复制，形成总数约 10 万的在线直联用户资产；同时，建立了新的店端业务的数字化运营管理的指标框架，结合 AI 模型自动识别核心问题，实现了业务状态的智能诊断、预警自动推送。这套由数据驱动的"四层一致、三端统一、每日拉动、目视预警"的数字化平台，协助业务建立了高效透明的管理机制，形成了多级组织经营诊断的智能映射、数字孪生。具体的行动路径如下。

（1）以平台化思维，结合业务职能专业，对业务架构进行重新梳理，通过业务体系、目标体系、数字化体系三层框架，建立业务与数字孪生映射、高效联动、问题诊断的架构体系。

（2）基于分解至各业务职能块的业务目标及分解目标，进一步制定预警规则、预警频率。通过在线化管理平台自动收集业务运营状态结果，结合目标形成"四层一致、三端统一、每日拉动、目视预警"的数据驱动的高效管理机制。

（3）从用户价值出发，用数字化重写销服一体化运营业务，在新零售、新运营业务模式的逐步探索中，在经销模式基础上，迭代直销、直营管理模式的方法和体系，结合数字化工具、平台快速实现模式和网络复制，实现 500 家经销网络、150 多名直销顾问、22 家直营店在线统一业务流转。

（4）针对经销商店内的运营，梳理、定义用户全生命周期下运营场景的新标准；结合数字孪生框架分解至店端的经营指标，实现了在线业务指导串联；迭代新的在线管理指标并接入店内经营看板，实现店端业务的高效更新、管理同步，建立店内"人、货、场"新的经营管理标准。

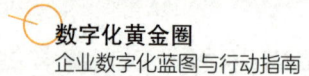
10.4　强化智慧的客户服务与成功

从华为到亚马逊，优秀的企业都在追求"以客户为中心"的战略目标，而客户服务和客户成功是其重要环节。

要想实现客户服务智慧化，就要对传统的、离线的企业服务中心的咨询、投诉、退货、现场维修和检查等全触点进行数字化升级，沉淀更多的数据并形成知识，通过引入智能客服、舆情分析等智能要素，建立全天候的客户连接与互动，提高服务效率，提升客户体验与满意度；同时，通过 IoT 设备与数字化商品建立全场景链接，向多渠道互通、全场景智能互动的方向发展。客户服务智慧化早已不仅仅是处理客户问题的一种手段，还能拓展营销新职能，通过 AI 知识图谱迭代、自动需求路由、自动化响应（自加入、自调度、自反馈、自优化、自监测、自预警、自升级、自修复等）、主动的客户关怀及高级数据分析等手段，以价值为导向，构建智慧化资源调度，提供智慧化、实时的个性化服务，以优化消费体验，提升品牌差异性和客户满意度，实现降本增效（增购、续约等）。

留住客户最有效的方法是通过主动的智慧化服务，让他们在使用企业的产品和服务时尽可能地成功（为他们自己或他们的业务解决问题），这就是客户成功。

在数字化时代，客户服务需求勃发，从以往的短信、电话到新时代的微博、微信、小程序、App、H5、抖音、小红书等新兴渠道，都对客户服务有很大的需求。

目前，在客服产品方面，支持全渠道的客服接入已经成为主流，并构建了包括工单、在线客服、呼叫中心、"文字＋语音"客服机器人在内的四位一体客服系统（见图 10-3），可以满足企业在服务、营销、协作等多个方面的需求。

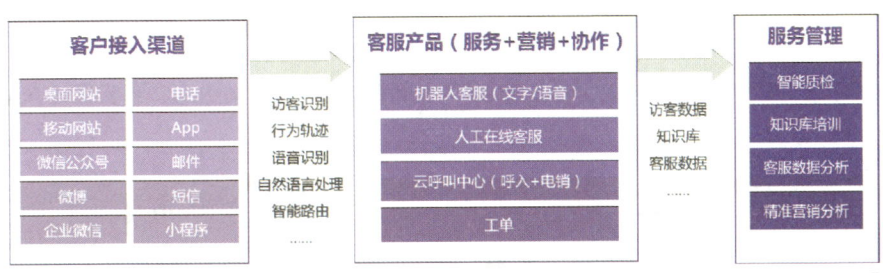

来源：《中国智能客服行业研究报告》，鲸准研究院，2018年

图 10-3　智能客服系统产品及功能服务流程

　　基于帮助客户精准营销与实现销售的需求，智慧客服会在客户接通客服的同时追溯客户的浏览记录。当客户接通呼叫中心、客服机器人等业务板块时，这些业务板块会自动收集客户的行为数据、会话数据与反馈数据，并将这些数据输入客服机器人的训练模型，使客服更懂客户，为客户提供更好的服务体验。同时，智慧客服会充分利用这些数据，为客户提供数据分析和质检服务，帮助提升客服服务满意度，使运营向精细化的方向发展。智慧客服背后的知识库对企业来说有很大的复用价值，开放的知识库可以让企业基于知识库自行开发或对接其他智能产品，实现价值最大化。例如，出现于2015年并被誉为"CRM之后最重要的发明"的Gong，通过NLP技术对语音会话进行结构化解析，以帮助企业一线员工复盘和学习每一次客户互动，无缝地为企业提供洞见。

案例研究 | **葛兰素史克的 AI 客服**

　　葛兰素史克（GSK）是专注于研发保健品和药品的跨国企业。2016年，AI客服开始被应用于葛兰素史克中国研发事业部，主要服务于财务部门、IT部门、人事部门、医学部门及与医学部门相关的医生和科学家，解决日常的

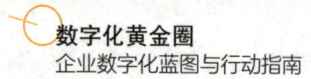
业务和应用系统问题。

葛兰素史克的 AI 客服是基于语音识别、文字识别、深度学习和 NLP 等技术，整合了邮件、电话、微信、网页、API 接口、移动 SDK 等多渠道服务的智慧客服平台。它把多个渠道的客服工作汇聚到一个平台上，实现了工单流程和管理的实时监控及智慧客服机器人与人工客服高效协同，还能通过智能分析和挖掘不断地完善知识库。

完全自主或人机混合模式的智能机器人技术极大地降低了人工客服的工作量。人工客服的工作量仅占 30%，AI 客服的工作量占 70%，这在提升用户体验的同时提高了问题解决效率。此外，人工客服可以向其他业务部门提供服务，这既降低了人工成本，又增加了额外的收入。

案例研究 | **招商银行智能服务体系打造最佳体验银行**

为实现成为"最佳客户体验银行"的战略目标，招商银行通过掌上生活与招商银行两个 App，精心打造贴心的智能服务体系，实现了智能微服务和远程银行服务模式创新（见图 10-4）。

在借记卡服务方面，招商银行以"微信公众号＋小程序＋App"为主，加强与年轻客户群的互动，提供个性化服务，提高品牌影响力。

在信用卡服务方面，招商银行开发了具有多种功能的机器人，包括质检机器人、智能服务机器人和智能坐席助手机器人。呼叫中心入驻掌上生活App，满足了用户的视听需求，既提高了服务水平，又提高了用户满意度。

在远程服务方面，招商银行通过设立网络经营服务中心，让客户足不出户就可以享受全面、实时和专业的银行服务；同时，不断充实智能机器人的数据库，不断优化模型和增强算法，使智能服务机器人更懂用户。

面向全渠道、全产品、全客群的智能服务体系正突破服务边界，招商银

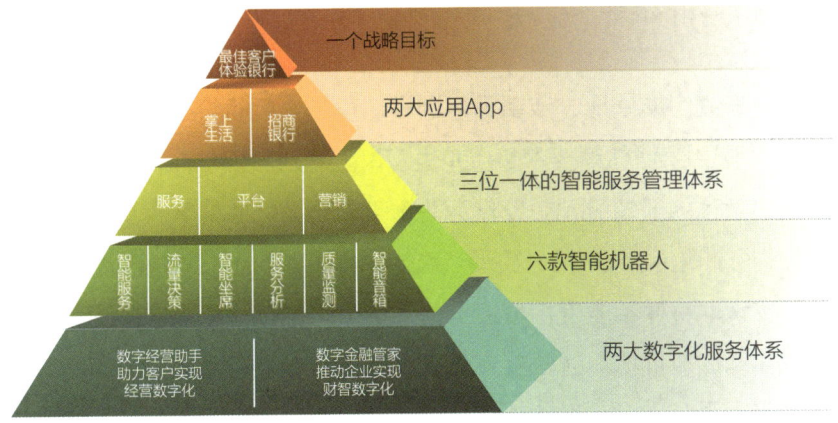

图 10-4　招商银行智能服务体系

行将各类能触达的客户引入消费金融、信用卡、财富管理等业务，为其源源不断地注入新用户。

2017 年"服务—品牌—营销"三位一体的智能服务管理体系初步搭建起来；2018 和 2019 年 AI 智能服务、服务流量决策引擎和智能音箱服务被引入，多款分工不同的智能机器人的打造，形成了传统渠道、新兴渠道和第三方渠道一体化联动的服务闭环；2021 年数字化服务体系建立，数字经营助手开始为企业的经营数字化提供帮助。例如，招商银行在发票处理方面打造了"发票云"，它利用数字技术使核心企业与生产者、经销商在预制发票、收付发票等方面实现协同。"发票云"的企业用户规模庞大，将近 3 万家，发票数量近 700 万张。招商银行利用数字金融管家推动企业实现"财智数字化"，例如，全天候云端响应用户需求，根据企业概况、用户需求、业务场景等进行精准推送，实时感知用户需求，为客户量身定制服务。

在数字化变革进程中，招商银行开创了"人＋技术"服务新模式，形成金融、生活一体化的业务运营与服务体系，突破客户服务边界，推进精细化运营，把客户综合金融服务优势与专业能力优势发挥到了极致。同时，招商银行重构服务体系，打造生态场景，与客户形成紧密的合作关系，满足客户当前业务及未来发展的需求。

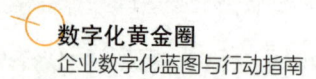

10.5　激发要素价值同时保护隐私

数据已经成为继土地、劳动力、资本、技术之后的第五大生产要素。由于 AI、大数据、云计算等技术的应用表现出显著的数据偏向性特征，企业应在保护用户隐私的前提下，激发作为关键生产要素之一的数据要素，通过数据资源化、资产化和资本化，实现数字业务化和数据要素的价值最大化。

数据要素本身并不能直接创造价值，必须与经过商业实践的模型和算法结合起来才能创造价值，通常有下面五种模式：业务对象数字化、经营状态可视化描述、数据分析问题根本原因、结果预测和智能决策。

逐步大规模地将数字要素渗透到研发、生产、营销和消费等各个环节，提升全要素生产率，将数据要素融入劳动、资本、技术、流程等每个单一要素，完成业务数字化，可推动其他单一生产要素或业务环节的价值倍增。

更重要的是，要通过数据要素提高劳动、资本、技术、土地这些传统要素之间的资源配置效率，以及生产要素之间的资源动态配置优化效率。数据不能直接生产电视，但是利用数据可以低成本、高效率、高质量地生产电视。数据要素的真正价值在于：在数据要素的驱动下，传统生产要素会产生聚变与裂变。

数据要素通过激活其他生产要素，优化产品和商业模式，提高个体和企业的创新能力，可以激发创新更多的产品或服务以替代传统的生产要素。例如，"只跑一次"的政务服务模式降低了人力与资源成本；线上支付取代了传统的线下营业网点与自动取款机；电子商务模式的出现使企业在传统商业基础设施上的投入减少，数据要素使企业用很低的成本创造了比以往更多的价值。

在完成数据资产价值评估、确权、数据产品定价的基础上，企业还可通过数字业务化及数据交易、数据投资、质权贷款和挂牌上市等手段，进一步实现数据价值拓展，激发数据要素的潜力，实现数据价值最大化。

从数据要素化开始，到数据资源化、数据资产化和数据资本化，这是数据要素价值化的必经路径（见图 10-5）。从数字资源化、数据资产化到数据资本化，每一个阶段的数据要素都有其价值，但这并非数据价值创造的终点。为了进一步激发数据要素价值，企业更要时刻保持对外部商业机遇的敏感性，思考数据资产化之后的新业务模式创新，从而为企业持续发展创造新机遇。

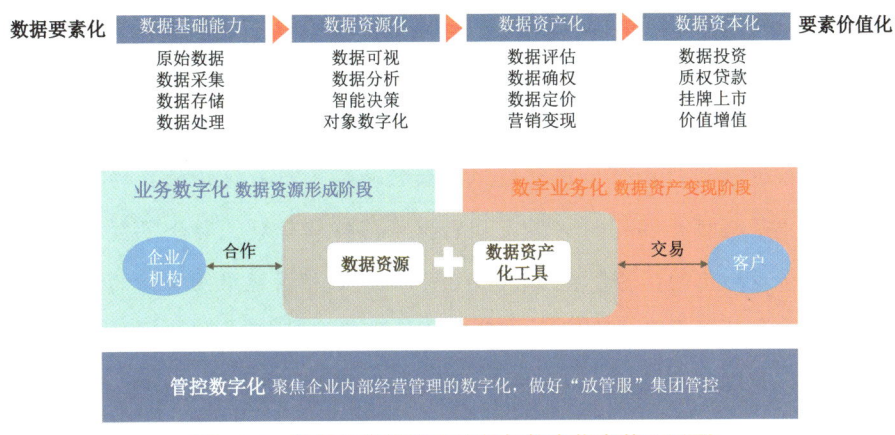

图 10-5　数据要素价值化路径与数字化变革三层面

随着数字化变革的不断深入，当前企业数字化已经从引导期进入成熟和推广期。企业的数字化变革包含管控数字化、业务数字化、数字业务化三个层面。

- 管控数字化：聚焦实现企业内部经营管理的数字化，通过数字化做好"放管服"的集团管控。
- 业务数字化：聚焦实现企业生产业务及相关领域的数字化，通过业务对象数字化、业务流程数字化和业务规则数字化实现企业业务数字化。
- 数字业务化：聚焦数据价值开发和数字技术应用，通过数据变现、数据投资和交易及自身数字技术应用优势对外赋能，实现基于数据的价值增值。

2021 年 11 月 1 日正式生效的《个人信息保护法》明确，不得过度收集个人信息，不得进行"大数据杀熟"，不得非法买卖、泄露个人信息等。加强数据隐私保护是企业提供一对一的个性化产品或服务和定价以实现其价值主张的根本前提。

案例研究 | 浦发银行构建数据资产生态，数据变现模式创新

　　浦发银行作为首家提出构建开放共享数据资产生态体系的商业银行，不断探索、推进数据价值保值与增值，创新性地提出商业银行的数据资产价值评估、确权及数据产品定价方案，让数据价值持续释放，契合了数字经济时代数据要素市场化的趋势。截至 2020 年，浦发银行通过数据资产的认定与盘点，发布共享数据资产 470 万项，实现数据服务调用 37 亿次。通过数据资产价值评估，浦发银行 2020 年全年数据资产经济价值高达 78 亿元。浦发银行搭建数据资产运营框架，形成了一套内部开放共享机制。按贡献分配收入的运营体系，挖掘数据资产价值，已经成为浦发银行常态化的运营机制。

　　本着促进数据资产开放共享、价值创造的理念，浦发银行体系性地构建了数据资产生态，打通了涵盖数据采集、加工制造、数据应用、资产化沉淀和资产开放的共享一体化价值链路，近 40 款 Data Ocean 数据产品赋能内外部应用场景。浦发银行借助智能化数据资产管理平台（鲲鹏）、数据服务平台（安鲸）、大数据平台（鲸鲨）等平台之间的互联互通，实现业务数据化、数据资产化、资产货币化，助力金融科技创新，让数据资产持续释放价值，赋能生态。

　　对内，浦发银行通过数据资产生态体系，依托 AI、BI、DI[①] 能力，孵化 Data Ocean 系列数据产品；以"场景＋算法＋数据"为驱动，优化经营管理流程，重塑客户经营体系，赋能企业数字化变革。2020 年，数据赋能零售业务创造营收近 20 亿元；公司价值客户达成率高达 95%，睡眠客户活跃度提

---

① Digital Intelligence 的缩写词，意为数据智能。

升率达 74%，潜力客户存款提升率达 64%，潜力客户活跃度提升率达 22%，大额客户存款流失预警预测准确率达 75%；金融市场 3 个月精准拓客 1 064 户，带来贴现量增长 1 234 亿元，疫情下及时提供低成本资金 445 亿元。

对外，浦发银行积极输出金融科技能力，与政府、企事业单位开展数据生态合作，共创业务生态场景，孵化智能化数据服务产品，推动金融与"五型经济"深度融合，赋能城市金融科技建设，助力城市数字化变革与金融创新。2020 年，浦发银行从生态场景出发，运用数据智能驱动，为客户提供"金融＋非金融"系统解决方案，在疫情期间为用户提供聚合金融、泛金融及非金融的综合产品和服务，展现出强大的生命力，为 152 家中小企业发放贷款 8.5 亿元。

浦发银行以"全面建设具有国际竞争力的一流股份制商业银行"为目标，通过客户体验和数字科技的双轮驱动，借助智能化数据资产管理平台、数据服务平台、大数据平台等实现互联互通数据赋能业务。2020 年，在数据赋能零售和公司等业务中，零售业务客户实现线上经营，累计触达客户超过 6 000 万人次，累计带动中高端客户金融资产提升占比达 50%。数据资产的经营管理实现业务赋能，进一步推动浦发银行实现全栈数字化的目标。

浦发银行汇集自身平台、信息、数据及行业经验等优势，推出"浦智 e 讯"信息服务等数据产品，面向对公客户提供宏观趋势、政策导向、财经时事、行业和区域研报及与企业运营、发展相关的信息，为客户经营发展、战略思考提供数字化融智服务，为浦发银行投行业务体系带来新的业务增长点。

依托数据资产经营理念，浦发银行构建了 Data Ocean 系列数据品牌，这是典型的数据资产生态圈案例。Data Ocean 以海洋系列为主题，以客户体验为中心，以"客户智见、产品智营、渠道智投和管理智控"为核心驱动，形成"双引擎四核驱动"的认知服务体系，覆盖客户约 2 000 万，嵌入线上线下多渠道，让数据资产价值持续释放，向行内、集团、数据合作生态圈开放共享，赋能浦发银行生态圈的数字化变革。

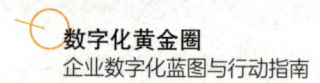

10.6 核心命题与行动锦囊

数字化黄金圈之面向客户，主要包括客户旅程、个性化产品、数字化营销、客户服务、数据价值这五个方面的核心命题。企业可根据数字化黄金圈指数，回答相应举措的核心命题，并对标企业数字化的实践者或非凡者的特征和行动锦囊，以获得进一步提升其数字化成熟度的举措或建议。

洞察旅程中客户需求和商机

本落地举措的核心命题：企业目前采用了哪些方法去实现规模化客户共情和洞察，以提升客户体验和发现商机？

企业数字化实践者通常具有的特征包括：拥有跨职能的持续性客户旅程团队；制定了聚焦客户全生命周期且端到端的客户体验计划；运用客户旅程、大数据技术等进行深入的客户洞察，通过一系列 MVP 实施变革计划；有全面的客户体验评估计划，涵盖交易、旅程和整体关系；基于客户需求和痛点不断完善产品功能，为客户带来极致的服务体验并发现新的机会。

企业数字化非凡者通常具有的特征包括：制订了多年的客户旅程计划，客户研究已经成为企业数字化战略中的重要一环；专注于不同场景下的客户需求，涵盖了企业中 60%~80% 的变革计划；建立了全面的闭环机制，客户倾听、反馈和研究是优先度排序框架和关键决策的一部分；投资于寻找业务增长的新突破口，并积极拓展生态圈的广度与深度。

开发高体验个性化数字产品

本落地举措的核心命题：企业在多大程度上利用数据和数据驱动技术，以一种可扩展的、低成本的方式，为客户提供一对一的高体验个性化数字产品或服务和解决方案，从而获得竞争优势？

企业数字化实践者通常具有的特征包括：已经制定了一个长期的个性化数字产品服务战略和路线图；可以在各个渠道和客户全生命周期的不同阶段

提供一对一的定制体验、产品或服务、解决方案或定价；高级分析工具和机器学习已经到位，企业通过内外部数据的实时感知，能够近乎实时地执行所需的分析和部署，并已经开始尝试向全渠道体验扩展。

企业数字化非凡者通常具有的特征包括：正在跨渠道或跨平台实时向客户提供完全个性化的体验、数字产品或服务、解决方案或定价；机器学习的自动化及深度学习增强了企业的分析能力，企业实施了完整的产品或服务开发及营销技术堆栈，通过连续测试实现进一步的价值优化；数字化平台是可扩展的。

开启全渠道的数字化新营销

本落地举措的核心命题：企业是如何通过线上线下全渠道数字化融合和运行来锁定客户的？企业是如何进行数字化营销的？

企业数字化实践者通常具有的特征包括：客户激活活动中有很大一部分基于细分的受众群体及其背景；基于客户画像的自动化策略，通过全渠道的与客户的交互、交易、交付和交情，实现客户互动、体验和关怀，实现基于大数据的精准营销；从数字广告和数字口碑中获得了很高的知名度；已经制定了全渠道战略及路线图，并由数字营销专家带领开始探索和局部实施，但还没有充分挖掘数据的潜力。

企业数字化非凡者通常具有的特征包括：对数字营销的增量投资回报率有准确的衡量；有丰富的数据用于确定潜在客户的优先级，并应用了 AI 和深度学习技术，使企业与很大一部分消费者建立了直接的个性化关系；通过全渠道与客户高效的交互、交易和交付，与客户建立交情并实现与客户的长期共生、共赢、共成长；制定并正实施全渠道转型体系化的配套机制，如场景探索、企业创新、绩效评估、能力构建、平台建立和跟进闭环等。

强化智慧的客户服务与成功

本落地举措的核心命题：企业与客户之间的数字化互动是否得到了实质

性的实施？每个客户服务渠道是否利用数字技术优化了效率和效果？客户成功机制的构建情况及效果如何？

企业数字化实践者通常具有的特征包括： 传统数字渠道（如呼叫中心、网站、App、电子邮件、公众号、即时通信、小程序等）从客户体验角度进行了数字化优化或增强，占比达 30%~50%；在前端引入 AI、生物或语音识别技术，在交付端引入代理人的亲和力匹配技术等方面进行试点；设立了客户成功职能部门，开始拓展营销方面的尝试。

企业数字化非凡者通常具有的特征包括： 全面优化了与客户互动的各类渠道的组合，其中，数字互动占比超过 70%；通过提供主动服务来预防投诉和提升客户满意度；充分利用数字工具，最大限度地提升每次客户互动的效率和效果（如交叉销售和向上销售）；已经建立了体系化的客户成功架构、机制和流程，净推荐值、增购率和续约率得到明显提升。

激发要素价值同时保护隐私

本落地举措的核心命题：在隐私保护法规逐步健全的背景下，企业激发数据要素价值的机制、路径、方法是什么？

企业数字化实践者通常具有的特征包括： 数据要素价值来自数据高质量汇聚、BI、运营优化，实时编排和业务模型创新等；通过数据资源化全面推动智能决策、价值倍增和配置优化；设置首席数据官，数据是管理层沟通及筛选最佳决策的关键依据；跨领域数据分析成为优化创新不可或缺的要素；数据已产生投资回报。

企业数字化非凡者通常具有的特征包括： 数据要素价值来自数据融合应用、数据共享流通、商业模式创新、数字变现、产品增强和数字创新产品等；通过数据资产化和资本化，有序地推进企业激发创新和价值拓展；数据和高级分析已经成为商业决策的核心，并确保战略落地执行的一致性和透明化管理；衡量数据价值并由其指导投资计划；首席数据官成为公司最高管理层成员。

第 11 章

面向未来，探索数字化颠覆，
实现在特定细分市场的领导地位

面向未来的数字化颠覆：数字化已成为实现企业愿景的关键动能因素；面向未来的发展，企业数字化非凡者须下定决心，重塑业务范围、商业模式、生态系统；利用软件、数字平台和生态系统，围绕价值链等进行智能互联产品和服务的大规模开放式创新和应用、商业模式重构和市场颠覆；根据企业战略方向持续投入并平衡创新组合，再造价值链和价值网络，实现第二曲线增长及核心业务重塑的数字化颠覆。

本章面向未来的发展、开拓创新及实现企业数字化颠覆，并围绕以下 5 个落地举措展开介绍和实际案例解析：

- 颠覆核心业务行业市场雄心；
- 打造数字化平台型商业模式；
- 开创智能互联新产品新体系；
- 落地组合创新保可持续发展；
- 共建高效协同的产业新生态。

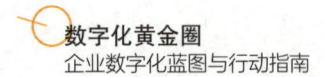
11.1　颠覆核心业务行业市场雄心

企业战略转型，有时源于金融危机，有时源于颠覆性竞争对手的威胁，有时源于增长碰壁，有时源于驾驭全球大趋势的机会，有时只是对未来进行系统规划的结果。

自己究竟在从事什么业务？现在的核心业务是什么？未来的核心业务将发生怎样的转变？这是企业必须回答的核心问题。

进入数字经济时代之后，竞争和行业边界正在模糊或被重新定义，传统的低成本或产品差异化可能已不再是核心竞争优势，企业需要重塑业务范围，并围绕新的业务范围构建新的核心竞争力和竞争优势。企业应该在多大程度上拓展业务范围？重点聚焦和拓展范围之间应存在合理而健康的制约关系。企业应该站在客户的立场，思考其核心竞争力如何才能帮助客户满足需求。

通过充分利用数据及科技的力量，数字化颠覆者可以这样玩转商业模式：积极拓展，让现有企业处于守势；利用成本价值，迫使现有企业的收入和利润大幅缩水；利用体验价值，让现有企业成为明日黄花；利用平台价值，迅速赢得新的市场份额；同时，利用成本价值、体验价值和平台价值这三种价值来实施组合式颠覆。

每个行业的领导者都已经看到亚马逊、谷歌和奈飞等公司对零售、广告和媒体行业的颠覆，这就是平台革命。平台商业模式利用轻资产、快速扩张、赢家通吃和经济效率等竞争优势，重新定义了企业之间的竞争关系。数据及科技已经导致了竞合关系、不对称竞争、合作关系的不断洗牌和重组。

为了应对行业平台和生态系统的挑战，传统企业可以选择归顺、购买或自建。中小企业通常别无选择，只能遴选并加入现有平台或生态系统；大型企业可能有更多的选择，它们可以构建或购买自己的平台，但这是很困难的事情。

在 VUCA 时代，企业需要利用数据和科技的力量，识别和预测潜在的战略威胁和被颠覆的危险，主动及时地采取举措，部署颠覆性创新原则，下决心重新定位核心业务，创新商业模式并加入生态融合，只有这样才有可能创造新的增长机会，先于他人颠覆自己，实现第二曲线增长。只有重塑业务范围、重塑商业模式、重塑生态系统，敢于从颠覆自我出发，去颠覆行业、重构行业市场新格局、改变游戏规则甚至改变生活方式的企业，才有机会成为行业的领导者，如图 11-1 所示。

通过平台商业模式重塑行业，对行业结构进行重大调整，或者从根本上回应全新的用户行为

创造新型数字业务，创造可产生额外收入的数字化新产品、新服务，将软件和技术直接嵌入产品和服务的机会正在改变组织交付价值的方式，支持新的商业模式并颠覆现有市场

从销售产品转向销售体验，用数字化创造新的客户体验

用数字化产品替代原有产品和服务，原有形式的核心产品或服务被一种新的数字形式直接替代

用数字化能力重塑价值主张，满足现有用户或新用户未被满足的需求

重组供应链或分销链或去中介化，重新配置价值链模式；重新组合产品、服务和数据，改变公司在价值链中的运作方式

图 11-1　数据和科技驱动商业模式重塑的六种典型范式

案例研究 ┃ 奈飞：从自我颠覆开始，到行业颠覆

2019 年，Innosight 管理咨询公司和《哈佛商业评论》（*Harvard Business Review*）联合对过去 10 年全球战略转型最成功的企业进行了研究，并发布了研究报告《20 大最佳转型：引领战略转型的顶级全球企业》（*The Transformation 20：The Top Global Companies Leading Strategic Transformations*）。该研究从新型增长、重新定位核心业务和财务表现三个视角，对标准普尔 500 指数和全球 2 000 强中的所有企业进行了筛选。

新型增长是指企业在创造新产品或服务、新市场和新商业模式上取得了

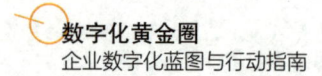
多大的成功，主要指标是核心业务以外收入的占比及其增长率。

重新定位核心业务是指企业如何有效地调整其传统核心业务，以适应市场的变化或颠覆，为企业的传统业务注入新活力。

财务表现是指企业是否在财务和股市表现强劲，或者是否从亏损或增长缓慢中扭转了局势并重回正轨，主要指标是企业在转型期的收入复合年增长率、盈利能力和股价复合年均增长率等。

最终挑选出的 2019 年 20 大最佳转型企业"在新增长转型中排名最高"，"每家企业都擅长开发新产品、服务和商业模式"，"擅长重新定位其核心业务"，并且"财务业绩方面表现优秀"。奈飞因为从 DVD 邮寄服务提供商转变为领先的流媒体服务提供商并成为顶级原创内容提供商的转型故事而排名第一。

奈飞是美国知名影视公司，在 1997 年成立之初只是一家在线 DVD 租赁服务提供商，但在发展过程中不断切换赛道，从 1.0 时代的 DVD，到 2.0 时代的流媒体，再到 3.0 时代的原创内容，连续多次的成功转型给奈飞带来了指数级增长。截至 2021 年 12 月，奈飞的市值已达 2 720 亿美元。

奈飞从 2007 年开始第一次转型，由传统的 DVD 租赁业务转向流媒体业务，这两项业务在 2011 年彻底拆分，2012 年流媒体业务的收入超过 DVD 租赁业务的两倍，2017 年流媒体业务收入占比达 96.2%；第二次转型是从网络播放旧内容转向通过外部制片公司创作新内容，2013 年火遍全球的美剧《纸牌屋》（*House of Cards*）就是成功案例之一；第三次转型是由外部统一授权转向自主创建制片公司，并自主制作电视节目与电影；第四次转型是从美国走向世界，成为覆盖 190 多个国家和地区的全球娱乐业巨头。

回望奈飞的发展历程，其业绩显著提升的背后是管理层的战略前瞻性及强大执行力。奈飞在不断的颠覆式创新中，依然立于时代的潮头。

2013 年，该公司 CEO 里德·哈斯廷斯（Reed Hastings）向员工和投资者发布了一份长达 11 页的备忘录，详细介绍了公司的战略使命，即从传统的内容数字化服务转向原创内容制作和发行服务，而且有望赢得艾美奖和奥斯卡奖。正如备忘录所言，"我们没有也不可能在广度上与康卡斯特、天空、亚马逊、苹果、微软、索尼或谷歌竞争。要想获得巨大成功，我们必须专注于建立激情品牌。我们要做星巴克，而不是 7-ELEVEn。我们要做西南航空而不是美联航，我们要做 HBO 而不是 Dish"。

自宣布这一新目标以来，奈飞的收入增长了约 2 倍，利润增长了 32 倍，其股价的复合年增长率达到 59%，而标准普尔 500 指数的年增长率只有10%。

作为颠覆式创新的典型案例之一，奈飞的颠覆式创新是厚积薄发的结果。正如哈佛商学院教授克莱顿·克里斯坦森所说，"奈飞既有颠覆式创新技术，又有颠覆式创新企业"。

所谓"颠覆式创新技术"是指奈飞开创的订阅付费和智能推荐算法的组合。奈飞从 1999 年开始提供订阅服务，用户可以按月或按年付费，在线预订自己想看的电影，奈飞把 DVD 邮寄到用户家里。这种模式让奈飞积累了大量的用户数据，具备了精准化分析用户偏好的能力。2000 年，奈飞推出观众偏好推荐算法——Cinematch，帮助用户检索他们喜爱的电影。随着互联网的发展和用户数据的积累，算法推荐技术不断优化，能越来越准确地预测用户想看的内容。

所谓"颠覆式创新企业"是指奈飞打造的独特企业管理方式，强调"自由与责任"，例如，"只雇佣成年人"，"绝对坦诚"，"取消休假制度，没有追踪考核"，"员工仅仅做到称职也要拿钱走人"等。但是，奈飞的管理方式也有过于激进之嫌，在实践中有效落地的难度很高，难以在其他大多数企业中推行。

奈飞利用观众数据创作了一系列吸引人的新节目。奈飞不仅使用数据来驱动引人注目的客户体验（例如，甚至为每个节目裁剪图片以匹配客户的偏好），而且从根本上改变了它根据观看行为数据来决定制作哪些节目的方式。例如，有很多《王冠》(The Crown) 的潜在制作人去见里德·哈斯廷斯，他们本来想推销这部剧，结果发现奈飞已经根据自己的分析数据做出了拍摄这部剧的决定。

奈飞用数据和技术支撑业务增长。一方面，奈飞基于用户行为数据生产定制化内容，提升内容质量；基于用户算法与大数据技术产出大量高质量的原创内容，关注用户体验，在业内拥有庞大的用户规模和独家内容，竞争力始终名列前茅。另一方面，奈飞基于 AI 识别用户喜好，精准分发内容，提升用户体验。例如，奈飞采用地理定位算法，识别用户所处国家和地区，进而确定特定的收费标准及内容推荐；识别用户行为，推出整季上线模式；基于大数据运算分析识别群体喜好，通过预加载优化观影体验；组建 AI 算法实验室，识别个体喜好，为用户提供精准化的推荐服务等。

"没有企业的时代，只有时代的企业"，奈飞在短短 24 年内发生了多次颠覆式创新，把握住了时代趋势，找到了自己的增长曲线，始终走在时代前沿。

11.2　打造数字化平台型商业模式

经过调查研究，哈佛大学商学院教授托马斯·艾斯曼（Thomas Eisenmann）指出，在全世界规模最大的前 100 家企业里，有 60 家企业的主要收入源于平台型商业模式，而在全球 100 多家独角兽企业中，也有 70% 以上的企业采用了平台型商业模式。

商业模式是指在企业战略定位基础上，根据利益相关者的交易结构建立起来的业务系统和企业价值最大化的盈利方式。

平台型商业模式是指连接多方特定的利益相关者，通过发现价值、创造价值、传递价值和交换价值，让多方在平台上产生交互和交易，为他们提供互动机制，满足所有利益相关方的需求，并巧妙地从中盈利的商业模式。

平台型商业模式被认为是当下最主要的商业模式之一。例如，连接消费者和开发者的平台业务（如苹果的 AppStore）激增；阿里巴巴、亚马逊的跨市场、跨行业电商平台的 S2B2C 模式把供应链平台、渠道商和顾客紧密地连接在一起，成为基于技术联动和数据驱动的价值协同网络；Uber 在平台上将司机与乘客连接起来，改变了交通运输业的面貌；Airbnb 建立平台将房主与需要住宿的旅行者联系起来。

我们认为：未来基于平台的商业模式将从以谷歌、百度等为代表的第一代的流量，以及以淘宝、携程、拼多多等为代表的第二代的交易，向以海尔卡奥斯、三一树根互联等为代表的第三代的产业赋能与管理方向发展。第三代的产业赋能与管理平台更有希望带来整个行业的转型升级，提高整个行业的效率。

轻资产、高收益的平台型企业依托平台为用户提供产品，为不同类型的用户提供个性化服务，以商业模式的创新驱动行业规则的改变。平台展现了企业与其他主体联系方式的根本变化：从线性化到网络化。

与传统企业努力提供差异化产品并尽力说服顾客使用自己的产品不同，平台型企业为用户提供一个可实现实时交互的平台，进而形成有机的生态系统。用户不再仅仅为所获得的服务付费，同时也是价值的创造者和获取者。根据梅特卡夫定律，网络的价值随着用户数量平方数的增加而增加。因此，我们可以确认，随着平台上聚集的人越来越多，平台的价值必将爆发式增长。

例如，汽车产业互联网平台大搜车利用数字化汽车流通产业链关键节点构建了产业数字生态新场景，基于数据驱动交易，提升了产业链效率与效益。大搜车重视数据收集与应用，聚焦汽车产业数字化过程所需的技术服务，通过网络协同和数据智能驱动，推动产业互联网化；通过整合各方资源实现产业数字化、产业协同化和产业智能化，推动企业效率的提升和经济结构的优化；通过连接、赋能和服务产业链上下游，将用户及相关利益者纳入平台体系，提升用户体验。大搜车运用软件服务与 SaaS 帮助国内 60% 以上的汽车零售商进行数字化变革，服务客户已涵盖全国 9 500 多家汽车 4S 店、10 万多家二手汽车商、8 万多家新车网，还为 16 家全球知名的汽车厂商提供数字化解决方案，如吉利汽车、宝马、上汽通用五菱等。在数字化变革过程中，大搜车形成了涵盖金融科技、新车交易、营销服务等多种业务的产业生态系统。

案例研究 | **贝壳找房：以平台模式打造新居住生态**

近年来，大数据、AI、云计算等新技术飞速发展，为了顺应产业互联网的变革趋势，越来越多的行业开始寻找新的商业模式。市场竞争日益激烈，平台经济成为传统企业加快转型的重要推动力。

作为国内领先的品质居住服务平台，贝壳找房全面拥抱产业新变化，以平台身份切入行业，重新梳理房产交易复杂过程中的底层价值观，并通过明确平台的规则提升整个行业的服务质量；利用数字技术实现数据资源共享，连接用户与商家，重构人、客、房、数据的交互场景，整合业内高质量服务者，并助力服务者数字化变革，共同创建开放、共享、高质的居住服务生态场景。为了达成这一目标，贝壳找房确立了以物、人、流程为核心的数字化变革战略：对物数字化，以大数据和技术研发，搭建居住服务数字化的底层架构，实现房源楼盘数据线上化；对人数字化，为经纪人提供完备的线上培训体系和数字化作业工具，以数字化管理系统赋能线下门店；对流程数字化，以线上化迭代交互场景，实现房产交易数字化闭环。

贝壳找房利用平台进行颠覆式创新得以落地的两大基石是数字化技术创新体系和产业数字化机制创新（见图11-2）。一方面，贝壳找房利用数字技术搭建了数字化底座，另一方面，经纪人合作网络（Agent Cooperate Network，ACN）打造开放生态系统的目的是通过共享与协作驱动全行业效率的提升。技术与机制的两大创新成为贝壳找房产业数字化的两大重要引擎，助力搭建经纪人、客户、平台三位联动的新型生态系统，数字化居住服务模式将ACN作为动力，打造连接商家与客户的生态网络与数字化新型基础设施，推动居住服务行业模式转型或重构。

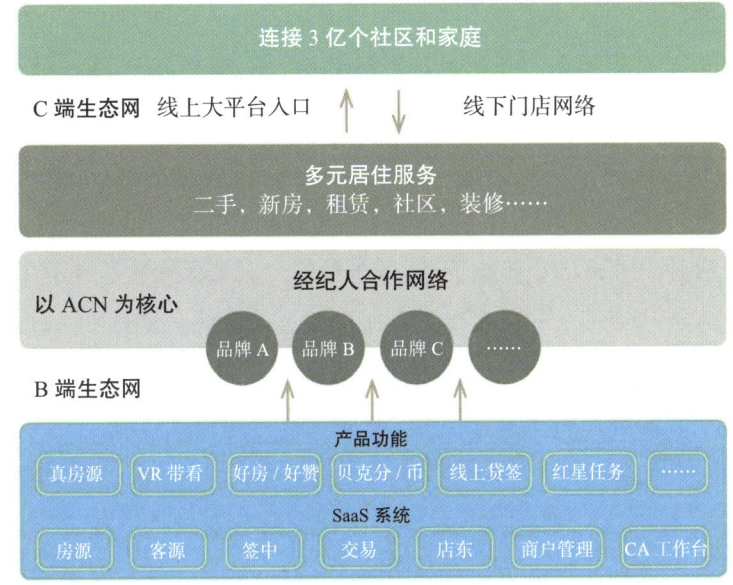

来源：《贝壳找房：自我颠覆的整合式创新引领产业数字化》，《清华管理评论》2021
年 1-2 月合刊

图 11-2　贝壳找房"人店合一"数字化开放共创平台

贝壳找房的愿景是：打通全国 300 多个城市的市场，与 100 万名职业经纪人和 10 万家门店合作，解决超过 3 亿个家庭与社区的需求，协助上百个品牌扩大影响力。在这个"野心"的背后是贝壳找房强大的资源支持。

（1）解决 B 端和 C 端的矛盾：积累海量数据，搭建数字化底层基础架构，保障"真房源"。

作为重资产、重决策、超低频的大宗商品，房产的交易一直面临信息不对称的问题，假房源已成房产服务行业痼疾。贝壳找房耗时 10 年打造了行业领先的不动产数据库——楼盘字典，用房间门牌号、标准户型图、配套设施信息等多维信息定义一套房屋，同时打造全天候房源验真系统，让"真房源"不再是一句口号，切实提高用户满意度，实现高效找房。目前，贝壳找房已经利用楼盘字典搭建居住服务数字化底座，楼盘字典里有 332 座城市、57 万个小区、2.4 亿套住宅的数据信息，是全国覆盖范围最广、最详细的住

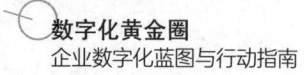

宅信息数据库。

在真房源的基础上，贝壳找房通过自研VR采集设备、VR场景构建算法等，以VR实现了对线下空间的1∶1真实复刻，打造了VR看房、VR带看、贝壳未来家（AI家装设计）等产品，为用户提供720度沉浸式VR看房体验，大幅优化用户看房、找房体验，提升房产交易效率。

与此同时，贝壳找房开发了AI讲房功能，利用数字技术自动生成讲稿，提升用户体验，使用户可以选到高质低价的房源，满足客户足不出户就能看房的需求。在疫情的倒逼下，贝壳找房积极利用VR技术满足消费者线上全面了解房源的需求，并与在线咨询、认筹、认购等形成联动，使传统的线下选房、购房模式向线上选房购房模式转变。贝壳找房将VR作为企业级战略，由上而下全面推动，重塑服务流程，革新行业作业效率。目前，贝壳找房的合作伙伴已经覆盖全国200多个品牌，包括万科、链家、华为、华润、自如等。

（2）解决B端和B端的矛盾：构建ACN，打破行业内部的信息孤岛，让房源、客户和经纪人无缝交流。

业务规模较小的中介客源、房源较少，信息较为闭塞。贝壳找房借助线上和线下管理系统，构建了基于真房源的ACN，即以人、房、客为核心的合作网络。房的合作网络即房源流通联卖，人的合作网络即信用分评估与管理，客的合作网络即跨店成交比管理，人、房、客线上线下联动，跨越品牌实现联卖。

居住服务平台整合高品质经纪品牌并吸引优秀从业者入驻，让他们从被服务者变成服务者，积累贝壳分。平台根据分数采取相应的奖惩措施，激励贝壳分高的服务者，对贝壳分低的服务者予以降权。贝壳分即行业信用分，它是平台运用大数据模型算法，根据服务者在平台的活动数据综合得出的分数，在一定程度上反映了服务者的服务水平。

作为新居住服务平台，贝壳找房不断迭代数字化能力，推动产业的数字化创新，建立全行业基础设施，重塑消费者体验。

11.3　开创智能互联新产品新体系

数字时代的产品创新无处不在、无时不在（最具有代表性的就是智能互联产品），并不断向跨产品系统的产品体系演进。

智能互联产品是内置传感器、处理器和软件并接入互联网的，以多种多样的方式构建而成的产品，其数据和应用程序在产品云中存储并运行。

智能互联产品同时具备可监测、可控制、可优化的特征，它将检测、控制和优化功能融合到一起，实现了前所未有的自动化和智能化程度。内置的传感器使产品具备了实时监测的能力；产品控制从机械控制、电子控制、软件控制、边缘优化直至云端优化，这种产品技术演进的逻辑不仅体现在手机、无人驾驶汽车、工程机械和数控机床上，未来几乎所有的设备都会遵循这样的逻辑，不断地解耦、分离。控制系统分层将软硬件分离、解耦，打破过去的一体化硬件设施，实现硬件资源的通用化和服务任务的可编程。

利用有线或无线连接，智能互联产品可通过软件升级实现功能优化及远程控制和服务，产品得以从单机智能硬件向智能互联产品转变；将产品集成到产品系统中，可增强产品功能，改善操作并优化系统性能，产品得以从智能互联产品向产品系统转变；将产品跨其他系统进行协调，可扩展系统功能并自动运行或协调其他系统，产品得以从产品系统向产品体系跃进。

企业产品的竞争焦点已经从单一产品的销售，向数字增强产品或服务功能、扩展智能互联产品或服务功能并优化现有流程、支持新流程并扩展产品或服务系统、创新产品生态体系并拓展新业务等逐级提升和转变。

例如，海尔生物医疗发生了三次蝶变：打破国外技术垄断，掌握核心技术，成功研发超低温冰箱并利用 IoT 技术对其进行升级，这是第一次蝶变；在 IoT 超低温冰箱的基础上搭建生物样本库平台，这是第二次蝶变；在生物样本库平台的基础上形成生态系统，这是第三次蝶变。海尔生物医疗通过这三次蝶变，实现了从传统电器到智能电器再到平台、生态的转型进程，完成了破茧成蝶。海量智能互联产品的运行数据让产品的功能和效能得到大大提升，数据分析和增值服务等新服务随之诞生，推动价值链重构，从而带动生

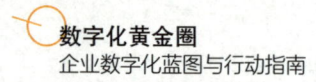

产效率大幅提高。

案例研究 | **罗氏：通过产品智能互联化成功转型产品服务**

　　罗氏是全球领先的疾病预防、早期发现、诊断、治疗检测和预后评估的医学检查产品和服务提供商。由于医疗行业的特点，用户对诊断设备有近乎苛刻的要求，诊断设备必须做到高可用、高效率、低损耗。厂家需要主动地提高培训、信息、问题解决、故障预防等售后服务的质量。罗氏借助 IoT 技术推动产品和服务转型，有效地解决了产品和服务的问题。

- 远程服务：远程收集、存储、集成数据，用于产品维护及创新。
- 智能诊断：基于大数据及机器学习，提供智能辅助诊断服务。
- 耗材销售：收集分析耗材用量，主动提供耗材服务。
- 医疗生态圈：基于广泛的客户群及数据，为医药、保险等生态伙伴提供服务。

　　罗氏将数据作为战略资产，捕捉业务增长的机会，从后见之明转向远见卓识，开创智能互联新产品体系和生态系统，并利用新的业务模式、数据、服务、产品和体验进行持续的规模化创新，实现企业使命。

案例研究 | **海尔生物：IoT 技术支持下的智慧疫苗网**

　　近年来，全球 IoT 呈现快速发展态势。权威调研机构 IDC 预测，到 2025年，全球 IoT 市场规模将达到 1.1 万亿美元。在 IoT 蓬勃发展的趋势下，越来越多的企业积极推进 IoT 转型，催生了更多智慧互联的创新产品和解决方案。

　　青岛海尔生物医疗股份有限公司（以下简称"海尔生物"）是海尔集团

在大健康产业版图的上市公司，也是基于 IoT 转型的生物科技综合解决方案提供商。海尔生物聚焦生物安全领域，迭代升级智能化、信息化，加快低温存储技术与 IoT 深度融合，开创了提供物流网智慧疫苗接种、物流网血液安全管理解决方案的先河。

自成立以来，海尔生物不断进行数字化变革。以疫苗接种安全场景为例，海尔生物打造了全球首个基于 IoT 技术的智慧疫苗接种方案——智慧疫苗网。作为人、机、苗互联互通的体验迭代生态，智慧疫苗网通过网器链接场景，实现了"坏苗、过期苗进不去，不是我的苗出不来，人苗可视"。

传统疫苗接种流程存在"靠人工登记、肉眼核对、手动排雷"等安全隐患，海尔生物通过 IoT 与低温冷链核心技术融合创新，落地智慧疫苗安全接种场景生态，实现精准取苗、问题疫苗秒冻结、追溯接种全过程，打造接种全程最佳体验（见图 11-3）。

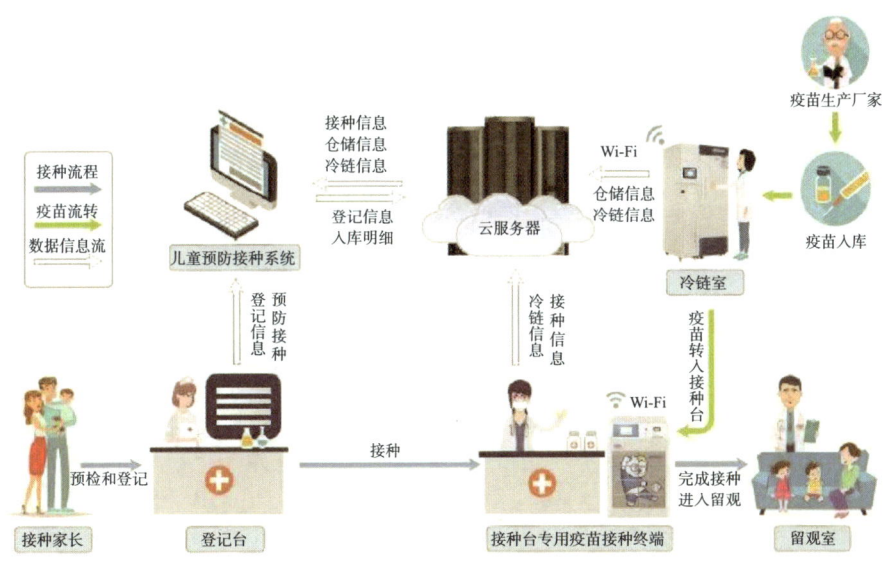

图 11-3　智慧疫苗安全接种流程

疫苗接种数据与数字化门诊系统数据互通。在接种过程中，通过 IoT 疫苗接种箱、IoT 存储箱和扫码上云，儿童、疫苗和接种人员信息达成一一匹配，实现了全流程信息透明、可追溯。疫苗出入库需要验证，在智慧接种箱上扫描接种本，就会自动弹出需要接种的疫苗；持针剂再次扫描，通过二次核对加码疫苗安全，即可保证出库即安全。

保证疫苗质量冷链是关键，智慧疫苗安全接种场景生态借助 IoT 技术，将疫苗温度信息、位置信息实时共享，实现疫苗存储过程的信息可追溯，并将逐步实现从疾控中心到社区接种点的无缝安全对接和全流程信息监管。冷链的四大进阶功能分别如下。

- 智慧冷链存储区提供 2℃~8℃专业冷链环境，避免传统疫苗存储不稳定导致的疫苗问题；接种箱有 8 个独立抽屉，减少温度波动影响。

- 扫码自动核对疫苗信息，如疫苗库存、保质期和冷链信息等，可实现有效期提醒。

- 自动盘点，批量出入库，对疫苗进行全面数据化、自动化管理，保证仓储疫苗数据的准确性及时效性。

- 海尔全自动疫苗冷库采用智能化存取模式，整箱疫苗批量扫码极速出入库，实现疫苗冷库全流程可追溯信息化管理；冷库中的机械臂可以取代人工，实现单只、单条、单箱疫苗的安全自动存取；三重复核疫苗身份，精准取苗，全方位保障疫苗接种安全。

作为海尔 IoT 人单合一模式在生物医疗领域的落地实践，智慧疫苗网目前已在全国 28 个省（自治区、直辖市）、3 000 余家社区服务中心落地应用；还同步推出了疫苗移动接种场景方案，通过打造移动接种车，让地理位置偏僻、交通不便地区的儿童享受到平等的疫苗接种权益。

11.4 落地组合创新保可持续发展

面向未来，企业需要实现对创新使命和组合创新活动的承诺，以支持企业的创新驱动增长战略的落地和可持续发展。

实现企业创新使命和愿景的关键是引入创新矩阵组合（见图11-4），这是一组对业务创新影响最大的关键活动的集合，企业需要从中优选出适宜的最佳创新组合方案。

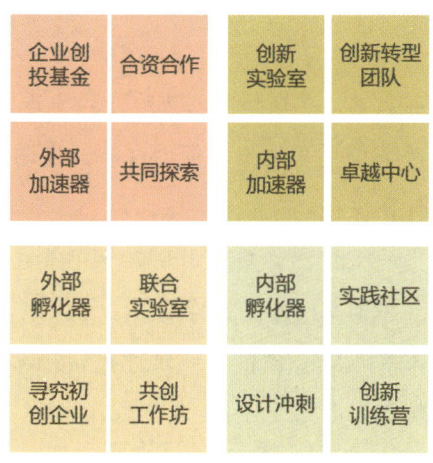

图 11-4　创新矩阵组合

创新矩阵组合是企业创新战略的框架，它包括16类不同的创新举措。企业可根据自身现状及发展目标，从中遴选多个创新举措并形成组合创新架构，以支持并实现企业的数字化创新使命和愿景。

企业创新举措如下。

● 内部孵化器：孵化器将企业内部的创业者分离出来，以验证解决方案是否合适。

● 实践社区：一个由创新大使组成的跨职能（虚拟）团体。

● 设计冲刺：通过设计、原型制作和客户测试来探索解决业务问题的捷径。

● 创新训练营：一种短期的创新特训模式，用于增加员工的知识、兴趣和能力。

● 创新实验室：一个独立的实体，负责探索、试验、验证和管理具有高潜力的机遇。

- **创新转型团队**：负责知识、技术开发的核心创新团队。
- **内部加速器**：一个虚拟或实体空间，用于在核心组织之外发展内部初创公司，并验证市场的契合度。
- **卓越中心**：一个正式的专家小组，负责协调创新举措，将创新 DNA 嵌入组织。
- **外部孵化器**：一个支持早期外部创业验证的项目。
- **联合实验室**：两个或更多组织之间的联合开发测试，用于验证一个想法的解决方案是否适合。
- **寻究初创企业**：一个过程，用于识别你所在领域的相关创业公司，验证它们的潜力，并与其创始成员接触。
- **共创工作坊**：与客户或合作伙伴一起进行设计思维活动，将利益相关者共同的问题转化为创意。
- **企业创投基金**：投资于可以在组织核心之外创造增长的内部和外部机会。
- **合资合作**：两家公司之间的正式合作，旨在启动多家合资企业（包括融资和并购）。
- **外部加速器**：支持外部初创企业成长和评估其价值的（物理）环境。
- **共同探索**：旨在验证两个或更多组织共同创建的企业或潜在指数型业务的技术及市场的适合性。

企业通过优化资源配置，对从创新矩阵中遴选出来的各项创新举措在一定的时间和空间加以组合推进，以捕捉并高效实现颠覆性的业务价值，构建变革、智力、人际、驱动及绿色潜能等发展潜力，确保可持续发展。

案例研究 ┃ 招商银行：创新驱动的金融科技银行可持续发展

近年来，金融科技席卷全球，传统银行业也在积极拥抱金融科技，将新技术作为未来发展的核心战略。招商银行作为国内最知名的零售银行之一，以金融科技为动力，向"轻型银行"的高级形态不断演进。

招商银行于 2017 年明确了"金融科技银行"的定位，把科技变革作为未来工作的重中之重，2021 年金融科技投入是营业净收入的 4.37%。同时，招商银行进一步加强移动技术、云计算、大数据、AI、区块链等新兴技术的创新应用，为转型下半场提供源源不断的动力，使各业务领域向数字化、网络化、智能化的方向发展。招商银行的创新不是单一模式的创新，而是从 4 组、16 大创新模式组成的创新矩阵（见图 11-5）中选择了企业创投基金、合资合作、创新转型团队、实践社区、内部孵化器和共创工作坊这 6 大创新模式的组合，并形成了自己的精益创业方法论（见图 11-6），使之成为数字化转型与创新的核心赋能器。招商银行以"北极星"指标引领数字化方向，通过"风铃"系统实时感知用户的问题与需求，通过"蛋壳"平台不断接收各种意见，鼓励支持全体员工利用新兴技术进行金融服务创新，全面激发企业活力，以科技实力领跑银行创新。

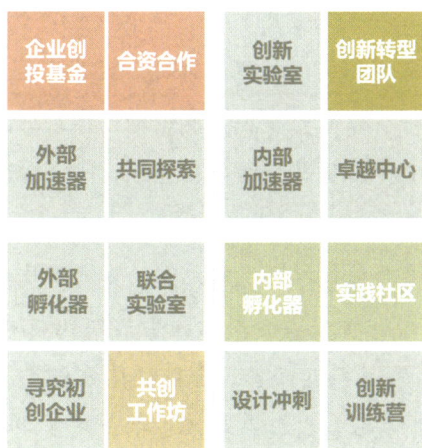

图 11-5　招商银行创新矩阵组合

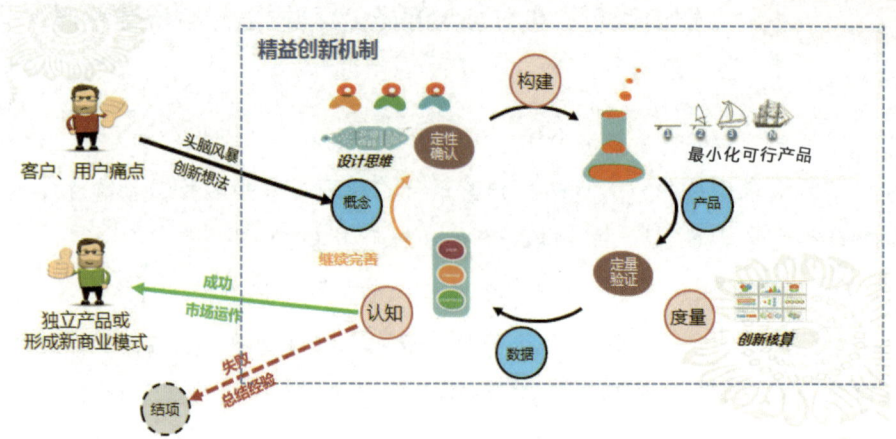

来源：第十届中国（深圳）金融科技发展论坛招商银行CIO陈昆德的演讲

图 11-6　招商银行精益创新方法论

　　招商银行于 2017 年设立了金融科技创新项目基金专项用于金融科技投入，招商银行董事会每年提供上一年税前利润总额的 1%，专门用于支持金融科技创新项目，鼓励支持全体员工利用 IT 进行金融服务创新。招商银行是国内第一家将金融科技投入纳入公司章程的商业银行，并逐年加大在此方面的投入。截至 2019 年年底，招商银行在 IT 方面的资金投入占集团总体营业收入的 3.47%，金额高达 93.61 亿元。2019 年，员工共申报 2 260 个金融科技创新项目，成功立项的有 1 611 个，其中有 957 个项目已付诸实践，涵盖科技、零售、批发及组织文化转型等领域，提升了企业知名度。到了 2020 年，招商银行在金融科技方面的投入再度增加，达到营业净收入的 4.1%。招商银行还提高了相关项目的预算，例如，"金融科技创新项目基金"的预算提高到 2019 年营业收入的 1.5%，达到 40.47 亿元，超出 2017 年投入的 4.12 倍。招商银行在金融科技方面的投入迈了四大步，奠定了技术创新的资金基础。

　　此外，招商银行进一步完善金融科技管理组织机构，将"一部三中心"改为"一部六中心"，在总行层面首设金融科技办公室。"一部"指总行一级部门信息技术部，"六中心"指数据资产与平台研发中心、批发运用研发中心、测试中心、基础设施研发中心、零售运用研发中心和数据中心。同时，招商银行完善安全控制架构体系，确保网络化、数据化过程中的网络安全、信息安全，保障金融科技的安全创新。

招商银行形成了以零售金融为核心，同业金融与公司金融驱动发展的战略布局，并将金融科技创新应用于对公业务和零售业务领域。

招商银行打造了招商银行 App 和掌上生活 App，这是其用于零售业务的核心金融科技产品。招商银行创新性地提出了"网点 +App+ 场景"模式，形成线上线下客户联动机制，根据客户的个性化需求量身定制服务，后台流程自动优化，提高客户的服务满意度。掌上生活 App 致力于成为"第一消费金融 App"，不断推动移动端消费金融产品更新，并提高输出价值与运营管理流量的水平。这两款 App 打造完成之后并不是一成不变的，而是会根据金融科技领域新技术进行优化，以不断完善零售体系。

提高 MAU 是招商银行制定的零售业务发展目标之一。该指标引领招商银行转变传统观念，推动数字化变革进程，将"移动"放在发展第一位，着重提高获得大规模、低成本客户的能力，提高数字化经营能力，将科技与客户的价值发挥到极致，形成发展新引擎。截至 2019 年，这两个 App 的 MAU 突破 1 亿大关，用户总规模超过 2 亿，在业内名列前茅。

为了方便对公业务，招商银行在 2018 年打造了招商银行企业 App，这是为企业提供服务的移动平台，可以为中小企业提供深度经营服务和引流服务，并与网上企业银行协同促进开放、共享式平台的建设。

招商银行企业 App 的合作范围很广，大多数金融与非金融全场景服务方面的应用都是它的合作伙伴，招商银行也是我国境内首家实现对公移动端全场景免密码交易的商业银行。招商银行企业 App 采用多层防控体系（生物识别 + 手机数字证书 + 大数据风控）来保证客户信息的安全，提升客户的满意度。基于服务非金融场景的需求，招商银行企业 App 打造了开放共享的云服务平台，设立商标注册、第三方财税服务等服务入口，拓展关于企业日常经营管理、出现频率较高的非金融应用场景。2019 年上半年，距上线不到一年的时间，该 App 的用户就多达 75.80 万户，月活跃度较高的用户多达 31.78

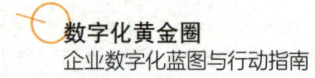

万户。

除了在零售业务端和对公业务端的金融科技产品的输出，招商银行在中后台建设方面也在对标金融科技企业，提高在金融科技方面的资金、人力等投入，更新或重建组织架构，建立健全容错机制，全面助力银行数字化变革。

金融科技创新是招商银行的一大经营策略。招商银行顺应行业发展趋势，以科技驱动践行数字化变革，打通资产和资金的供需两端，大大拓展了生态化经营的发展空间。

11.5　共建高效协同的产业新生态

20世纪90年代，詹姆斯·穆尔（James Moor）将商业生态系统描述为一个由各类互动的组织与个体所支持的经济社区。在充满不确定性的时代，各行业、各企业加强资源共享、实现价值共创、促进稳定健康发展的重要手段之一是共同构建稳定、可靠、高效的高质量产业生态系统。

在数字经济背景下，产业生态系统有多个显著特征。

（1）**多样性主体生态位分离与竞合共生**。要求各主体结合价值主张加强专业能力，并在系统中加强各自独特的市场角色。生态系统中各竞合共生单元组建的价值网络在竞合共生平台上完成互动交易。另外，具备独特能力并找准了生态定位的企业可以适应一个或多个生态环境。

（2）**生态要素数字化与开放共享**。生态系统要素数字化包括产品、服务、客户、伙伴、平台和资源等系统各构成要素的数字化，以及参与主体的虚拟化；数据开放与价值共享是产业生态系统良性循环的基础。开放数据及数字技术的利用促使系统内所有主体共同发展，以便各主体重新定位资源并获取生态系统中产生的信息以适应环境，从而创造更大的共享价值。

（3）**数字生态下自主业务与自治系统**。基于数字平台，依靠从机器学习到机器智能的演进驱动企业自主业务、自主经营；生态系统内的人、机、物有机融合，可望实现实时自感知、自吸引、自交互、自决策、自适应、自执行、自学习和自治理并逐步向自演进迈进，最终迈向生态自治。

数字产业生态系统的上述特征给生态系统治理带来了极大的挑战。无论政府还是行业或市场，都无法单独解决产业生态治理的问题，需要生态各利益相关方之间建立互相信任、相互依赖、互相合作的关系，构建基于数字平台构建、数字技术应用及数字资源协同的创新生态系统治理机制，如引导机制、决策机制、关系机制、监督机制、控制机制、数据共享机制、激励机制、利益分配机制、服务创新机制、信息反馈机制和价值共创机制等。只有通过这些不同的治理机制的组合，保持治理体系的活力和效率，才能实现战略共识、价值共创、风险优化、资源调配和绩效激励的生态治理使命。

产业生态系统的构建和运营是一个复杂的系统工程。通常来说，生态系统的发起者需要进行预投资，以建立平台或构建核心能力，然后根据企业定义的客户价值主张，选择与合作伙伴共建或加入 1~2 个生态系统。企业需先定义自身的生态系统角色，并与产业生态合作伙伴一起强化生态运营，从生态合作迈向更深层的战略协同、资源协同、能力协同的生态协同。以"三个协同"为目标，生态利益相关方共建高效协作共赢的生态环境，提供数字化产品或服务，缩小知识产权差距，补充企业的数字化产品或服务；从个体主动转向集体主动，打造数字经济时代命运共同体，共享数据和价值，实现多元共赢。

例如，壳牌通过数字生态系统减少客户在加油站花费的平均时间。壳牌与阿里巴巴合作，开发了一个智能加油站，当汽车驶入加油泵旁边的指定地点时，就会自动触发相关系统。这时，客户可以通过选择仪表板上的选项来选择燃油类型和加油量，加油和支付自动完成。

案例研究 | 百果园：以科技的力量驱动全产业链生态圈

作为水果连锁专卖店行业的龙头企业，百果园的营业额是行业第二至第十名的总和，2019 年的销售额高达 120 亿元，全国有 4 300 家强加盟门店，拥有 26 个配送中心，覆盖 80 多个城市，拥有 5 600 万名会员，向全国 200 余家合作产地常年派驻种植技术人员。

百果科技作为百果园旗下全资二级子公司，主要负责百果园的 IT 和产业互联网。IT 团队人数接近 600 人，每年的 IT 投入约 1.2 亿元，致力于为百果园的全产业链经营提供信息化和数字化支撑。

在生鲜产业升级的大背景下，越来越多的互联网巨头和国内领先的科技企业纷纷投身于生鲜领域。那么，百果科技如何应对来自互联网企业、科技企业的竞争？如何为生态伙伴提供低成本、高性能的综合性解决方案？如何更高效率地推广和使用第三代技术架构？如何用智能化、自动化的手段提高行业效率？

对生鲜品类来说，真正的机会是将产业互联网从上游到下游的数据打通，从而提高供应链整体的效率。百果园致力于打造生态，充分发挥"一个精神"（利他）、"两驾马车"（渠道品牌、品类品牌）、"三根支柱"（金融资本、信息科技、研发）的力量，实现采营销大协同、门店经营小协同，利用科技金融打造属于百果园的最佳生态赋能结构。

1. 智慧商业驱动变革

零售是一门古老的生意，新零售重新定义了人、货、场，而智慧商业将产业链进行有序的链接，从简单的各环节效率提升进化至上下游协同带来的整体效率提升。百果科技首席营销官沈欣认为，智慧商业的本质是"可控制的差异性商品＋精准有效的传播＋消费者需求满足"。

传统商业由生产商、渠道、零售商和消费者构成，随着技术的迭代进步，目前呈现出三大趋势：产品力大于品牌力，传播力大于渠道力，展示权大于所有权。智慧商业通过数据、协同将上游、中游、下游连接起来，同时从中间找出规律并进行引导。

在智慧商业的发展过程中，百果园提出了三大效率指标（见图 11-7）：

● 制造效率，从产品设计到产品被制造完成的周期。

● 传播效率，从产品设计到消费者知晓的营销手段。

● 供应链效率，从产品被制造出来到被消费者购买的周期。

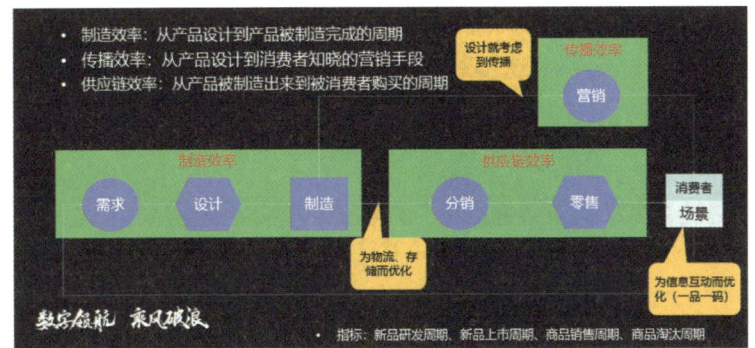

图 11-7　基于供应链的智慧商业量化指标

将整个过程串联在一起，不难发现，在设计产品的时候就要考虑到传播性，还要为物流和存储对其进行优化，在消费场景中为信息互动而优化。

在智慧商业的变革驱动下，制造业产生了"上游供应链＋消费者＋渠道商"三重关系变革：

● 与上游供应链关系的变革，从买卖关系转变为合作关系；

● 与消费者关系的变革，打造线上线下一体化的服务，通过产品与消费者互动；

● 与渠道商关系的变革，通过信息系统建立强合作关系，掌控规范与标准的、专业化分工合作。

不同业态的智慧商业的侧重点不同，因此智慧管理和智慧经营的重点也不尽相同，如图 11-8 所示。

第一类：传统连锁超市以交易终端为重点，通过店铺的精细化管理、标准化管理、规范化管理实现效率提升，其对上游的议价能力决定了基础成本（货品、场地、人工），其对下游细致的管控可以压缩经营成本，通过商品价差获取利润。效率是智慧经营的重点。

- 以交易终端为重点的智慧商业：传统连锁超市
- 以交易场景及消费者为重点的智慧商业：购物中心
- 以会员为重点的智慧商业：电子商务
- 前店后厂的智慧商业：SPA（生产加工型零售）

图 11-8　各业态智慧商业侧重点不同

第二类：商业物业类企业主要有两类资产——物业资产和会员资产，智慧经营主要体现在基于消费者精细分析指导下的经营场所打造。资产增值与金融资本成本的匹配是智慧经营的重点。

第三类：电子商务没有实体场景，加上已有的强大物流体系的配合，重点关注的是商品及消费者。由于长尾效应的存在，智慧经营进一步的重点是会员分析。针对消费者生命周期的数字化管理、触达会员的效率与成本是电子商务智慧经营的重点。

第四类：制造型零售最大的特点是上游的生产制造及标准掌控在企业手中，前店后厂，以全球工厂为依托的高效率产业带企业优势比较突出，智慧经营即利用大数据技术分析用户需求与反馈，研发新产品，提高交易末端与供应链的效率，分级打造会员体系，进行定向、精准传播。制造型零售商的供应链系统打造主要分为四个部分：

- 基于信息系统协同，建立更精准的供应链预测体系；
- 与上游更深入的绑定，建立竞争壁垒；
- 引入供应链金融等服务体系，增强抵御金融风险能力；

● 全产业链设计，通过"传播＋营销"打造百年品牌。

在智慧商业中，除了技术，企业文化也是重要的组成部分，因为文化是智慧的最高结晶。消费者越来越倾向于选择与自己价值观一致的品牌和企业。另外，店铺员工往往是消费者唯一接触到的企业代表，员工行为受到企业文化的影响，从而影响消费者对企业及交易的认知。

2. 百果园的数字化实践

目前，生鲜行业呈现行业几无品类品牌、上游几无系统可言、靠猜种植、靠天吃饭、上游受限于资本、无法扩大规模等现状。基于此，百果科技助力百果园进行数字化建设。

（1）供应链协同赋能升级。对 ERP、交易平台、仓储系统、配送、品控等整个供应链进行数字化变革。例如，在智慧农业方面，百果园可以做到基于大数据与 AI 的种植数字化，提前 7 ～ 15 天预测产量和品质。

此外，百果园联合中国优质农产品开发服务协会、中国果品流通协会，佳沃鑫荣懋、本来生活、正大果业、佳农集团、海升集团等成立优果联，推出了橙以橙（冰糖橙）、良枝（苹果）、不失李（李子）、天使美莓（草莓）、弥宗（猕猴桃）等品类品牌，优先进行全溯源数字化改造。

百果园通过供应链金融实现上下游联动，提升供应链效率。对百果园来说，供应链金融主要包括"T+1"供应链金融服务（配合电子发票）、门店设备融资租赁和消费金融服务。

（2）全销售渠道的会员管理升级。百果园的会员体系历经三次迭代，形成了更完善的会员体系。

● 第一代登记会员（好吃卡）：仅记录手机号码和基础信息，其作用是实现线上线下一体化。

● 第二代钱包会员（果币）：支付、找零使用电子卡，其作用是让会员与百果园建立长期的互信关系。

● 第三代账户会员（心享）：年费 199 元，绑定 B 类银行账户，其作用是以客户为中心，构建百果园和客户的生态关系，围绕数字化运营对客户进行场景、商品、交易交互、支付方式等的适配。

会员的迭代意味着建立高净值忠实顾客的分层服务体系。未来，百果园将构建会员嵌入及迁移模型。新一代消费者快速迭代，营销平台化、时尚化，百果园通过抖音、直播、社群做营销活动，不断地培养这个方面的人才，这将成为其未来最大的竞争优势。

百果园历时 2 个月在中台的架构上搭建了营销 CRM 系统框架（见图 11-9）。百果园制订了一个全新的营销计划，以前的营销是留存优先，现在的营销更关注传播流程，把碎片化的"素材"组织成可传播的"内容"。

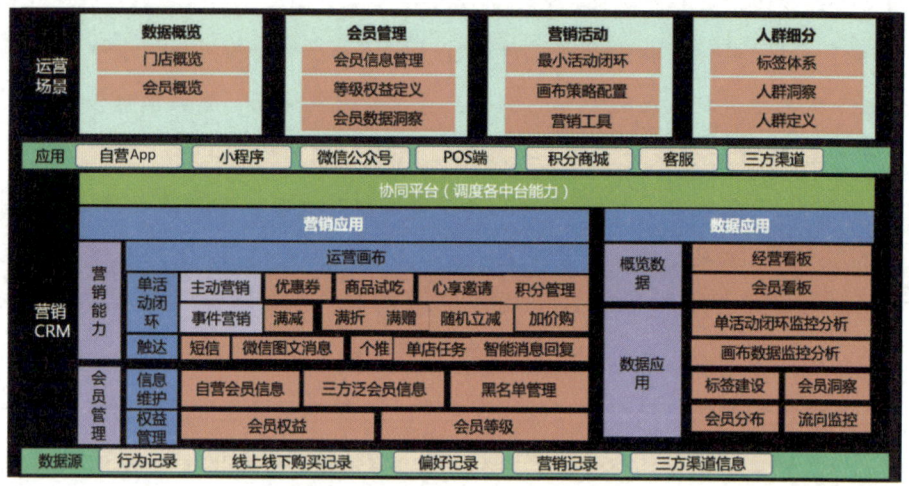

图 11-9 营销 CRM 系统框架

基于大数据驱动的代理人基模型（Agent-Based Model，ABM）数字化营销采用了 ABM 这样一种社会学的建模方式，其主要应用包括标准虚拟门店模型、低维度大数据预测、消费者嵌入与迁移模型。

① 标准虚拟门店模型。通过合成控制算法，建立虚拟标准门店，代入实际门店维度后，可以全方位预测门店的店长能力、商圈信息、消费者构成、业绩、营销效果、盈利预计、竞争影响、天气影响等。

② 低维度大数据预测。目前，基于种植基地和批发市场的视频内容，仅

靠农民表情数据，可精准地进行时间跨度为 2 个月的产量预测。例如，2018 年 11 月，随着我国市场玉米交易基准价升至 3 年多来的最高水平，中粮集团、ADM 等行业龙头企业的交易员开始用短视频进行交流。农民上传的玉米丰收视频与价格波动有关，交易员马上通过短视频应用分析其中的关联。这意味着，利用很多细节性的数据的简单维度，也可以做出精准的预测和判断。

③ 消费者嵌入与迁移模型。根据消费者的行为（例如，按照购买频次分为两周一次和一周两次）和购买金额、性别、年龄等因素，可以将消费者分为不同的人群，消费者是一簇一簇存在的。通过门店消费者购买频次可以看出，在影响购买的因素中，价格的权重是 70%、干净的权重是 20%，服务的权重是 10%。如果只分析消费额在 30 元以下的、两周消费一次的、30 岁以上的女性人群，就会发现，在影响她们购买行为的因素中，服务的权重是 70%，便捷的权重是 20%，距离的权重是 10%。由此可以看出，针对全人群做服务和营销与针对重点人群做服务和营销是完全不一样的。

不同簇之间的迁移有着权重不同的影响因素，深入研究后可以更精准、无浪费地进行营销。假设某企业营业额为 100 亿元，毛利率为 40%，实际毛利率为 25%，营销成本占 15%，即 15 亿元；假设每个维度的精准度等于 3%，当营销成本降低 3% 时，10 个维度就可以降低 26% 的营销成本，也就是 4 亿元。

未来，在智慧营销的过程中，IT 人才将致力于取得更多的数据，进行精细化的迁移操作。例如，通过显数据来设计专用券，取得隐数据。在这个过程中可以获得消费者的很多数据，通过不断地迭代，就能拿到大量的可分析数据，并通过不同的营销手段服务不同的消费者。

（3）线上线下一体化。线上线下一体化是百果园的长期发展战略。百果园从 2016 年开始布局线上线下一体化的发展，线上生态包括百果园 App、小程序、微信公众号、社群、第三方外卖平台等，2019 年全渠道销售额突破 100 亿元，线上销售占比为 25%。

截至 2019 年年底，百果园已经开设了 4 000 家门店，进入了 80 个城市，围绕门店进行了智能订货、智能选址等数字化升级。例如，2020 年，百果园正式全面推广智能订货系统，以解决生鲜领域供需平衡的问题。百果园在订货方面主要有长周期和即时订货两大周期，这两个周期围绕选品和定量来做匹配。

百果园基于智能订货系统，实现了86%~88%的匹配率；门店的缺货率下降1%~2.5%；门店订货周期从20分钟缩短至5分钟，分货周期从60分钟缩短至15分钟；单品损耗下降，库销比下降。下一步，百果园将通过智能订货系统，针对不同商圈的消费者进行选品和价格区间的适配，满足门店个性化的订货需求。

（4）基础信息建设

中台、协同平台及OA、财务、人力资源等平台都是基础信息建设的方向，而加盟商管理系统是百果园基础信息建设的重点。2019年，百果园启动建设加盟商管理系统，基于四大基础信息模块功能实现基础数据的管理。

目前，加盟商管理系统在实现数据和流程化管理的基础上，重点做主流程的优化及各个业务数据管理的打通。加盟商管理系统为百果园加盟连锁业务的拓展提供了极大的支持，改善了加盟商的体验。

加盟商管理系统用于管理加盟商相关的全过程业务，包括加盟申请、说明会预约、商铺选址、加盟商评估、加盟合同、新店开业、加盟门店对账等。该系统根据加盟流程各节点推送企业微信消息，管理人员负责跟进、完成当前业务节点的数据维护，各部门对加盟商的管理实现了扁平化。百果园打造"百果园加盟"微信公众号，将其作为私域流量池，实现全国报名入口的统一、信息发布的统一、会议预约管理的统一；将微信公众号作为前端，对接加盟商管理系统，实现加盟进度可视化查询。

11.6 核心命题与行动锦囊

数字化黄金圈之面向未来，主要包括颠覆核心业务、平台型商业模式、智能互联新产品、组合创新和产业生态这五个方面的核心命题。企业可根据数字化黄金圈指数，回答相应举措的核心命题，并对标企业数字化的实践者或非凡者的特征和行动锦囊，以获得进一步提升其数字化成熟度的举措或建议。

颠覆核心业务行业市场雄心

本落地举措的核心命题：企业有多大的雄心壮志及如何在他人颠覆自身业务之前，开启对核心业务的数字化颠覆，成为行业市场的领导者？

企业数字化实践者通常具有的特征包括：已经下决心积极应对未来的不确定性，数据和用户成为企业的关键资产；将尚未满足的客户需求与推动新增长的创新商业模式、产品和服务联系起来，借助"价值空地"反守为攻，夺取数字化颠覆给企业带来的机遇，进入可能存在于相邻市场或现有市场且能受益于数字科技的领域；评估价值链，平衡创新组合，通过开发智能互联产品或服务，以全新的商业模式重构成本价值和体验价值，创造新的数字化增长业务；积极融入生态体系，盈利增长空间正在逐步打开。

企业数字化非凡者通常具有的特征包括：决心通过数据和科技提供互联和互补产品系统并创建具有强大网络效应的生态平台以重构核心业务；迅速将颠覆性创新产品或服务及商业模式推向市场并实现盈利；成为"价值空地"的发现者和狩猎者，夺取数字化颠覆的制高点，迅速行动并通过有效融合成本价值、体验价值和平台价值实现组合式颠覆，多管齐下创造用户价值，以创造增长和利润；采用简单、方便、个性化的数字化手段改变游戏规则甚至生活方式，促进新型增长；大大拓展业务范围和市场概念，成为行业市场的颠覆者和细分行业的领导者。

打造数字化平台型商业模式

本落地举措的核心命题：企业如何理解数字化平台型商业模式，准备或

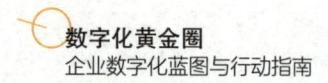

正在如何打造或融入基于平台的生态系统？

企业数字化实践者通常具有的特征包括： 已经认识到外部数字化挑战者通过平台型业务对整个行业带来的颠覆型压力，开始通过归属加入、投资或合作等方式融入现有竞合平台（小型企业通常别无选择，可利用平台规则，归属加入现有优势平台，利用该平台实现自己的商业目的和客户价值；有时，老牌企业由于缺乏构建和运营数字平台的组织能力，也可归属加入现有平台）；遴选合适的产品并采用产品区隔方法，通过外部平台打造爆款，树立数字口碑；结合线上外部平台和线下传统业务，打造全渠道体系，增强竞争力；通过投资、合作等支持替代平台，以保持生存能力；必要时也可构建自己线上平台，实现与客户的互动体验和服务。

企业数字化非凡者通常具有的特征包括： 高度重视数字化平台型商业模式对未来的巨大影响，开始打造（购买或自建）自身的平台型业务；通过自身已经打造的数字产品和智能互联产品体系，以数据为核心要素构建平台商业模式；采取措施增加平台的网络附加值和平台附加值；利用 API 和工具设计系统，促进平台交易；建立开放性标准和共享系统，引入更多的合作伙伴；通过数据安全透明机制建立信任；制定合作伙伴的管理及共赢机制；与其他参与者建立联盟、共建生态系统，以实现平台价值。

开创智能互联新产品新体系

本落地举措的核心命题：企业如何促进数字化创新，发现机会和市场空白，进行大规模智能互联产品（服务）开发并将其商业化，以实现新的数字化增长？

企业数字化实践者通常具有的特征包括： 积极收集数据并通过洞察为开发和服务提供信息，以发现机会和市场空白并抓住新机遇；用数字技术重构核心产品，已将大部分核心产品带入数字领域，对其他非数字产品进行了数字化增强；组建了更精简敏捷的数据分析和产品开发团队，开始尝试以客户为中心的创新，并确定新的价值池；通过智能互联产品的连接促进数据和知识共享，实现企业价值的最大化。

企业数字化非凡者通常具有的特征包括：积极构建数字化能力，通过智能互联产品体系及其获得的数据洞察，进入新的市场或获得新的营收；密切关注市场和新老客户，用规模化的创新来完成大规模智能产品或服务的开发；关注新兴趋势，在市场还处于早期阶段就快速开创智能互联产品或服务并进入市场，数据驱动敏捷迭代，实现新的数字化增长目标；让客户变成业务合作伙伴，与其共创，寻找机会并形成结构化的路线图，保持持续增长的潜力；通过智能互联产品体系连接人员、团队和产品，共建新生态，并对社交网络等产生的大数据进行实时分析，实现企业的自感知、自决策、自执行，并在此基础上构建自进化能力，保持持续增长的动能。

落地组合创新保可持续发展

本落地举措的核心命题：企业如何理解和制定创新战略？企业是否有正式的创新战略流程并推进适宜的创新组合，以实现颠覆性的业务价值和可持续发展？

企业数字化实践者通常具有的特征包括：已经明确创新战略意图和愿景；建立了专门的创新机构，如转型创新团队或卓越中心等，基本的创新流程和变革技术工具箱已经到位；为拓展合作和风险投资制定了并购策略；已经成功推出了颠覆性的业务和合资企业等，其价值创造的潜力已经得到确认。

企业数字化非凡者通常具有的特征包括：制定的创新战略不仅包括战略意图和愿景，还包括策略举措和行动计划，并得到有效的治理；正式的变革创新流程已得到高效执行；考虑创新矩阵中的所有选项并选择最适宜的创新组合来捕捉商业增长机会，如创投基金、共创工坊、联合实验室、孵化器、加速器、风险投资和并购等；不断探索并推出颠覆性的概念和产品或服务，把握指数级增长的机遇，以实现颠覆性的业务价值。

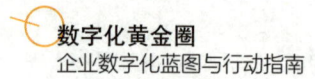
共建高效协同的产业新生态

本落地举措的核心命题：企业是否定义了客户价值主张和实现该主张所需的合作伙伴关系？数字化生态系统的治理和组织方式是什么？企业如何在数字生态系统成员之间共享数据和价值？

企业数字化实践者通常具有的特征包括：已经定义价值主张，并与数字生态系统合作伙伴一起成功地提供了数字解决方案，一起运营，共同做出决策，共享数据（在定义的规则内），并且数字生态系统流程和基础架构稳定；成为这个社区的重要参与者；推动更广泛的应用，向客户宣传和沟通企业的愿景，并和合作伙伴的员工一起学习如何从数字生态系统中创造价值；在许多方面进行持续试验，并已经开始实施扩大数字生态系统的战略，价值创造机制也在不断完善。

企业数字化非凡者通常具有的特征包括：收入的两位数百分比是通过数字生态平台提供的企业自己的及集成的数字化产品或服务来实现的；拥有基于数字生态系统的运营模式，可以成功地协调包括初创企业在内的多个合作伙伴和生态系统，并有明确定义的治理机制；参与数字生态系统的协调和互动，参与规则基于合作伙伴的个性化需求制定；所有数字生态系统成员都在战略目标及如何共享价值上保持一致；知识产权和数据得到了很好的保护，并通过专用平台、明确的流程和数据管理方法来安全地共享；生态系统以可持续的方式发展。

第 12 章

玩转数字化黄金圈：
招商局集团数字化变革实践

　　招商局集团是一家业务多元的大型中央企业，创立于 1872 年的晚清洋务运动时期，是我国民族工商业的先驱。在数字化大潮中，招商局集团大力推动数字化变革，于 2019 年制定新的数字化战略，明确了 2025 年建成"数字化招商局"的转型目标，在智能交通、智慧物流、智慧园区与社区、海洋经济、数字科技等领域进行产业布局。

　　招商局集团业务集中于综合交通（涵盖港口、物流、公路、航运、海工装备和贸易）、特色金融（涵盖招商银行、招商证券、保险和基金）、城市与园区综合开发运营（招商蛇口）三大核心产业，各产业数字化成果初显。"十四五"开局之年，招商局集团经营业绩创下新高，2021 年实现营业收入 9 362 亿元，同比增长 15.1%；净利润达 1 692 亿元，同比增长 23.4%。全球技术革命使传统产业面临诸多挑战，招商局集团依托数字化变革提升业务能力，推进数字产业化和产业数字化，打造世界一流数字化企业。

12.1　招商局集团数字化变革之为什么

　　近年来，数字化技术正在改变传统产业，加速产业链和商业模式重构，数字化技术不断与产业场景深度融合，数字经济成为实现可持续、高质量发展的生命线。我国高度重视科技创新和数字经济发展，"十四五"规划纲要明确提出实施"上云用数赋智"行动，大力推进产业数字化变革，而中央企业作为我国经济的重要组成部分，将全面引领企业数字化进程。

面对数字经济大潮，招商局集团全面铺开数字化建设，开启产业数字化和数字产业化发展之路。秉承大型央企的使命与担当，招商局集团通过数字化变革提升自身数字化能力，使产业协作水平稳步提升，并带动相关企业迎接数字化浪潮，加快数字化进程。招商局集团 CDO、数字化中心主任张健指出，数字化变革已经成为招商局集团最核心的战略之一，是董事长为首的领导层和董事会确定的最重要工作之一。

作为传统央企，招商局集团的数字化变革面临一系列的挑战：产业多元化但缺少协作，技术架构复杂，"总分双层"，缺少自主创新能力或自主创新能力差，运营模式难以改变。结合自身以重资产经营和实体产业为主的特点，招商局集团的数字化变革以"立足长远，把握当下，科技引领，拥抱变化"为战略引领，以建设"数字化招商局"为目标，以"六支柱"为蓝图，以"四提升"为核心，不断完善机制，全面保障招商局集团的数字化建设。

下面简要回顾招商局集团的数字化建设之路。

2018 年年末，招商局集团确定了符合集团实际的全新数字化战略规划，由领导班子组建数字化工作领导小组，"数字化＋市场化"战略铺开。

2019 年，招商局集团在数字化工作领导小组的初次会议上确定了数字化建设的总体目标，小组组长为集团总经理，他带领集团开启数字化变革的新篇章，提出 2025 年完成"数字化招商局"建设的目标。

2020 年，招商局集团全面铺开数字化建设，以"数字化招商局"为愿景，以数字化规划为基础，推动建设"六支柱"，通过自主研发、自主控制的数字化技术支持各产业公司在客户服务、生产运营、内部管理、生态模式等方面的数字化变革，打造领先的有招商局集团特色的产业互联网平台。

2021 年，招商局集团的数字化变革进入新的阶段，数字技术底座更加稳固，数字化赋能管理提效，产业数字化取得阶段成果。招商局集团制定了"十四五"数字化规划，升级形成"六支柱"建设体系，扎实推进共享数字技术基座建设，技术赋能产业应用创新，强化数字化治理体系和 IT 人才队伍建设。

"六支柱"是招商局集团数字化变革的蓝图，也是招商局集团转型的重要抓手和落脚点（见图 12-1）。

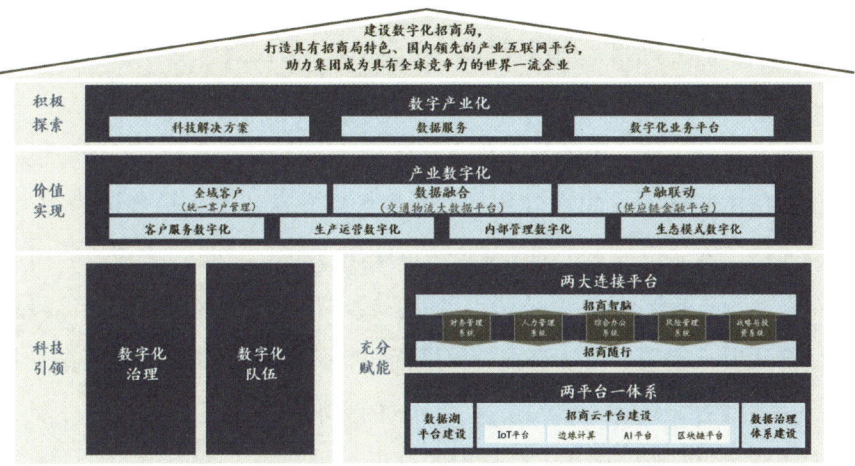

来源：招商局集团

图 12-1 招商局"六支柱"建设体系

（1）第一个支柱：以"两平台一体系"打造技术底座，"两平台"是招商云平台和数据湖平台，"一体系"是数据治理体系。招商局集团涉足的行业众多，在日常管理过程中需要加强数据管理。招商云平台是在类似于云原生开发环境下运营的平台，是未来招商局集团产业数字化和数字产业化的重要基础，是招商局集团的核心竞争力。

（2）第二个支柱：通过"两连接"形成统一的入口，与生产经营管理场景相连。"两连接"是面向内部员工和外协单位的，服务于日常管理和日常经营决策，由招商随行工作协同平台和 BI 分析平台（招商智脑）组成。招商随行是通过一个入口供集团内部员工和外界单位进行实时沟通的平台。招商智脑是数据洞察、数据驱动服务于企业经营管理和决策的基于 BI 或大数据分析的平台，直接服务于生产经营管理。

（3）第三个支柱：促进落实"四提升"，启动产业数字化变革进程。依托招商云平台和两大垂直链接平台（招商智脑、招商随行），招商局集团启动四个方面的数字化变革进程，从而促进"四提升"目标的达成。"四提升"围绕着二级板块专业公司的数字化变革提出了具体要求，主要包括客户服务的数字化、生产运营的数字化、内部管理的数字化、生态模式的数字化。

（4）第四个支柱：建立统一的数字化治理体系。招商局集团的数字化治理主要围绕着治理机制、顶层设计、队伍建设、考评投入等方面展开，这是服务于招商局集团建设的重要支柱。

（5）第五个支柱：推动数字化文化建设，加强队伍建设。招商局集团的数字化队伍不断壮大，2021年招商局集团数字化队伍的人员规模为2018年末的近4倍。该队伍加大了对专业公司的建设力度，重点二级板块公司都成立了符合自身专业特色的IT公司。另外，数字化文化的建设也紧紧围绕着数字化变革开展，因为企业转型在技术层面更容易理解和接受，但是在业务层面往往是被动的。只有文化的培育和土壤的滋润形成一定的气候，才能更有力地推动数字化变革，这是一个长期的过程。

（6）第六个支柱：积极探索数字产业化进程。加强"四科一智"研发一体化，提升研发质量和效能，提升自有研发和管理能力；加快数字驱动型创新业务公司的成长，培育产业创新增长点，探索"招商云＋招商随行＋行业应用"的产品化、市场化建设，迈出数字产业化创新之路。

12.2 招商局集团数字化变革之怎么做

招商局集团是央企中较早布局数字化变革的企业之一，其数字化成果日益显现，营业收入、净利润等主要指标再创历史新高，连续17年获国务院国资委中央企业经营业绩考核A级，亮眼成绩的背后是招商局集团在数字化变革上的探索。

在明确了数字化变革的使命、战略，并制定了数字化变革蓝图之后，招商局集团正式开启数字化变革的新征程，在方法与绩效、领导与文化、组织与人才、数据与技术、实践与工具等方面积极探索，加快了数字化变革的进程。

近年来，招商局集团建立了 CDO 体系，完善了数字化考核评价体系，建全二级公司数字化变革组织，设立双月数字化会议机制，建成数字化社区，培育数字化文化，加强网信安全管理，确保信息安全。集团数字化中心、招商金科和各公司数字化部门通力协作，共同打造了对内协同、对外开放的招商局数字创新生态。

方法与绩效

招商局集团把对二级公司数字化变革的要求纳入年度各板块公司经营计划的考评，评分占比为 8% 或 4%；同时，对标全球领先企业在 IT 投入方面的平均标准，增加二级公司在信息化、数字化领域的投资。

领导与文化

招商局集团于 2018 年成立数字化工作领导小组，定期召开专题会议，由集团办公室、数字化中心等职能部门汇报数字化工作。

招商局集团统筹数字化文化建设，2020 年 6 月，由招商局集团数字化中心联合招商金科打造的集团数字化文化宣传服务平台——招商局集团数字化社区正式上线（见图 12-2），该社区有五个板块，分别为"CDO 大视野""数字化战略""招商云服务""研发天地"和"二级公司"，下设 19 个小板块。该社区是招商局集团的数字文化库、数字化变革的落脚地，是数字化变革业务场景的锦囊所在地、所有研发人员的工具箱，也是数字化创新进程中的能量补充站。

构建数字化社区是为了推动完善集团的数字化"六支柱"，为产业板块数字化变革"四提升"提供动力。该社区将各方资源汇集在一起，与集团现有系统协作，为集团所有成员提供服务。该社区是在集团数字化变革的方

来源：招商局集团

图 12-2　招商局数字化社区

针、政策指导下建立的，可供实时分享行业内、集团内或其他行业可借鉴的优秀数字化理念和经验。"两平台、一体系、两连接"共同助力平台技术服务，推动"上云入湖"项目落地。社区着重推广集团的创新研发体系（围绕敏捷研发和设计思维两大理念），推动集团人员的数字化研发能力再上一个台阶。社区常设线上咨询模块，开展与数字化相关的活动，活动参与人员主要是集团内外部专家；还会不定时开展与数字化相关的业务培训，培训形式以直播为主。

组织与人才

依托数字化战略，招商局集团加强组织保障和统筹规划，建立了三级管理体系，由上至下分别为集团、二级公司和业务单元，这一管理体系的建成有利于工作效率和质量的提升，也使公司骨干的变革热情高涨。截至目前，集团总部的职能部门有 9 个，产业部门有 4 个。职能部门分别为集团办公室、人力资源部、财务部、战略发展部、资本运营部、监察部、风险管理部（法律合规部）、海外部（国际合作部）和安全监督管理部。产业部门分别为交通物流事业部（集团北京总部）、金融事业部、区域发展部（前海蛇口自贸区办公室）和健康产业事业部。

招商局集团不断优化内部组织架构体系（见图12-3），总部各部门围绕战略引领、风险管控和综合服务的"3S"管理职能，以数字化重塑价值创造型总部功能，在财务、人力资源、综合办公、风险管理、战略与投资五大职能管理领域推动数字化建设。

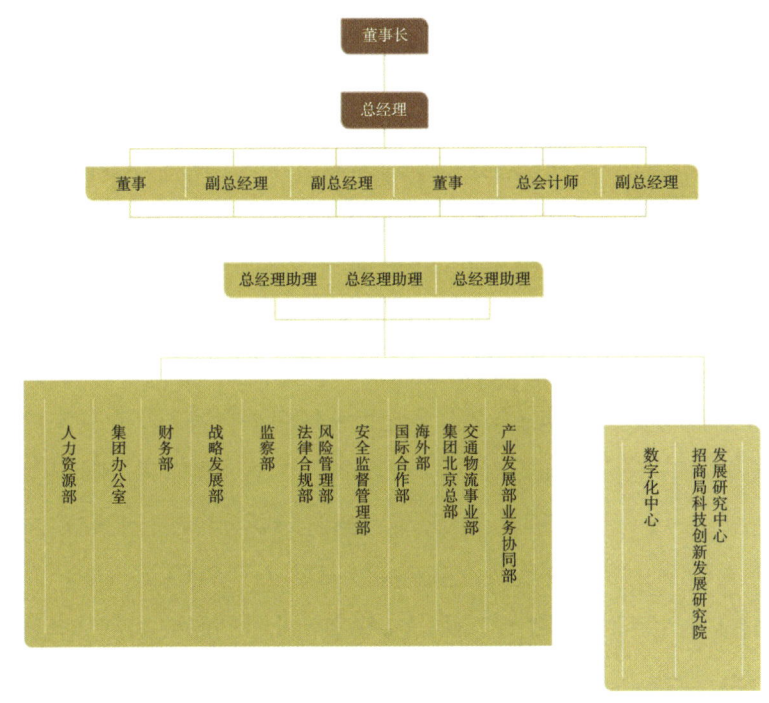

来源：招商局集团

图 12-3 招商局集团内部组织架构体系

在财务领域，以财务管理驾驶舱和共享中心建设为代表，建设18项数字化应用，赋能全集团提质增效，发挥了数字化应用的先行示范作用；在综合办公领域，在五大子领域打造10项数字化应用，实现办公移动化和效能提升；在人力资源领域，探索大型企业数字化管理实践，向人企互联的创新型组织迈进；在风险管理领域，建设法务、审计、风控三大管理系统，数字化赋能标准化、流程化、精细化风险管控。

2019 年 5 月，招商局集团在集团信息中心的基础上组建了集团数字化中心，由其统筹集团数字化工作，推动集团数字化战略落地。据了解，招商局集团的数字化采用"管办分离"的机制，由数字化中心扮演管理者的角色，由招商金科承担"办"的职能。此外，也有二级公司采用"管办合一"的模式。例如，招商蛇口为了集约化地使用科技和人才，由旗下的数字化专业公司招商城科来承担数字化管理者和数字化建设者的双重角色，为招商蛇口经营管理提供数字化支撑。招商港口则将数字化放在了战略创新部，以战略来引领数字化变革，作为总部的管理部门统筹整个港口的数字化工作，制定招商港口的数字化规划，并将每年的任务分解，再由招商港口的各下属企业的 IT 职能部门作为执行部门，落实总部的数字化规划。

招商局集团从 0 到 1 组建了具有自主研发能力和一定规模的技术团队，该团队成为集团和集团板块数字化项目实施的重要保障。截至 2021 年三季度末，招商局集团数字化队伍研发人员达到 1 900 多人的规模。在队伍建设方面，招商局集团成立了招商金科，各二级公司根据自身数字化变革的要求也成立了专业的 IT 公司，如招商国科、招商新智、招商城科和招商创科，人员规模持续扩大，在一定程度上大大增强了招商局集团的自主研发能力。

基于对数字化变革的重视，招商局集团设立了 CDO 这一职位，明确企业要全面推行数字化变革，成长为一家数字企业，同时要求各二级公司也要设立 CDO，加强数字化建设。CDO 的主要职责是主持制定集团数字化规划，构建数字化治理体系，负责建设数字化团队，组织数字化工作的督导和评价，审定数字化建设技术架构，统筹集团赋能平台建设。各二级公司也分别明确了 CDO 的主要职责。例如，招商蛇口 CDO 的主要职责是领导企业数字化变革，统筹招商蛇口的数字化建设；招商港口 CDO 的主要职责是规划数字化变革的总体目标，制定数字化规划并将任务分解到各个部门。

以招商局集团旗下的招商港口为例，招商港口集团副总经理兼 CDO 李玉彬自 2018 年兼任 CDO 这一职位，以独特的视角统筹工作，将数字化的理念贯穿到分管工作中，加强企业数字化建设，并领导其团队花 3 年的时间打造了妈湾智慧港这一数字化样板。

在设立 CDO 之前，招商港口主要由信息技术部、信息工程部等部门开展信息化工作，将信息化简单地作为一个工具，以提高企业的信息化程度。后来，数字化工作越来越重要，为了进一步强化数字化团队，招商港口设立了 CDO 这一职位，由其全面负责数字化工作，包括底层基础技术的构建、数据中台的构建、用数据赋能企业等。

在招商港口的管理体系中，CDO 是非常重要的岗位，有很大的影响力和权力，直接向 CEO 汇报工作。例如，李玉彬作为招商港口集团副总经理兼 CDO，分管战略创新、市场商务、上市公司管理等，所以在谋划公司战略的同时会将数字化放在首要位置，在统筹过程中让数字化和分管工作高度融合。

数据与技术

经济增速承压、全球供应链调整、科技竞争加剧……在强烈的不确定性环境下，数字技术创新是企业应对环境和市场不确定性的重要手段。张健认为，企业数字化变革就是利用数字技术，将经营生产、业务流程和管理经验进行信息化、线上化转型，通过软件算法赋能企业，增强自身竞争力。推动数字化变革要从三个方面入手：一是打造企业自身的一体化技术基础和技术创新能力；二是促进 IT 技术与业务全面融合，为企业数字化变革提供技术保障；三是打响数字化产品和服务的名声，构建良性、可持续的新生态模式。

首先，在技术层面会遇到许多问题：选择什么技术、新技术从哪里来？软件、硬件、数据、算法如何规划，自研还是外购？如何培育和应用自主可控技术？技术是支撑一切的底座，没有技术，目标只是空中楼阁。

其次，只有技术是不够的，融合（连接）很关键。如何用数字技术和工具连接外部的客户和资产？像招商局集团这样的实体企业有大量的运营、资产、设备、工具和员工，将数字技术融入企业生产运营体系和业务流程是核心。

最后，"数字＋业务"推动企业经营，具体体现为企业绩效和竞争力的提升。招商局集团提出 2025 年建成"数字化招商局",口号容易提出,但困难重重:如何度量输出成果?怎样衡量业务收入中数字化变革的贡献?如何制定数字化变革成果核心指标?技术、业务、财务和商业模式如何呈现和评价?因此,传统企业的数字化变革是一个非常复杂的过程。

招商局集团的数字化是有自主创新能力的数字化,张健认为,大型央企在数字化的过程中需要提升技术自主性,不能完全依靠第三方厂商,自主可控的核心技术能力是一家企业保持数字化领先的基础,也是企业的命门所在。统一技术架构、自主研发共享技术底座、面向内部市场化服务这种模式设计和实施起来并不容易,但无论从统一技术方向、便于集团整合资源的角度来说,还是从应对行业竞争的角度来说,这无疑都是正确方向,甚至是唯一选择。

2020 年 4 月,招商金科招商云平台和数据湖平台的搭建成功标志着招商局集团的数字化变革迈向了新的征程,这两个平台的核心技术均为开源技术(见图 12-4)。

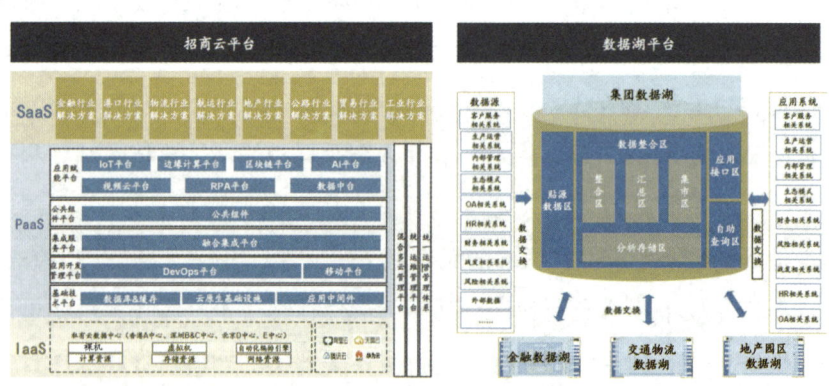

来源:招商局集团

图 12-4　招商云平台和数据湖平台

(1)招商云平台:招商局集团数字化变革的平台底座。招商云平台是基于 OpenStack 开源软件的自主研发、完全可控的云计算平台,是招商局数字化建设的基础平台,用于支撑招商局集团金融、物流、地产、航运等各领域的数字化变革。通过两年的自主研发,招商云平台已具备成熟的计算、存储、网络等基础设施资源的弹性灵活、按需申请、成员企业多租户管理等一系列云计算的特有能力。作为混合多云管理平台，招商云平台已成功应用于集团及各产业公司的 1 300 多个子系统，在中国信息通信研究院举办的首批国内企业 IT 数字化能力和运营效果成熟度模型评估活动中获平台服务类优秀级荣誉。中国信息通信研究院是国内权威的第三方独立机构，这项荣誉代表了该机构对招商局集团数字化平台搭建路径的认可。

（2）数据湖平台：统一数据入湖，赋能二级公司。招商局集团基于数据湖平台开发的数据应用超过 70 个，日均调度作业数超过 1.2 万。招商蛇口基于集团数据湖建设的数据智能平台成功上线，汇聚 7 大数据资产域、13 大专题业务线、1 715 个数据指标，上线 13 个数据产品，它是招商局集团数据湖赋能二级公司数据应用建设的标杆案例和重要成果。

为了加快数字化建设步伐，充分释放"招商云"的赋能价值，落实"数字化招商局"的建设目标，招商局集团于 2020 年 5 月启动了"上云入湖"三年行动计划，其目标是到 2022 年实现全集团应用全面云化，云上招商基本建成。此后，招商局集团数字化建设开启了新篇章，各二级公司"上云入湖"工作有序开展，例如，招商融资租赁联合招商蛇口在招商云上打造的定制版供应链金融系统解决方案 CM-link 平台；招商蛇口基于招商云打造材料订单系统，基于招商云 IoT 平台打造智慧公寓系统；招商港口打造智慧人事；招商港口建立区块链系统；招商公路基于招商云打造地理信息系统（Geographic Information System，GIS）运营平台；招商工业基于招商云打造 YIGO 系统；招商海通引入新一代 SAP 商业套件；行云税务发票系统迁移到招商云上，已经在招商云上稳定运行。招商局集团提前完成全集团三年"上云入湖"行动计划，招商云算力增长了 27 倍。

同时，招商金科还研发上线了招商随行与招商智脑两大垂直连接平台（见图 12-5），为全集团产业公司的业务与管理协同创造价值，为管理效率提升与运营决策提供数据和算法支持。

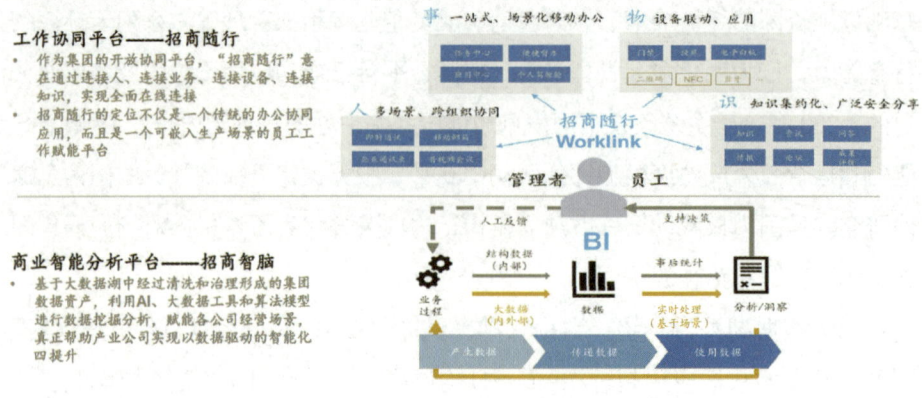

工作协同平台——招商随行
- 作为集团的开放协同平台，"招商随行"意在通过连接人、连接业务、连接设备、连接知识，实现全面在线连接
- 招商随行的定位不仅是一个传统的办公协同应用，而且是一个可嵌入生产场景的员工工作赋能平台

商业智能分析平台——招商智脑
- 基于大数据湖中经过清洗和治理形成的集团数据资产，利用AI、大数据工具和算法模型进行数据挖掘分析，赋能各公司经营场景，真正帮助产业公司实现以数据驱动的智能化四提升

来源：招商局集团

图 12-5　招商随行和招商智脑

（1）招商随行：不仅是沟通平台，更是生产经营服务平台。招商随行面向集团所有员工开放，协助员工完成工作，它可以使人、知识、业务、设备联系起来，形成完整的体系。它不仅是一个传统的办公协同平台，而且是一个可嵌入生产场景的工作赋能平台，支持多场景、跨组织协同，提供一站式、场景化的移动办公体验。例如，招商局集团的集装箱码头业务的安全管理，从以前的安全人员现场巡视、用手机拍照或填报现场的方式，转变为现场基于 App 提供服务的方式。招商局集团下属的物业公司招商积余依托招商随行管理物业人员，深度挖掘物业细分市场需求，打造覆盖多元业态、物业领域全场景协同工作平台。目前，招商随行 2.0 版已经实现员工全覆盖，员工协同全面移动化。

（2）招商智脑：AI 增强的 BI 分析平台。招商智脑将数据湖过滤、完善后的数据资产作为 BI 分析的基础，运用算法模型、大数据、AI 等深入挖掘并分析数据，为各个业务场景提供帮助，依靠数据实现智能化"四提升"。在招商智脑的建设过程中，集团和各二级公司采用了统分结合的方式，由总部负责开发集团数据底座（数据中台）、BI 共性前后端研发组件及 AI 平台（技术中台），并制定标准与管理规范等；二级公司则在集团中台能力的支撑和驾驶舱的引领下，在遵循集团管控要求的基础上，进行个性化 BI 专项与其他大数据应用的建设。在架构上，招商智脑实行"1 个数据底座为支撑 +1 个

管理驾驶舱牵引 +N 个专项分析应用"的"1+1+N 策略"，全面支撑集团数字化建设。

作为自主可控的数字化技术底座，招商云、数据湖、招商随行和招商智脑在招商局集团的数字化建设过程中发挥着重要作用。在技术赋能业务应用创新方面，招商局集团与二级公司联合开发项目，并在重点业务场景取得突破；建设推广新技术平台，例如，部署上线和推广 RPA（一期），节约人力成本近千万元，上线 IoT 平台，首批接入设备 2 万多个。各二级公司围绕业务战略和数字化变革目标，强化 IT 创新和应用建设，取得了一大批阶段性成果。

（1）招商金融：招商金融建设金控管理平台，中标央行监管项目，奠定金控科技同业领先优势；招商银行引领商业银行数字化变革，打造大财富管理特色金融科技能力，打造"线上＋线下"的超级财富管理服务平台；招商证券围绕三大客户圈层，打通 App 三大渠道，助力一线人员提升营销服务效能。

（2）中国外运：E 拼，以"小前端、强后台"技术创新，发力全国性拼箱业务。截至 2021 年 10 月，E 拼累计完成集拼出库量同比增长 44%；物流控制塔，实现客户端到端可视化运营，日订单量超 10 万；运易通，连接 3 万多家物流服务企业，服务 2 万多家制造企业，2021 年经营收入增长 300%以上。

（3）招商港口：妈湾智慧港，首创自动驾驶混行模式，融入北斗、5G 通信和大数据等先进技术，实现了码头核心生产系统支持自动驾驶集卡智能运营，工作效率提高了 30%，在国际上名列前茅。

（4）招商蛇口：智慧公寓管理平台，实现公寓运营服务线上化，客户自助率达 93%；招商好房，成为购房者的口袋置业好帮手，平台线上成交规模近百亿元，实现客户足不出户就能一键看房、优惠买房。

（5）招商轮船：船奇小智，打造船队运营数字化大脑，分析全球航运大数据，赋能运力投放决策；丝路云链，大宗货贸易运输一体化生态平台，实现大宗商品贸易运输全程智能单证。

（6）招商公路：招路通平台，成功实现在线养护、云上运营、数字路产；平台的成功上线使扫除障碍、请求救援的响应时间大大缩短，任务派单

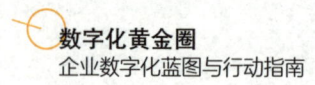
效率提升接近 40%。

（7）招商工业、长航集团和招商海通：招商工业修船一单制管控平台，实现在线结算、一单到底、船走账清；孖洲岛基地用户与工程上线率、覆盖率均达 100%；长航集团油运散货运营系统，实现南京和上海公司运营管理业务流程全覆盖；招商海通电子招标平台，实现集团招采全流程覆盖，支持集团千亿元规模采购。

招商局集团的数字化，除了建设自主可控的数字化变革技术底座，核心是以数据打通产业链，打造产业数字化平台（见图 12-6），数据对集团的运营管理、客户服务等起着至关重要的作用。因为集团层面牵头进行数字化建设，所以招商局集团在数据挖掘和数据治理方面有一定的优势，各个部门可以协作，使各个业务板块紧密联系，打破壁垒，带动产业链上下游协作。

来源：招商局集团

图 12-6　打造产业数字化平台

以交通物流板块为例，招商局集团通过有效汇集数据，进一步提升业务运营水平，创新物流服务及产品，形成新业务、新模式。数据治理和行业数据标准的建立是数据资产发挥价值的基础。

目前，招商局集团主数据治理二期工程已经完成，其中包括组织、人员、财务、供应商、采购品类等主数据的管理（见图 12-7）。

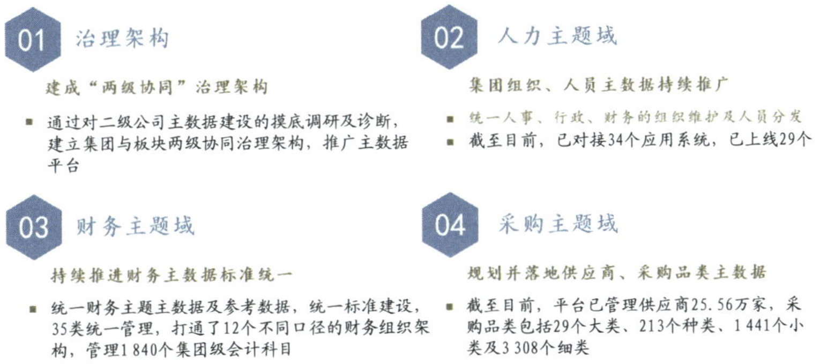

01 治理架构

建成"两级协同"治理架构

- 通过对二级公司主数据建设的摸底调研及诊断，建立集团与板块两级协同治理架构，推广主数据平台

02 人力主题域

集团组织、人员主数据持续推广

- 统一人事、行政、财务的组织维护及人员分发
- 截至目前，已对接34个应用系统，已上线29个

03 财务主题域

持续推进财务主数据标准统一

- 统一财务主题主数据及参考数据，统一标准建设，35类统一管理，打通了12个不同口径的财务组织架构，管理1 840个集团级会计科目

04 采购主题域

规划并落地供应商、采购品类主数据

- 截至目前，平台已管理供应商25.56万家，采购品类包括29个大类、213个种类、1 441个小类及3 308个细类

来源：招商局集团

图 12-7　深化数据价值释放

实践与工具

招商银行的数字化转型与创新实践一直走在行业前列。其最核心的创新模式之一就是精益创新，这是一套由设计思维、精益创业和敏捷开发等管理实践及数字化变革技术和工具有机组合形成的创新机制，也是数字化变革与创新的核心赋能器。

这一创新路径要求员工敢想敢干，精益求精。无论是管理层还是业务一线员工，只要有符合实际的创新点子，都可以投入实践，在实践中不断深化认识，不断优化业务流程。创新点子不一定就是对的，但如果提点子的人被提拔了，就证明他的点子是对的。集团会给每个创新点子提供付诸实践的机会，这一制度大大激发了员工的创新热情。

12.3　招商局集团数字化变革之做什么

企业的数字化变革可分为赋能、优化、转型、颠覆这四个维度，不同的维度代表了不同的转型战略。招商局集团根据自身的数字化成熟度和战略意图，打造符合自身的数字化变革方案和路径。

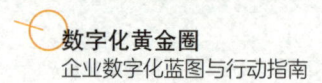

数字化赋能：面向服务，高效管理

招商局集团的数字化变革全面铺开，形成了数字化平台建设路径。招商局集团数字化赋能平台建设成果在中国信息通信研究院举办的评选活动中获得 IT 一体化平台建设服务类优秀级奖项。招商局集团制定了高瞻远瞩的战略规划，设立数字化工作领导小组，由其带领集团建立较为成熟的数字化治理体系；设立招商金科、数字化中心和二级公司下属的科技公司，协同助力集团及集团下设板块的数字化变革；建立大数据湖，湖中有交通、金融、地产等各行各业的数据；丰富招商云中的资源，提供云安全、云服务、云运营等功能，让用户可以在线申请和交付资源；建立完善的信息安全管理架构。

数字化平台主要服务于招商局集团和各二级公司，协助进行数字化变革，取得了一定的成果，进一步加快了集团全面数字化变革和平台化发展的步伐。

例如，中国外运打造了公共物流产业互联网平台"运易通"，创新 O2O 物流生态服务模式，一个入口直达所有服务，在特殊时期开设抗疫物资运输专栏及线上进出口服务通道，随时都有专员在线解决与抗疫物资运输相关的问题，保障运输顺利进行。

为了满足港口的企业和个人用户对物流、通关服务的需求，招商港口搭建 ePort 平台，全天在线提供服务，集团的业务智能化和自动化水平逐渐提升。

辽港集团建成具有港航特色的数据中台，建设港口智慧服务平台，创新港口产业协同服务模式。

数字化优化：面向运营，降本增效

招商局集团生产运营的数字化主要包括：推动智能生产、集中操作运营；远程监控，减少人力投入，提高人效，提升设备运行效能；推进整合运营，重塑管理流程和组织架构；以数据驱动设计、生产、供应、交付一体化。

例如，招商轮船打造全球超大型油船航行轨迹大数据聚合应用，利用"五控一体"可视化运营管理平台保障船舶航行与生产安全，实现网上租船、订舱、运货、商务、结算一体化。

招商公路打造 GIS 运营平台，构建全球运营管理中心；搭建"一路三方"交通指挥平台，实现交通管控智慧化；发展公路电子不停车收费系统业务数字化运营新模式，全面推动"数字服务公路产业"。

招商工业利用 AI 等先进技术优化生产制造，打造船舶设计生产工程一体化平台、3D 协同工业设计等先进数字化应用，全面提高工业制造生产经营效率。

数字化转型：面向客户，推动变革

招商局集团客户服务的数字化主要包括：基于精准的客户画像和统一视图进行客户洞察，提供一站式端到端的服务体验；推行产品和服务标准化、模块化，打造全新的解决方案及线上服务能力；基于大数据分析，挖掘历史数据资产，推动产品及服务创新。

例如，招商银行坚持以客户为中心，力求以智能化的方式赋能线上客户服务平台和一线客户经理，从根本上提升客户体验。再如，在 2019 年，招商局集团搭建了风铃系统，利用云计算、大数据平台及算法模型等保证招商银行能最快地、实时地听到客户的声音，对零售客户满意度进行 24 小时的持续监测，并以数据的形式呈现。

招商蛇口以"客户"和"空间"为主要抓手，建设数字化招商蛇口。其中，"客户"是指以客户为中心，努力打造极致的客户体验及大会员体系；"空间"是指将物理空间数字化，使之转变为数字空间。

招商港口以客户为中心，持续创新商业服务模式，解决客户痛点、物流断点和贸易堵点，充分发挥港口业在国际物流供应链中的枢纽作用，给港口企业带来新的盈利增长点。

数字化颠覆：面向未来，开拓创新

招商局集团生态模式的数字化主要包括：与产业上下游企业合作，共享资源，转变服务模式，实现产业与金融业的结合；建设产业互联网平台，开发和引入整合解决方案及产业 App；通过私募基金、风险投资等形式对本行业创新企业进行投资或与其合作。

传统产业的数字化挑战加剧，招商局集团在体量方面具有显著优势，拥有完善的产业链和丰富的数据资源，必须发挥国有企业的带动作用，推动产业转型升级。

招商局集团联合各二级公司，依托各产业应用场景优势，引入外部力量，建立科技创新机制，基于招商云平台形成跨行业协同的产业互联网，对外输出平台化技术能力。

（1）物流行业。物流行业要采用综合化、平台化的发展模式，形成网络到网络的服务能力，运用"数据算法"对集团内外资源进行整合，让云平台成为开放生态的主导者，彻底实现对物流企业的重新塑造。招商局集团在物流方面希望实现线下实物资产与线上网络相结合。

（2）港口行业。随着企业对供应链服务体验的重视程度提高，航运、港口、陆运等行业的边界被一一打破，借助数字化平台打造开放协作、高度互联、数据化和智能化的生态圈体系成为新的趋势。例如，妈湾智慧港是招商港口投入许多资源打造的数字化港口，这是由传统散杂货码头升级改造成智慧港口的先例，融入了智慧口岸、AI、区块链、北斗系统等智慧元素，其目标是：打造招商局全球港口运营中心，提高港口生态圈的运行效率和绩效；与互联网巨头联手，打造以港口为核心的智慧生态圈，通过产业数字化变革带动港口的产业转型升级。

国有企业是中国特色社会主义的重要物质基础，也是社会主义经济的重要支柱。作为国有企业，招商局集团不仅要"独善其身"，开拓创新，提高产业水平，向数字化企业迈进，还要"兼济天下"，辐射相关产业，用技术赋能相关产业链，不负国有企业的使命和担当。

传统企业的数字化变革需要 5~10 年的窗口期，招商局集团必须紧跟时代步伐，不断更新数字化管理模式和数字化技术，洞察数字化变革给本行业带来的冲击，实现企业转型与产业高质量发展。

参考文献
REFERENCE

［1］陈春花．数字化时代的个体与组织如何蜕变［N］．中华工商时报，2021-09-16（003）．

［2］马克·拉斯金诺，格雷厄姆·沃勒．商业的未来：重布行业，重构企业，重塑自我［M］．北京：电子工业出版社，2017．

［3］史楠．数字化组织打造［M］．北京：机械工业出版社，2020．

［4］徐刚．人力资源数字化转型行动指南［M］．北京：机械工业出版社，2020．

［5］马骏，司晓，袁东明，马源，闫德利，等．数字化转型与制度变革［M］．北京：中国发展出版社，2020．

［6］韦玮，张恩铭，徐卫华．数字化魔方：数字化转型的创新思维模式［M］．北京：机械工业出版社，2020．

［7］数字产业创新研究中心，锦囊专家，董小英数字化研究团队．2020中国数字企业白皮书（综合篇、三年对标篇、领导者对标篇）［R］．北京：数字产业创新研究中心，2020．

［8］数字产业创新研究中心，锦囊专家，董小英数字化研究团队．2021中国数字企业白皮书——四年（2018—2021）对标篇［R］．北京：数字产业创新研究中心，2021．

［9］数字产业创新研究中心，锦囊专家．2018—2020中国数字化转型与创新评选三年对标洞察报告［R］．北京：数字产业创新研究中心，2020．

［10］董小英，戴亦舒，晏梦灵，陈其伟．变数：中国数字企业模型及实
践［M］．北京：北京大学出版社，2020.

［11］方跃．数字化领导力［M］．上海：东方出版中心，2019.

［12］涂满章．数字化时代人才管理新思维［M］．北京：企业管理出版
社，2019.

［13］克莱尔·阿格特，罗布·英格兰，苏珊娜·D.范霍夫，兰迪·斯
坦伯格．数字化转型与创新管理—VeriSM 导论［M］．北京：清华
大学出版社，2020.

［14］克莱尔·阿格特，罗布·英格兰，苏珊娜·D.范霍夫．数字化转型
与创新管理—VeriSM 揭秘与应用［M］．北京：清华大学出版社，
2020.

［15］国家工业信息安全发展研究中心．中国数据要素市场发展报告
（2020—2021）［R］．北京：国家工业信息安全发展研究中心，
2021.

［16］中国信息通信研究院．中国数字经济发展白皮书［R］．北京：中国
信息通信研究院，2021.

［17］中国信息通信研究院．全球数字经济白皮书［R］．北京：中国信息
通信研究院，2021.

［18］中国信息通信研究院．企业数字化治理应用发展报告（2021 年）
［R］．北京：中国信息通信研究院，2021.

［19］华为，德勤．数字化技术加速人才转型［R］．深圳：华为，2017.

［20］赵越，李英，孙旭东．技术创新与制度创新协同驱动制造企业演化
的实现机理——以光明家具为例的纵向扎根分析［J］．管理案例研
究与评论，2019，12（02）：166-180.

［21］眭纪刚，陈芳．新兴产业技术与制度的协同演化［J］．科学学研
究，2016，34（02）：186-193.

［22］ThoughtWorks. Thoughtworks 现代企业架构白皮书［R］．北京：
ThoughtWorks，2021.